KB152836

내 인생을 바꾼 하브루타

내 인생을 바꾼

하브루타

임성실 지음

프로방스

프롤로그

수업은 교사와 아이들이 역사의 한 페이지를 함께 만들어가는 과정입니다. 많은 교사들이 수업을 잘하고 싶어 합니다. 그러나 수업은 정답이 없습니다. 이런 수업이 좋고 저런 수업이 좋다는 것은 각자의 판단에 따라 달라집니다. 수업에는 가변성이 늘 존재합니다. '나만 잘하면 된다는 마음도 옳은 생각이 아닙니다. 나만 잘해서는 좋은 수업이 될 수 없습니다. 수업은 크게 보면 필연적으로 움직입니다. 가까이 보면 우연으로 움직이기도 합니다. 즉 필연일 수도 있고, 우연일 수도 있습니다. 그래서 교사와 아이들이 상호 간 유기적으로 움직일 때 좋은 수업이 됩니다.

수업이 계획한 대로 진행될 수 있을까요? 절대 안 됩니다. 왜냐하면 교실 상황은 늘 변하기 때문입니다. 수업은 시시각각 달라집니다. 100개의 교실에는 100개의 수업이 존재해야 하는 이유가 여기에 있는 것입니다. 만약 한 사람의 교사가 100개의 교실에서 수업을 한다고 하면 똑같이 할 수 없습니다. 수업은 마치 살아 움직이는 생물과 같습니다. 교사가 수업 지도안대로 AI 인공지능처럼 똑같이 말하면 가능할 수는 있습니다. 그러나 그 수업에서는 아이들은 배제됩니다. 수업은 일방향으로 진행해서는 안 되기 때문입니다. 쌍방향으로 진행되어야 살아있는 수업이 됩니다.

하브루타가 왜 한국 교육에 들어왔을까요? 그것은 절박했기 때문입니다. 한국은 그동안 성장 위주로 앞만 보고 달려왔습니다. 많은 인재를 단기간에 배출하기 위해 주로 주입식과 암기 위주의 수업이 진행되었습니다. 교사는 교과 내용을 전달하고 아이들은 그대로 받아 적고 암기해서 시험 보는 구조로 진행되었습니다. 수업에는 토론이 빠져있었습니다. 성장 위주의 한국 교육은 결과대로 줄 세우기를 할 수밖에 없었기 때문입니다. 질문은 사라지고 내 생각을 온전히 말할 기회는 사라졌습니다. 한 교실에 많은 학생들이 함께 있기에 질문할 수 없는 구조 속에 수업이 진행되어왔던 것도 사실입니다. 그럼 지금은 어떤가요? 한 반의 학생 수가 줄었어도 여전히 일방향의 수업이 진행되고 있습니다.

가정에서도 대화가 줄어들고 있습니다. 맞벌이 부부가 늘고 아이들은 학원 투어로 자녀교육의 외주화가 진행된 지 오래되었습니다. 그러니 가족 간의 대화가 점점 줄어들고 집에서도 가족끼리 휴대전화 문자로 대화한다는 서글픈 현실을 마주하게 됩니다. 가정에서 자연스럽게 형성되어야 할 인성교육은 사라지게 되었습니다.

교사들은 아이들의 교권 침해로 힘들어하고 있습니다. 가정에서 해야 할 인성교육을 법으로 제정해서 공교육에서 적용하다 보니 교사들은 수업하랴, 업무하랴, 인성교육을 포함한 생활지도까지 하랴 눈코 뜰 새 없이 바쁩니다.

하브루타는 이러한 현실에 대한 대안이 될 수 있다고 생각합니다. 최초의 선생님은 부모이고 최초의 학생은 자녀입니다. 그래서 최초의 선생님과 학생의 관계가 좋아야 합니다. 하브루타는 바로 관계성에 기초를 둡니다. 하브루타는 짝과 함께 질문하고 대화하고 토론하고 논쟁하는 구조입니다. 질문하고 대화하려면 짝이 있어야 합니다. 아이의 짝이 부모이기 때문에 자연스럽게 부모와 자녀 사이에 좋은 관계를 형성시켜 줍니다. 부모와 대화를 많이 한 아이들은 자존감도 높고 사회적 관계 형성도 잘합니다. 반면 부모와 대화가 없는 아이들은 자존감도 떨어지고 지기표현에 소극적입니다. 심지어 자기소개서조차 쓰지 못하는 아이가 되기도 합니다. 질문과 대화를 하지 못하니 자기 주도적인 삶을 살아갈 수 없습니다. 그래서 스스로를 알아가도록 해주어야 합니다. 질문과 대화를 잘하는 아이가 미래 인재가 됩니다.

하브루타는 학습에만 국한하지 않습니다. 여기에는 자신을 알아가는 모든 과정이 포함됩니다. 그래서 다양한 텍스트나 미디어를 통해 자신의 생각을 자신의 언어로 표현하게 해줍니다. 나는 무엇을 좋아하고 무엇에 관심이 있는지를 알게 해줍니다. 그래서 자기 자신을 탐색을 할 수 있도록 대화하고 토론하는 환경을 만들어 주어야 합니다. 이것이 교사의 역할입니다.

교사는 내 교과를 통해 아이들에게 세상을 보는 안목을 길

러줘야 합니다. 교사를 안정된 직업으로만이 아닌, 미래의 역사를 아이들과 함께 쓴다는 마음으로 일해야 합니다. 아이들은 훗날 어떤 교사가 자신에게 어떤 영향을 끼쳤는지 알게 됩니다. 수업하면서 아이들에게 질문해보세요. 아이들이 대답을 잘 안 할 것이라는 선입견을 갖지 마세요. 잠시 기다려 주면서 아이들이 자신의 생각을 끄집어내도록 도와줘야 합니다. 그리고 긍정적으로 수용해주세요. 내 생각과 다르다고 핀잔을 주고, 망신을 주면 아이들 마음의 셔터가 서서히 내려옵니다. 한번 내려온 마음의 셔터를 다시 올리려고 하면 엄청난 시간과 에너지를 쏟아야 합니다. 평소 지속적인 관심을 가지고 아이에게 질문을 하다 보면 익숙해지고 하브루타는 온전히 나의 것이 됩니다.

하브루타는 짝과 함께 질문하고 대화하고 토론하고 논쟁하는 유대인들의 전통적인 학습 방법입니다. 공개 수업을 하고 사후 협의 시간에, 수업을 참관한 선생님들이 "수업 시간에 딴짓하는 아이가 없어요.", "졸거나 자는 아이가 없네요."라는 말을 자주 합니다. 왜 그럴까요? 하브루타는 짝과 함께하기 때문입니다. 짝과 함께 질문하고 대화하고 토론하고 논쟁하는 구조입니다. 짝의 질문을 듣고 내 생각을 말해줘야 합니다. 그리고 그날 배우고 느낀 내용을 활동지에 글로 적게 합니다. 그래서 딴짓하거나 졸 수 없는 구조입니다. 한 시간 내내 일방적으로 듣는 수업이 아니고 수업의 주인공으로 짝과 함께 질문하고 대화하기 때문에 사고의 폭이 넓어지고 생각 근육이 튼튼해지는 수업 구조입니다.

이 책이 토론식 수업에 관심 있거나 아이들과 함께하는 질문하고 대화하는 행복한 수업을 원하는 교사에게 도움이 되길 바랍니다. 또한 소심하고 내향적 성격으로 아이들이나 동료 교사에게 상처받은 교사가 있다면 하브루타 수업을 해보시길 추천합니다. 하브루타는 저에게 인생의 터닝 포인트가 되었습니다. 하브루타를 내 삶 속에 적용하고 실천했기 때문입니다. 하브루타 수업을 하고 인생이 달라졌습니다. 중, 고등학생들과는 수업으로, 대학생들과는 하브루타 강의로 구현했습니다. 이렇게 적용한 하브루타 수업과 강의로 전국의 초, 중, 고등학교 선생님들과 학부모님을 만나고 있습니다. 이 책을 읽고 행복한 선생님과 부모님이 되셨으면 좋겠다는 바람을 가져봅니다. 이 책은 저의 서사이자 역사입니다.

2022년 10월

임성실

추천사

하브루타 교육은 2012년부터 우리나라 공교육에 적용하고
자 전국 초중등 수석교사 교육을 시작으로 교육지원청 산하 공
공기관을 통해 많은 교육을 진행했습니다. 감사하게도 많은 선
생님들이 의지를 가지고 교육에 자발적 참여를 통해 한 방향
수업을 바꾸고자 많은 노력을 하셨고 지금도 실천하고 계십니
다. 그러한 결과로 초등 교과서부터 질문과 토론을 중요하게 적
용하고 있고, 토론 수업이 독립적으로 배정되기도 했습니다.

현재 하브루타 부모교육연구소 교재총괄국장 및 메타인지
교육협회 임성실 부이사장님은 2014년 중등 수석교사로 재직
하면서 수업을 아이들이 주체가 되어 살아 숨 쉬는 수업으로

바꿔보고자 하는 의지가 유난히 높았습니다. 하브루타 교육을 수업에 적용하면서 선생님과 학생 모두가 행복한 수업을 했습니다.

하브루타 홍보대사로 행복한 수업 이야기를 가지고 전국의 초, 중, 고등학교 선생님들과 학부모님들에게 전파하고 있습니다. 또한, 본 협회와 연구소에서 선임연구원들과 함께 협업을 통해 연구에 힘쓰고 있어 더욱 고맙고 든든한 마음입니다.

이 책은 후배 선생님들께 하고 싶은 메시지를 정성을 다해 한 글자 한 글자 꾹꾹 눌러쓰는 마음으로 집필하셨습니다. 교실에서 수많은 고민과 절망의 순간들을 어떻게 하브루타로 극복했고, 어떤 마음으로 바뀌었는지 생생한 이야기를 옆에서 들려주는 것 같은 느낌으로 읽게 될 것이라고 생각합니다.

퇴직 후 하브루타와 메타인지로 더욱 다양한 활동을 하고 계시고, 너무나 행복한 모습으로 하브루타와 메타인지 교육 전도사 역할을 하고 있으며, 주변 사람에게 행복한 삶이 어떤 것인지 몸소 보여주고 있습니다. 본 연구소와 협회를 통해 더 많은 메타인지 연구와 하브루타로 행복한 수업에 대해 알리고 계시느라 바쁜 나날을 보내고 있습니다.

한국의 공교육 일선에 계신 선생님들과 다양한 학생들을 만나고 계시는 사회교육 분야의 선생님들, 그리고 학부모님들께 이 책이 교육의 방향과 구체적인 도움이 되는 지침서가 될 것이라고 확신합니다.

하브루타 부모교육연구소 소장 / 메타인지교육협회 이사장

김금선

차 례

제1장 하브루타를 만나다

제2장 설명하면서 배우는 하브루타 수업

제5장 하브루타로 행복한 교사

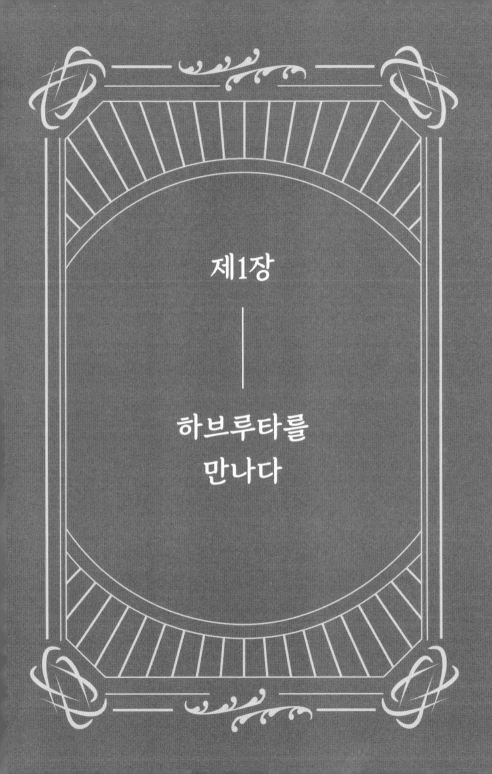

제1장

하브루타를
만나다

1.

왜
하브루타인가?

'하루를 공부하지 않으면 그것을 되찾기 위해서는
이틀이 걸린다. 이틀 공부하지 않으면 그것을 되찾기
위해서는 나흘이 걸린다. 1년 공부하지 않으면 그것을
되찾기 위해서는 2년이 걸린다.'

– 탈무드

유대인들의 학습 방법인 하브루타가 왜 한국에 들어왔을
까? 이유는 간단하다. 절실했기 때문이다. 무엇이 절실한가? 우
리 교육에는 질문하고 대화하는 토론 수업이 빠져있었다. 초등

학생들의 부모 모임인 한 커뮤니티의 2021년 자료에 따르면 초등학생 부모의 66%가 아이와 대화하는 시간이 하루에 1시간 미만이라는 통계가 있다. 가정에서 부모와 자녀 간의 대화가 줄어들고 있다. 한마디로 대화가 단절되고 있다는 것을 보여주고 있다. 초등학생에서 중, 고등학생이 되었을 때 대화 시간은 더욱 줄어들게 된다.

학교에서도 마찬가지다. 수업 시간에 교사 혼자 말을 하고 아이들은 일방적으로 듣고 있다. 하브루타는 질문하고 대화하고 토론하고 논쟁하는 구조이다. 그러니 말을 해야 한다. 자신의 생각을 말로 표현해야 하는 것이다. 이때 상대방의 말을 잘 경청해야 대답을 이어 나갈 수 있다.

가정에서조차 어릴 때부터 부모는 자녀의 공부를 학원에 외주를 맡긴다. 결국 아이는 자신의 의지대로 할 수 있는 것이 없다. 자기소개서조차 쓰지 못하고 또 하청을 준다. 부모가 하라는 대로 학원 투어를 하는 아이들은 자기 주도적으로 할 수 있는 일이 없다. 왜냐하면 자신이 무엇을 하고 싶은지 잘 모르고 있기 때문이다. 나를 알아가는 과정이 필요하고 평생 공부가 되어야 하는데 아이 스스로 결정 할 수 없는 결정 장애를 갖게 된다.

아이가 무엇을 좋아하는지 무엇에 관심을 갖는지 스스로 알아가는 과정이 필요하다. 그러기 위해서는 아이들의 특성을 파악하는 것이 중요하다. 교사가 아이의 미래를 책임져 줄 수 없다. 아이가 자신의 생각을 말로 표현할 수 있도록 티칭이 아닌 코칭을 해줘야 한다. 집에서조차 외주 하청을 주는 현실에서 학교에서라도 아이들을 위해 자기 주도적인 학습을 할 수 있게 하는 것이 필요하다. 학습을 통해 자기를 알아가도록 질문하고 대화하고 토론으로 이끄는 수업을 해야 한다.

대화가 잘 되는 아이들은 스스로 혼자 할 수 있는 것들이 점차 늘어간다. 왜냐하면 다양한 경험을 통해 알아가기 때문이다. 유대인들은 하브루타로 아이들에게 학습만 시키는 것이 아니다. 반드시 나를 알아가는 과정을 경험하게 한다. 교사는 아이에게 내가 무엇을 좋아하고 무엇에 관심이 있는지를 자기 스스로 생각하고 말하고 글로 쓰도록 해야 한다. 우리 교육에는 아이들 스스로 자신을 돌아보고 탐색하는 시간이 없다. 질문하고 대화하는 시간을 가져야 한다. 그래야 소통하고 살아있는 수업이 되는 것이다. 아이들에게 자기를 탐색할 시간을 주는 것이 교사의 의무이자 사명이다. 수업을 하고 평가를 끝냈다고 교사의 모든 의무를 다했고 생각하지 말자.

교사는 교과 내용을 통해 아이들 스스로 질문하고 대화하고 경험을 통해 내 몸에 체화體化되도록 가르쳐야 한다. 체화되는 것이 무엇인가? 교과별로 개념을 가르쳤는데 아이가 관련된 문제를 푸는 데 어려움이 있다면 개념이 체화되지 못한 것이다. 내 것으로 만들지 못했기 때문에 어려운 것이다. 교과의 내용을 이해하지 못하고 머릿속에 정리되지 못한 것이다. 배운 내용을 말로 설명하라고 하면 머릿속에 개념이 뱅뱅 도는데 말로 설명을 못 한다. 결국 모르는 것이 된다. 그래서 '교사는 가르쳤으나 아이는 배우지 않았다.'는 것이 된다.

수업내용을 내 몸에 체화시키도록 해줘야 한다. 체화란 지식이나 기술이나 이론을 직접 경험을 통해 자기 것으로 만드는 것이다. 학습에서의 체화는 기본적 개념을 수없이 많은 반복과 연습을 통해서 자유롭게 활용할 수 있게 해준다. 개념을 익히고 내 것으로 체화하면 어떤 과제나 문제도 더 효율적으로 해결할 수 있는 지혜가 생긴다. 또한 시야를 좁게 보는 것이 아니라 넓게 보면서 접근할 수 있도록 안목과 통찰력을 키워준다. 체화시키기 위해서는 개념 정리가 필요하다.

개념을 완전히 내 것으로 만들기 위해 암기를 해야 할 때가 있다. 기본 개념을 정확하게 알고 있어야 한다. 이것이 정립되어 있지 않다면 모래 위에 집을 짓는 것과 같다. 수업은 아이들과 함께 역사의 한 페이지를 쓰는 것과 같다. 교사와 아이는 미지의 세계로 나아가는 역사의 동반자로서 함께 한다는 마음으로 접근해보자. 교사와 아이들이 동행하면서 길을 가야 한다.

왜 질문을 해야 할까? 교사들에게 하브루타 수업을 한다고 하면 아직도 많은 사람들이 디베이트처럼 찬반을 나눠 발표자들 중심으로 논쟁하는 것을 생각한다. 하브루타는 그런 것이 아니다. 아주 간단하게 말하면 하브루타는 짝과 함께 질문하고 대화하는 것이다. 궁금한 것을 짝에게 질문하고, 그렇게 생각하는 이유에 관해 대화를 나누는 것이다. 질문을 통해 짝의 생각은 무엇인지 나와 어떻게 다른지를 알게 되는 것이다. 질문은 언제나 좋은 것이다. 질문은 나쁜 질문과 좋은 질문이 없다. 질문의 수준이 높고 낮음이 있을 뿐이다. 이때 질문의 수준이 좋으면 대화와 토론이 잘 될 수 있다.

좋은 질문은 상대방의 뇌를 격동시켜 좋은 대답으로 이끌게 된다. 아이들을 궁금하게 만들어서 질문하도록 해야 한다. 그래야 생각하는 뇌가 움직인다. 질문이 있어야 진정한 배움이 일어난다. 궁금하지 않으면 마음에 와 닿지 않는다. 세상의 모든 것들에 대해 궁금하게 만들어 호기심을 가지고 질문하게 해야 한다. 호기심으로 출발하게 하여 왜 그런지 질문하고 대화를 하게 해야 한다. 모르면 교사에게 물어보거나 검색을 통해 직접 찾아봐야 내 것이 된다. 그렇게 알게 된 지식은 삶 속에서 녹여내게 되며, 지혜가 생긴다. 지혜는 앞뒤의 맥락을 파악할 수 있어 전체를 볼 수 있는 통찰력을 준다. 그래서 호기심과 질문은 사람을 성장시킨다. 어릴 때부터 계속 호기심을 가지고 질문하게 해야 한다. 유대인 부모는 아이들에게 '왜?'라는 질문을 하게 한다. 호기심은 궁금하게 하고 그것을 해결하는 과정을 통해 창의성이 길러지게 진다.

호기심을 불러일으키는 '왜?'가 노벨상의 30%를 유대인들이 차지하는 비결이 되었다. 2021년 기준 전 세계 인구의 0.12%의 인구로 전 세계의 부와 경제력을 좌지우지하는 유대인의 힘의 원천이 되었다. 그것은 질문하고 토론하는 과정은 뇌를 자극하고 생각 근육을 활발하게 움직이게 해준다. 하브루타는 질문과 대화로, 때론 토론과 논쟁으로 뇌를 활발하게 움직이고 창의적 사고력을 키울 수 있는 최고의 공부 방법이다. 이것이 주입식 수업에서 벗어나 질문하고 대화하면서 토론하게 하는 수업으로 바뀌어야 하는 이유이기도 하다.

아이들에게 질문을 하자. 처음에는 익숙하지 않아도 한 번 두 번 질문하다 보면 조금씩 질문하는 능력이 생겨난다. 그래서 좋은 질문을 만들고 좋은 답변을 할 수 있게 된다. 우리가 흔히 교실에서 볼 수 있는 모습은 교사가 칠판에 쓰고 아이들은 노트에 받아 적는 모습이다. 교사가 교과 내용을 일방적으로 전달하는 주입식 수업의 문제점은 예전부터 꾸준히 제기되어 왔다. 이러한 문제는 결과 중심의 보여주기식 문화가 낳은 병폐이다. 결과물만 중요시하고 과정은 생략한다. 자기 스스로 고민하고 생각하지 않고 다른 사람들이 만들어 놓은 내용을 외우고 암기하는 것도 문제점이다. 이런 문제점을 해결해주는 대안이 바로 하브루타이다.

하브루타의 교육 방법은 어디서 유래되었는가? '하브루타 Havruta'는 친구를 뜻하는 히브리어인 '하베르'에서 유래한 용어로 학생들끼리 짝을 이루어 공부하거나 토론, 논쟁하는 공부법이다. 유대인들이 유대교 경전인 토라와 탈무드를 공부하는 방식에서 유래하였다. 이때 짝은 학생과 학생, 교사와 학생, 자녀와 부모 등 모든 사람이 짝이 되어 질문하고 대화할 수 있다.

교사는 학교에서, 부모는 집에서 아이들이 호기심을 가지고 마음껏 질문할 수 있는 여건을 만들어 주고 궁금한 것을 스스로 찾도록 조력자, 촉진자의 역할을 해야 한다.

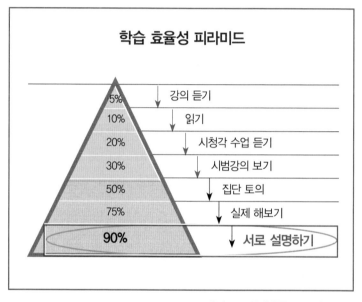

출처: NTL 통계 현황으로 본 학습 효과

미국 행동과학 연구소 NTLNational Training Laboratory의 연구 통계에 따르면 교사의 말을 듣고 책을 읽는 것보다 짝과 함께 또는 모둠으로 토의·토론을 하거나 자기가 알고 있는 생각을 말로 설명할 때 기억에 더 남아 학습효과가 높아진다고 한다.

우리의 교육 현장은 학생 중심의 토론 수업에 대해 부정적인 편견을 가지고 있다. 아이들이 대화하고 토론할 수 있는 수준과 여건이 되지 않는다는 것이다. 아이들끼리 토론을 맡겨버리면 주제와 관계없는 내용으로 이야기가 흘러갈 수 있어서 불안하다는 것이다. 설사 그런 일이 있다 하더라도 그것은 일부에 지나지 않는다. 시도해보지도 않고 아주 작은 일을 크게 부풀러 생각하는 침소봉대와 같다. 많은 아이들이 수업 시간에 엎드려 잠을 자거나 휴대전화를 들고 돌아다니고 딴짓을 하는데도 나 홀로 수업을 진행하는 교사가 있다는 것은 안타까운 사실이다. 아이들에게 자기의 생각을 말할 수 있게 해야 한다. 아이들의 생각과 입이 열리는 순간 신나고 즐거운 수업이 된다.

2008년 '한인 명문대생 연구'라는 논문에 미국의 아이비리그 유학생 중 한국 학생의 중도 탈락률이 44%로 가장 높다는 결과가 보고됐다. 아이비리그 대학에 어렵게 합격했음에도 졸업하지 못하는 비율이 44%라는 통계는 무엇을 의미하는가? 읽고 쓰고 자기 생각을 말하는 자기주도적인 토론 학습에 익숙하지 않은 결과이다. 토론에서는 내 생각이 중요하다. 한국에서는 암기하고 시험 보고 금방 잊어버리는 환경에서 공부하다가 토론과 논쟁을 하는 환경에서 적응하기란 쉽지 않다고 생각된다.

그래서 우리 아이들에게 가정과 학교에서 호기심을 가지고 자유롭게 질문하고 토론하는 문화를 조성해야 한다. 아이들의 사고력을 확장시키고 창의력을 키워 자신의 생각을 말하고 다른 사람의 생각을 끌어내야 한다. 그래야 나와 어떤 다른 점이 있는지 스스로 배움을 알아가게 된다.

2.

하브루타 수업,
그거 다 유행이야

중학교에서 하브루타를 수업에 적용하고 아이들과 함께 한참 수업을 진행할 때의 일이다. 점심시간에 급식실에서 식사를 하는데 선배 교사가 내 앞자리에 앉으며 말을 걸었다.

"임 선생님, 하브루타가 뭐예요?"

"하브루타에 관심 있으신가 봐요?"

"관심 있다기보다는 아이들이 내 시간에도 하브루타식으로 수업하면 안 되냐고 하더라고요."

"하브루타는 유대인들의 전통적인 학습 방법입니다. 짝을 지어 질문하고 대화하고 토론하고 논쟁하는 학습 방법이에요."

"그럼 짝 활동이네. 짝이 가르쳐주는 거네."

"네, 짝 활동이지요. 짝과 함께 질문하고 대답하면서 해답을 찾아가는 구조입니다."

"에이, 짝 가르치기? 그거 옛날에 나도 해 봤지. 짝이 짝 가르치는 거. 그런데 그런 거 다 소용없어. 그거 다 유행이야. 조금만 지나면 흐지부지되고 말걸요?"

그러면서 그동안 교육과정이 바뀔 때마다 별의별 수업 방법을 하라고 제시했지만 유행처럼 그때마다 지나갔다고 열변을 토했다. 그런데 그 선배 교사에게 묻고 싶다. '그동안 유행처럼 지나갔다고 생각되는 수업 방법을 한 번이라도 진정성 있게 해 봤나요?'라고 말이다. 세상에는 다양한 수업 방법이 존재한다. 중요한 것은 수업 방법을 통해 아이들에게 얼마나 진정성 있게 내 교과 내용을 아이들의 삶 속에 녹아들게 했느냐가 중요하다. 진정한 배움이 일어나도록 가르쳐봤냐는 것이다.

그 일이 있고 나서 얼마 뒤에 학부모 대상 공개 수업의 날을 실시했다. 나는 공개 수업의 날을 총괄 진행했다. 학부모들을 인솔하면서 전 교실을 안내했다. 첫 번째 교실이 그 선배 교사가 수업하는 교실이었다. 수업 주제는 미국 보스턴 차 사건이었다. 그 선배 교사가 도입 부분을 설명하면서 동기유발로 아이들에게 물었다.

교사: "여러분, 보스턴 하면 떠오르는 것이 무엇인가요?"

아이들: "……"

교사: "보스턴 하면 생각나는 거 없어요?

아이들: "……"

아이들이 대답을 못 하자 수업을 참관 중인 한 학부모가 "마라톤 대회요."라고 대답을 했다.

교사는 자꾸 재촉하듯이 묻고 아이들은 대답을 안 하고 있으니 뒤에서 수업을 참관하던 학부모가 답답했던지 대답을 한 것이다.

교사: "그렇지요. 2001년 보스턴 마라톤 대회에서 자랑스러운 한국의 이봉주 선수가 우승했지요. 너희들은 수업 참관 오신 부모님보다 모르냐?"라며 한심하다는 듯 아이들에게 책망하는 소리를 했다. 보스턴 마라톤 대회는 수업하는 아이들이 태어나기도 전의 일이다. 수업은 급기야 마라톤 대회 이야기로 이어졌다. 1947년 서윤복, 1950년에 함기용이 월계관을 쓴 이래로 51년 만에 이봉주가 우승했다는 이야기로 이어졌다. 이봉주의 고향인 천안에 이봉주 이름을 따서 만든 도로가 '봉주로'라는 이

야기까지 계속되었다.

그런데 미국의 역사를 배우는 데 있어 '보스턴 차' 사건과 마라톤 대회에서 우승한 '이봉주'는 과연 무슨 관계가 있었을까? 미국 보스턴 차 사건에 대해 수업을 시작하면서 미국 보스턴이 한국의 마라토너가 우승한 도시였음을 아이들에게 이야기하고 싶었을 것이다. 그럼 가볍게 넘어가면 된다. 미국 보스턴 차 사건에 대해 아이들에게 동기유발을 하고 싶었다면 보스턴 차 사건의 이미지를 보여주고, 어떤 상황인지 물어보면서 수업을 시작해도 되었을 것이다. 또한 아이들이 좋아하는 A 음료수의 가격을 1천 원에서 갑자기 5천 원으로 올렸다면 어떨 것 같으냐고 아이들의 생각을 물어보는 것도 좋은 동기유발로 생각해볼 수 있다.

수업에는 왕도가 없다. 수업은 교사가 수업을 어떻게 디자인하고, 아이들을 수업 시간에 어떻게 참여시킬 것인지 고민해야 한다. 정해진 시간 안에 아이들을 수업 목표에 도달시켜야 한다. 모든 활동을 마무리하고 나서 아이들이 수업 내용을 잘 이해했는지에 대한 형성 평가까지 포함한다. 수업 시간의 중요한 초반부를 수업과 관계없는 마라톤 이야기로 진행한 것은 교사와 아이들 모두에게 좋은 방법이 아니었다.

다양한 수업 방법은 과거에도 존재했고 현재도 많은 수업 방법이 있다. 미래에도 다양한 수업 방법이 있을 수 있다. 문제는 교사가 어떤 방법으로 아이들에게 수업 목표에 도달하게 할 것인가이다. 주입식이든 암기식이든 활동식이든 어떤 방법이든 좋다. 그러나 교사의 일방적인 가르침에서 벗어야 한다. 100개의 교실에는 100개의 수업이 존재해야 한다고 생각한다. 수업에는 정답이 없기 때문이다. 반드시 하브루타로 수업을 하라는 뜻은 아니다. 수업 속에 아이들을 참여시켜서 수업의 주인공으로서 자기 주도적 학습이 이루어져야 한다는 말이다. 단언컨대 하브루타 수업은 절대로 유행이 아니다. 앞으로도 계속되어야 하는 학습 방법임에 틀림이 없다.

3.

하브루타 수업
어렵게 생각하지 마라

하브루타는 짝을 지어 질문하고 대화하고 토론하고 논쟁하는 유대인들의 전통적인 학습 방법이다. 여기서 짝은 학생과 학생뿐만 아니라 다양한 사람들과 짝이 될 수 있다. 그런데 왜 짝과 함께해야 하는 것일까? 2명 이상이 되면 질문하고 대답하는 시간이 길어진다. 짝과 함께 1대1로 마주 보고 질문과 대답을 할 수 있는 것이 최적의 방법이다. 물론 때에 따라 3명, 4명이 될 수도 있다. 그러나 최대한 4명을 넘지 않아야 한다. 왜냐하면 학생들이 짝과 함께 눈을 마주치고 얼굴을 보면서 서로 말할 기회가 많아야 하기 때문이다. 이때 짝의 이야기를 경청하면서 말하는 사람을 배려하고 존중하는 인성도 함께 배우게 된다. 하브루타는 서로 가르치면서 배우기 위한 최상의 공부 방법이다.

1대1로 하는 하브루타 수업을 하면 좋은 점이 있다. 학생이 딴짓을 하거나 잠을 잘 수 없다. 1대1로 짝과 함께 활동하는 구조로 되어 있기 때문이다. 짝의 이야기를 잘 들어야 대답할 수 있다. 그래서 하브루타는 단 1명의 아이도 소외되지 않는다. 또한 하브루타 수업을 할 때는 활동지를 함께 나눠주고 자신의 질문을 적고 짝의 답변 중 중요한 핵심 단어 위주로 쓰게 한다. 짝과 번갈아 가면서 질문을 주고받게 한다. 일방적으로 한 사람이 오랫동안 말하는 것을 막기 위한 장치이기도 하다. 하브루타의 기본원리는 짝과 함께 주어진 주제나 텍스트로 공부한다. 세상의 모든 사람이 나의 마음과 같지 않다. 그래서 텍스트의 주제나 내용에 대해 다른 생각을 가지고 있다. 하브루타는 다른 사람의 생각이 틀린 것이 아니고 다름을 아는 것이다. 짝과 함께 질문하고 대화하고 토론하고 때론 격렬하게 논쟁하기도 한다. 이때 자신의 생각을 자신의 언어로 말하는 것이다. 짝의 생각을 듣고 내가 설득당하기도 하고 때로는 짝을 설득하기도 한다. 하브루타는 항상 짝과 함께 배우고 가르친다.

유대인 격언에 '말로 설명하지 못하면 모르는 것이다.'라는 말이 있다. 내가 정확하게 알지 못하고 말하면 결국에는 말문이 막히게 된다. 주제나 논제에 대해 나와 다른 생각을 듣고 거기에 내 생각을 더하여 생각 근육을 확장시켜야 한다. 또한 내가 모르는 것을 알게 되어 나의 부족한 내용을 스스로 찾아서 공부하면서 메타인지가 작동된다. 메타Meta는 초월이라는 뜻으로 생각에 대한 생각, 인식에 대한 인식이라는 의미이다. 더 높은 차원의 생각하는 기술이다. 내가 무엇을 알고 무엇을 모르는지 알게 된다.

하브루타를 하는 시간 동안은 누구든 수평적 입장에서 동등하게 질문하고 대화하며 토론하고 논쟁한다. 남을 가르치기 위해서는 내용을 정확하게 파악하여 알고 있어야 한다. 그런 의미에서 학생이 학생을 서로 가르치는 하브루타는 자기 주도적 학습이다. 짝에게 자신의 생각을 말하고 설득하기 위해서는 학습한 내용의 개념이나 원리를 잘 알고 있어야 한다. 그래서 하브루타는 학생들끼리 교사와 학생이 되어 역할을 번갈아 가면서 가르치는 '선생님 놀이'라고도 말할 수 있다.

하브루타를 너무 어렵게 생각하지 말자. 하브루타는 짝만 있으면 언제 어디서 무엇이든 할 수 있다. 질문하고 대화하고 토론하고 논쟁하는 것이다. 우선 가장 처음에 하브루타를 한다면 질문하고 대화로 풀어가는 것이 좋다. 학교 수업 시간에 학생과 학생이 서로 짝이 되어 활동할 수 있다. 가정에서 부모와 자녀가 대화를 나누는 것도 하브루타이다. 친구와 이야기를 나누고 지인들과 대화를 나누는 것도 하브루타이다. 대화와 질문을 하면서 심각한 주제로도 토론도 할 수 있고 논쟁도 할 수 있다.

유대인 엄마는 임신을 하면 태담으로 태아에게 토라와 탈무드를 읽어준다. 심지어 엄마가 잠자리에 들 때도, 이불에 토라와 탈무드가 쓰여 있는 내용을 태아에게 읽어준다. 가정에서 식사하며 나누는 이야기도 하브루타가 된다. 반드시 주제나 논제가 있어야만 하브루타를 하는 것은 아니다. 가정에서 자녀가 잠들기 전에 동화책을 읽어주는 베드타임 스토리bedtime story도 하브루타이다. 종교를 가진 사람들이 말씀을 나누는 것도 하브루타가 될 수 있다. 수업 시간에 학생이 질문하거나 답변하는 것도 하브루타이다. 하브루타를 수업으로만 생각하면 한없이 어렵고 멀게만 느껴진다. 그러나 일상생활에서 나누는 모든 대화가 하브루타가 될 수 있다고 생각한다면 하브루타는 그리 어렵지 않게 시작할 수 있다.

4.
계획된 우연은
풍성한 기회로 온다

행동심리학자 존 크럼볼츠는 '계획된 우연'이라 불리는 진로 선택이론planned happenstabce에서 '우연은 나를 만드는 풍성한 기회'라고 말했다. 세상에는 우연으로 시작되는 많은 일들이 연속적으로 일어나며 쓸데없이 일어나는 일들은 없다는 것이다.

나는 중학교 1학년 때 친구를 따라 해외 펜팔을 하게 되었다. 덕분에 영어로 편지를 쓰기 위해 영어 공부를 열심히 하게 되었다. 또한 2학년 때 친구의 권유로 교회를 다니게 되었다. 교회 성가대에서 활동하며 다양한 친구를 알게 되었다. 그리고

고등학교 1학년 때 뭔가에 집중하고 싶어서 미술부에 들어갔다
가 미술을 전공하게 되었다. 그런데 대학을 졸업할 즈음 디자인
전공이 아니고 순수미술 전공으로 취업할 수 있는 회사는 거
의 없었다. 디자이너를 뽑는 기업에 입사 지원서를 내고 떨어지
기를 반복했다. 그러다 혹시나 하는 마음에 지원한 어떤 회사
에 80대1의 경쟁률을 뚫고 취업을 할 수 있었다. 신입사원 연
수가 끝나고 비로 결혼을 했다. 신혼집 근처에 사는 회사 선배
인 대리님 덕분에 카풀을 하며 출퇴근을 했다. 그 대리님을 따
라 테니스를 배울 기회가 생겼다. 테니스 레슨을 받기 위해 새
벽에 일어나 회사가 있는 여의도에서 테니스 레슨을 받았다. 그
러다가 교직의 뜻이 있어 회사를 퇴직하고 교사가 되었다. 교사
가 된 후에도 테니스를 계속 치게 되었다. 결국 지역 테니스 대
회에서 우승을 하게 되었다.

테니스를 무리하게 치다가 허리를 다친 이후 골프를 치는 동
료 교사를 따라 골프를 배우게 되었다. 나의 골프 실력을 테스
트하기 위해 모 방송국의 골프 TV 프로그램에 도전했으나 예선
탈락하기도 했다. 그래서 골프 실력을 더욱 연마하기 위해 노력
했더니 결국 싱글 스코어를 치게 되었다. 싱글 스코어를 기록하
고 나서 골프가 시들해졌다.

골프가 시들해질 무렵 수업을 좀 더 잘하기 위해 수업 개선 연수에 참여하게 되었다. 연수 과목 중에 하브루타를 듣게 되었고 하브루타를 바로 수업에 적용했다. 물론 적용에 실패하기도 했다. 계속해서 하브루타 수업을 시도했고 하브루타로 공개 수업을 했다. 공개 수업을 참관한 다른 학교 교사들의 추천과 강의 요청으로 하브루타 강의를 시작했다. 이후 초, 중, 고등학교에서 선생님들을 대상으로 하브루타 수업 사례 강의를 본격적으로 시작했다. 중앙대학교와 공주대학교에서도 하브루타를 적용해서 강의를 하게 되었다.

2020년 2월 29일 명예퇴직을 하고 행복감성 하브루타연구소를 설립해 본격적으로 하브루타 강의를 시작했다. 그해 8월 7일 '메타인지교육협회'가 창립되었다. 하브루타 부모교육 연구소 김금선 소장이 이사장이 되었고, 나는 부이사장이 되었다. 메타인지 하브루타 자격 과정이 개설되어 강의를 했다. 또한 한양대학교 미래인재교육원에서 하브루타 독서토론 지도사 과정 강의를 하게 되었다. 하브루타를 할 수 있었기에 부모 교육, 그림 감상, 소통-공감 대화법, 독서토론 자격 과정 등의 다양한 강의를 하고 있다. 이렇게 일련의 계획된 우연들은 나에게 풍성한 기회로 다가왔고 덕분에 현재의 내가 되었다.

크럼볼츠는 삶에서 일어나는 우연한 일들을 활용하는 다섯 가지 태도를 강조했다.

1. 호기심Curiosity 은 단순히 알고자 하는 궁금증으로, 새로운 학습 기회를 탐색하려는 동기와 열정을 의미한다.

2. 인내심Persistence 은 만족스럽지 않아도 자신의 욕구를 뒤로 미루고, 더 큰 목표나 결과를 바라보며 노력하는 것이다.

3. 융통성Flexibility 은 상황에 따라 유연하게 자신의 태도와 행동을 바꾸는 능력이다. 스트레스를 받거나 처음 접하는 낯선 상황에서도 자신이 해왔던 방식을 고집하지 않고 새롭게 도전하는 힘을 말한다.

4. 낙관적 태도Optimism 는 새로운 기회가 올 때 그것을 긍정적으로 바라보고 할 수 있다는 태도를 갖는 것이다.

5. 위험 감수Risk Taking 는 결과를 100% 확신할 수 없는 상황에서 실패를 감수하고 도전할 것인지, 아니면 안정적인 길을 선택할 것인지 판단하는 태도이다. 이때는 과감한 결단이 필요하다고 보았다.

중학교 1학년 때 해외 펜팔을 하려고 영어 공부에 흥미를 갖게 된 것은 중, 고등학교 영어시험에도 도움이 되었다. 대학에서도 교양과목으로 영어를 듣게 되었는데 성적이 좋게 나와 학과 장학금을 타는 데 결정적인 도움이 되었다. 더욱 놀라운 것은 취업한 회사의 입사 시험에서 동일계열 지원자 중 영어점수가 제일 높게 나왔다. 80대 1의 경쟁에서 합격을 할 수 있었던 결정적인 요소가 되었다.

만일 영어에 흥미를 갖지 않았다면 영어시험도 잘 못 봤을 것이고 장학금도 받지 못했을 것이다. 더욱이 회사 입사 시험에서도 탈락했을 것이다. 이렇듯 뭔가를 배우고 만나고 하는 모든 일련의 일들이 '계획된 우연'이 된다는 것이다. 지금 내가 만나는 사람을 통해 다른 일들이 계획되고 실행된다. 그 일로 인해 또 다른 일들이 펼쳐지게 된다는 것이다.

동료 교사를 따라 우연히 시작하게 된 골프로 현재 파크골프를 하는 데 도움을 주고 있다. 파크골프는 일반 골프보다 비교적 접근성이 좋다. 비용도 부담 없고 한 개의 채와 공 하나로 라운드를 즐길 수 있다. 파크골프에 흥미를 가지고 연구하면서 유튜브에서 '임성실 TV 파크골프' 채널을 만들어 운영하고 있다. 현재 전국의 많은 파크골퍼들에게 도움을 주고 있다.

크럼볼츠 교수도 그가 걸어온 길 역시 준비된 것이 아니었고 계획된 우연이라고 한다. 그가 심리학을 전공하게 된 것은 그의 테니스 코치가 심리학을 가르치고 있었기 때문이었다고 한다. 그리고 처음 그가 테니스를 시작한 이유는 자전거를 타고 낯선 길을 가다가 테니스 치는 아이들을 봤는데 그 모습이 즐거워 보였기 때문이라고 한다. 크럼볼츠 교수는 자전거를 타고 낯선 길을 달리는 것으로 미래에 유명한 심리학자가 되겠다는 계획을 세운 것은 아니었다고 한다.

나도 수업 방법 개선 연수 참여를 통해 우연히 하브루타를 알게 되었다. 관심을 가지고 수업에 적용하면서 실수도 하고 좌절을 맛보았다. 그러면서 성장하고 변화된 모습을 발견하게 되었다. 하브루타가 우연히 찾아왔지만, 그것으로 인해 내가 달라졌다. 내가 달라지니 아이들이 달라지고, 주변이 달라졌고, 내 인생이 달라졌다.

우리는 주변에서도 사업가로 성공한 사람들이나 다양한 전문가로 이름이 알려진 사람들을 만나게 된다. 그런 사람들은 엄청난 부와 명성을 얻기까지 그럴 만한 일들이 있었다고 한다. 그들은 열심히 주어진 일에 최선을 다했다고 한다. 그리고 자신은 운이 좋았다고 말한다. 무슨 일이든 한 번에 되는 일은 없다. 반드시 어떤 일들이 서로 상호 연결 고리를 맺게 되면서 우연한 것들이 필연이 되어 다시 또 다른 영향을 주고받게 된다. 이런 계획된 우연은 기회가 되어 한 사람의 운명을 바꿔 놓기도 한다. 계획된 우연이 찾아오면 기회를 놓치지 말고 잡아야 한다. 그러기 위해서는 다양한 경험을 통해 준비하고 있어야 한다. 그 경험으로 인해 알게 된 사람이나 일이 나를 한순간 바꿔 놓을 수 있기 때문이다.

5.
배울 준비가 되면
스승이 나타난다

교사로서 아이들을 잘 가르치고 싶은 목마름이 있었다. 늘 부족함을 느꼈고, 무엇을 채워야 할 것 같은 채움에 대한 강박증까지 있었다. 수업에 자신감도 부족했다. 수업 워크숍이나 세미나 등을 참석해도 그때뿐이었다. 딱 거기까지가 한계였다. 뭔가 한방이 필요한 순간, 그것을 터트려주지 못하고 있었다.

아이들을 위한 수업보다는 내가 좋아하는 수업을 위주로 했다. 내가 하고 싶은 수업만 하다 보니 나하고 맞지 않는 수업 방법은 아이들에게도 맞지 않을 것이라고 생각했다. 마치 '여우와 신포도'의 경우처럼 말이다. 배고픈 여우가 포도를 발견했지만, 포도가 너무 높이 달려있어 따먹지 못했다. 여우는 저 포도는 분명 익지 않은 신 포도일 거라고 생각했다. 내가 할 수 없는 수업들은 무조건 일반화하기 어려운 수업이라고 생각했다. 익숙하지 않은 수업이라도 누군가에게 도움을 요청할 수도 있고, 다른 방법을 찾을 수도 있었을 것이다. 그럼에도 불구하고 나와 맞지 않고, 아이들 수준에 맞지 않다고 지레짐작으로 포기해버린 것들이 많았다. 냉정히 말하면 아이들의 수준이 문제가 아니고 내가 문제였던 것이다. 왜 익숙하지 않은 수업은 하고 싶지 않았을까? 먼저 교재를 연구하고 다양한 활동 수업을 설계해야 한다. 그리고 수업에 필요한 여러 가지 재료를 구입해야 한다. 재료 구입을 위해 관리자들을 설득해야 하는데 그런 일련의 과정들이 싫었던 것이 더 솔직한 심정이리라. 한마디로 뭔가 더 해야 한다는 귀차니즘이 발동했기 때문이다.

그러다가 우연히 하브루타 연수를 받고 '심봤다'라는 생각에 하브루타 수업을 적용했지만 한 학기도 제대로 적용해보지도 못하고 막을 내렸다. 역시 신 포도라고 생각했다. 그 후 다양한 학생 중심 수업을 배우고 익히게 되었다. 배움의 공동체 연수를 듣고 한동안 열심히 정기적으로 열리는 연수에 참석하면서 노하우를 쌓아나갔다. 아이들과 하는 모둠수업에 조금씩 자신감이 생기기 시작했다. 다른 학교 교사들의 수업 참관을 하면서 아이들이 눈에 들어왔다. 협동학습 수업도 연수를 듣고 수업에 적용했다. 비주얼 씽킹 수업도 적용하면서 다양한 수업 방식을 골고루 섞어가면서 수업했다. 그렇게 수업을 하니 아이들이 즐거워하면서 수업을 했다. 그러면서도 뭔가 아직도 채워지지 않는 2%기 마음속 한구석에 자리 잡고 있었다.

그때 하브루타 자격 과정 연수가 있다는 이야기를 듣고 바로 신청했다. 다시 제대로 하브루타를 배워 보자는 각오를 했다. 자비 연수였지만 그만큼의 값어치를 할 것이라고 생각했다. 하브루타 자격 과정 연수 첫날 첫 시간을 듣고 신청하길 잘했다는 생각을 했다. 왜 내가 하브루타 수업에 실패했는지 알게 되었다. 교사가 아이들의 활동을 제대로 안내하지 못했던 것이다. 또한 차시별 시간 안배를 적절하게 하지 못했다. 정확한 안내와 조력자 역할을 해야 했는데 그걸 놓쳤던 것이다. 수업이 잘 안될까 봐 아이들을 믿지 못하고 자꾸 교사가 개입하고 잔소리를 하게 되었다. 아이들은 질문하고 대화하려고 하는데 교사가 대화의 흐름을 끊었다. 아이들에게 질문하고 대화하는 시간을 준다고 해놓고 아이들을 믿지 못했던 내가 문제였다. 하브루타 자격 과정 연수를 체계적으로 받으면서 하브루타 수업의 노하우를 알게 되었다.

하브루타 수업을 적용하면서 아이들에게 너무 친절하지도, 너무 무심하지도 말아야 한다는 것을 깨달았다. 교사의 적절한 개입이 중요했다. 연수 기간에 함께하는 교사들과 학생 입장이 되어 질문하고 대화하고 토론하고 때론 논쟁하면서 하브루타의 매력에 빠져들게 되었다. 하브루타는 먼저 짝에게 설득당할 준비가 되어있다는 열린 마음이어야 한다. 또한 내 생각을 조리 있게 말해서 짝을 설득할 수 있어야 한다. 짝의 생각은 틀린 것이 아니고 나와 다른 것이다. 그래서 사고가 확장되는 구조이다. 둘 다 모르면 교사에게 묻거나 검색을 통해 알아간다. 교사 중심이 아닌 학생 중심이 되기에 자기 주도적인 학습이 자연스럽게 형성된다. 배울 준비가 되면 스승이 나타난다는 말을 실감했다. 그동안 나에게 많은 신호들이 있었는데 내가 그것을 알아차리지 못했던 것이다. 그동안 나는 배울 준비가 되어있지 않았다.

'기회는 준비된 자의 몫이다.'라는 말이 있다. 누구에게나 기회는 있다. 그러나 그 기회를 잡지 못하고 놓치면 기회는 다시는 오지 않는다. 배우는 자세도 마찬가지라고 생각한다. 뭔가가 결핍이 있어야 한다. 부족한 것이 뭔지를 깨닫는 것이 중요하다. 이때 메타인지가 작동한다. 메타인지는 내가 무엇을 알고 무엇을 모르는지를 깨닫게 해준다. 상위권 학생들은 자신이 무엇을 틀렸는지 정확하게 안다. 그래서 오답 노트를 만들고 다시는 틀리지 않도록 반복해서 공부하는 것이다. 하브루타를 하면, 아는 것은 자신 있게 말하지만, 모르는 것은 짝에게 물어서 알게 된다. 모르는 것 앞에서 겸손해질 수밖에 없다. 모르는 것이니 아는 체할 수가 없어 검색해보고 찾아보고 알게 된다. 그렇게 알게 된 배움은 진짜 내 것이 된다.

"말로 설명하지 못하면 모르는 것이다."라는 말은 내가 아는 것과 모르는 것을 정확히 아는 것이 중요하다는 의미이다. 그래서 하브루타를 통해 자기 자신을 더 잘 알게 된다. 배우고 싶었던 하브루타를 자발적이고 적극적인 자세로 공부하니 수업 내용이 귀에 쏙쏙 들어왔다. 무언가가 필요하다고 판단되면 적극적으로 배워야 한다.

논어 제2편 위정 17절에 공자가 말하기를, "지지위지지知之爲知之, 부지위부지不知爲不知, 시지야是知也"라고 했다. 즉 공자가 말씀하시기를 "아는 것을 안다고 하고, 모르는 것을 모른다고 하는 것이 곧 아는 것이다."라는 뜻이다. 모르는 것을 배우고자 하는 것은 지극히 당연한 것이다. 어설프게 아는 것은 제대로 배우지 못한 것이다. 내가 무엇을 모르는지를 알고 배우려는 자세를 가져야 한다. 배우려는 마음이 있을 때 스승은 반드시 나타난다.

6.

하브루타는
가르치면서 배운다

교학상장敎學相長, 즉 가르치고 배우면서 함께 성장한다는 뜻이다. 가르치면서 비로소 자신이 미처 알지 못하는 것을 알게 되고, 그 부족함을 채우고 보완하기 위해 더욱 열심히 배움을 위해 노력한다는 것이다.

미국 행동과학연구소의 학습 효율성 피라미드에서 교사 중심의 주입식 수업에서 그냥 듣기만 했을 경우 기억력에 미치는 정도가 5%밖에 되지 않는다. 반면에 학생 참여 수업은 토의·토론 수업이 50%, 실제로 해보는 것은 75%, 남 가르치기가 90%

를 차지한다. 누군가를 가르치기 위해서는 많은 공부가 기본이 되어있어야 한다. 그래서 하브루타 수업은 교학상장의 의미와도 부합한다.

짝을 지어 질문하고 대화하는 하브루타 과정에서 토론도 가능하고 논쟁도 할 수 있다. 여기서 중요한 것은 질문을 만들 수 있는 환경을 조성해야 하는 것이다. 내용을 소리 내어 읽고 맥락이나 개념을 알고 질문 만들기를 하면서 짝과 함께 대화하다 보면 자연스럽게 자신이 무엇을 알고 모르는지가 밝혀진다. 자신이 무엇을 모르지를 깨닫게 해줘 자기 스스로 배우게 해준다.

과거 TV 프로그램에서 인기를 끌었던 가족 오락관 인기 코너 중에 '몸으로 말해요'가 있다. 한 팀이 일렬로 서서 주어진 단어를 말을 하지 않고 뒷사람에게 몸짓으로만 표현해서 전달해야 한다. 여기서 중요한 것은 제시된 단어의 뜻을 정확하게 파악하고 특징을 잡아 뒷사람에게 정확한 몸짓으로 표현해야 한다. 시청자들은 답을 TV화면을 통해 알고 보기 때문에 출연자들의 몸짓과 그것을 해석해내려는 출연자들의 표정과 제스처를 보고 재미있어한다. 만약 내가 출연자가 되었을 때 문제를 정확히 몸짓으로 표현하고 맞힐 수 있었을까 하는 생각을 해본다. 결코 쉽지는 않을 것이다. 왜냐하면 무엇이든 처음에는 낯설고 어색하고 잘하지 못할 것 같은 생각이 앞서기 때문이다.

하브루타가 낯설고 어색한 것은 해보지 않았기 때문이다. 자신과 맞지 않는다고 하브루타 수업이 한물갔다고 이야기하는 사람이 있다. 유행은 잠깐 관심을 끌다가 사라진다고 치자. 하브루타가 유행처럼 지나가는 학습 방법이라면 어떻게 수천 년 이상 지속하여 올 수 있었을까? 유대인들이 노벨상의 30%를 차지하는 것은 어떻게 설명할 것인가? 세계 경제를 좌지우지하는 미국 연방 준비제도 이사회, 미국 연방공개시장위원회 의장과 위원들, 그리고 미국재무장관들 중 상당수가 유대인들이라는 사실을 어떻게 설명할 것인가? 유대인들의 학습 방법인 하브루타는 나만의 생각이 아닌 다른 사람의 생각을 듣고, 다름을 알게 되어 생각 근육이 확장되고 깊어지는 것이다.

질문 활동을 통해 짝과 함께 내가 정확하게 알고 있는 것을 제대로 답변할 수 있다. 어설프게 알고 있는 것은 중언부언 말이 많아진다. 핵심을 정확하게 모르기 때문이다. 하브루타는 짝과 함께 질문과 대화를 통해 말하는 것이다. 내가 아는 것이 무엇인지, 모르는 것이 무엇인지 스스로 깨닫게 해주는 자기 주도적 학습이다. 하브루타 수업은 몰입을 가져다준다. 짝과 함께 하브루타를 하기 전에 개인별 활동지를 나눠준다. 그 활동지에 어떤 질문과 어떤 답변이 오고 갔는지 기록해야 한다. 그래서 경청 능력이 향상된다. 활동지에 자신의 질문과 짝의 답변을 쓰고 무엇을 배우고 느꼈는지 생각을 정리해서 제출해야 한다. 그렇게 짝과 함께 질문하고 자기 생각을 글로 정리하고 기록하면서 아이들과 교사가 함께 성장한다.

7.
하브루타로
수업이 행복해졌어요

하브루타를 알고 나서 나부터 변화가 생겼다. 마음가짐이 달라진 것이다. 학교 가는 출근길이 즐거워졌다. 아이들 만나서 수업할 생각에 행복하기까지 했다. 내가 달라지니 아이들도 차츰 변화하기 시작했다. 하브루타로 수업을 하면서 바뀐 것들은 다음과 같다.

첫째, 아이들 중심 수업이 되었다.

제일 큰 변화는 수업을 준비할 때 교사가 아닌 아이들에게 초점을 맞추게 되었다. 동기유발 자료를 찾을 때도 수업 목표와 연결해서 최대한 많이 생각할 수 있는 자료를 찾는다. 내가 찾은 자료를 보고 아이들이 몰입한다. 그리고 그 주제를 짝과 함께 질문하고 대화하고 토론하는 모습을 보면서 정말 기쁘고 뿌듯했다. 아이들은 자신이 생각하지 못한 것을 짝이 생각하고 대답하는 것에 놀라 탄성을 질렀다. 아이들 서로에게 배움이 일어나는 현장을 보는 것만으로도 벅찬 감동이 몰려온다.

둘째, 수업에 활기가 넘친다.

자기 생각을 짝과 나누고 대화하니 한 명의 아이도 소외되지 않는다. 짝과 함께한 후에 가장 좋은 질문을 선택한다. 4명이 한 모둠을 만든 후, 다시 선택된 질문과 대답으로 생각이 더욱 확장된다. 친구들이 나의 이야기를 들어주니 아이들은 신난다. 의견이 같거나 뜻이 맞으면 하하 호호 웃음꽃이 피어나며 수업은 활기가 넘친다.

셋째, 졸거나 딴짓하는 아이들이 사라졌다.

하브루타는 짝과 함께하는 것이다. 짝이 질문 하니 대답해야 한다. 그래서 경청傾聽 능력이 향상된다. 더욱 중요한 것은 짝과 함께 질문하고 대답한 내용을 활동지에 적어야 한다. 다른 아이의 것을 베끼거나 거짓말을 쓸 수가 없다. 아이가 쓴 활동지의 내용은 세상에 하나밖에 존재하지 않는다. 아이들이 기록한 활동지는 교사가 걷어서 보관한다. 활동지는 학기말에 생활기록부 기록에 활용한다. 학기 초, 수업을 안내할 때 수업 시간에 쓴 활동지 내용을 학기말에 생활기록부에 그대로 적어준다고 했다. 실제로 아이들이 작성한 활동지의 내용을 토대로 과목별 세부능력 및 특기사항에 그대로 써준다.

넷째, 경청을 통한 인성교육이 된다.

아이들은 남의 생각이 나와 틀린 것이 아니고 다른 것임을 알게 된다. 아이들끼리 함께 나눈 이야기로 생각 근육이 확장된다. 아이들은 경청을 통해 다름을 인정하게 되었다. 다름을 알게 되면서 나만의 기준으로 남을 판단하지 않게 된다. 짝이 이야기할 때 존중하면서 듣게 되어 상대방에 대한 배려심이 향상되기 때문이다.

다섯째, 수업에 적용하기가 좋다.

수업 주제와 관련된 내용을 짝과 함께 질문하고 대화한다. 교사가 처음부터 끝까지 수업을 이끌지 않아도 된다. 하브루타는 아이들끼리 생각을 나누며 학습 내용을 내 것으로 만드는 데 최적화된 수업이다. 이때, 교사는 아이들에게 활동 시간을 주고 관찰할 수 있는 시간적 여유가 생긴다.

여섯째, 다양한 경험을 하게 할 수 있게 한다.

아이들이 다양한 경험을 직접 할 수 있도록 교사가 마련해 주면 된다. 한마디로 아이들에게 짝과 함께 할 수 있는 장을 펼쳐주면 된다. 하브루타를 처음 접하고 여러 가지 다양한 시도를 했는데 하브루타의 철학을 잘 알지 못하여 그것을 녹여내지 못하고 실패했다. 이유는 교사인 내가 처음부터 끝까지 이끌어야 한다는 집착 때문이었다. 그래서 좌절을 겪었다. 하브루타를 다시 공부하면서 미흡했던 부분을 하나씩 채우면서 수업에 적용해 나갔다. 그리고 질문으로 아이들의 다양한 생각을 말로 표현하게 했다. 아이들 각자의 경험과 배경지식을 활용해서 질문하고 대화하면서 상호 간에 직·간접 경험을 하며 성장한다.

한참 하브루타 수업의 매력에 빠져들고 있을 때쯤 하브루타 부모교육연구소 김금선 소장의 전화를 받았다. 연구소 주최로 8인 8색 강의가 있는데 그동안 적용했던 하브루타 수업사례를 강의해 달라는 내용이었다. 잠시의 망설임도 없이 하겠다고 했다. 이유는 하브루타를 적용하고 수업했던 내용을 나만 알고 있기에는 너무나 아깝다는 생각이 들었기 때문이었다. 그 덕분에

서울에서 하브루타 첫 강의를 서초 트라팰리스에서 할 수 있었
다. 강의 내용은 하브루타 수업사례와 그것을 독서 동아리에 적
용한 내용이었다. 하나도 떨지 않고 즐겁고 행복하게 강의를 할
수 있었다. 그렇게 즐겁게 강의를 할 수 있었던 이유가 있다. 학
교에서 하브루타로 수업을 하고 아이들을 위한 하브루타 동아
리를 만들었다. 그 당시 교장 선생님의 적극적인 격려와 응원
덕분에 가능했다. 교장 선생님은 전 교사에게 하브루타 수업을
참관하라고 했다. 공개 수업에 사용될 영상자료를 만들 때 직접
인터뷰에 참여할 정도로 큰 관심을 보여주셨다. 또한 하브루타
동아리 활동을 할 수 있도록 적극적인 배려를 아끼지 않았다.

학교에서 우왕좌왕하는 아침 자투리 시간을 이용해서 하브
루타 동아리반 활동을 시작했던 내용을 중심으로 강의를 풀어
나갔다. 강의를 듣는 분들이 강의 중간중간에 환호와 박수를
보내줘서 너무 큰 감동을 받았다. 만약 내가 하브루타를 하지
않았다면 그런 감동을 누릴 수 없었을 것이다. 서울에서 하브루
타로 첫 강의를 했던 설렘과 감동은 아직도 잊을 수가 없다.

다음은 아이들과 하브루타 동아리 첫 시간 수업했던 내용
이다.

'바닥에 경찰관과 나란히 엎드려 있는 아이' 사진으로 질문을 만들고 짝과 함께 하브루타를 했다. 아이들은 저마다의 궁금증을 가지고 열심히 질문하고 대화를 나누었다. 그러면서 아이들은 사진의 상황을 넘어 자신의 경험과 생각을 이야기하고 있었다. 하브루타 동아리 수업이 끝나고 아이들의 활동지를 보면서 아이들의 다양한 생각과 의견을 읽을 수 있었고, 아이들의 질문과 대답을 통해 나도 함께 성장하는 시간이 되었다.

사진 속 어린아이와 경찰관이 나란히 바닥에 엎드려 있는 이유는 무엇이었을까? 미국의 어느 초등학교에서 행사를 하였는데, 사진 속 아이는 뭐가 마음에 안 들었는지 바닥에 엎드려 울기 시작했다. 교사와 행사장에 온 사람들은 당황해하고 있었다. 그때 학교 경찰관이 아이와 함께 바닥에 누워 눈을 마주보고 대화하는 사진이다. 사진 속 경찰관에게서 배우게 되는 것은 '경청'이다. 경찰관은 바닥에 엎드려 아이의 눈을 보고 무슨 일로 이렇게 우는 거냐고 물었다. 경찰관은 아이가 하는 이야기를 열심히 들어주었다. 공감해주고 위로해주니까 어린아이는 다시 일어나서 학교 행사에 잘 참여했다는 내용이다.

하브루타 수업에서는 짝이 하는 이야기를 잘 들어야 대답을 잘 할 수 있다. 교사가 짝이 이야기할 때는 열심히 들으라고 강요하지 않아도 된다. 사진 한 장을 가지고도 짝과 함께 질문하고 대화하면서 자연스럽게 경청에 대해서 배우게 된다. 직접 해봐야 내 것이 되고, 직접 말로 설명해봐야 내 것이 된다. 처음에 하브루타 수업을 하면서 '아이들에게 먹힐까?'라는 의심을 했다. 그런데 하브루타를 제대로 배우고 수업에 적용해보니 먹혔다. 먹혀도 제대로 먹혔다. 심마니들이 삼산을 발견하면 외치는 한마디, "심봤다!"를 외치고 싶었다. 하브루타 수업은 보람과 뿌듯함이 있다. 왜냐하면 아이들과 함께 교사도 성장하기 때문이다.

하브루타 동아리 사례를 가지고 강의를 할 수 있게 된 것은 하브루타를 시도했기에 가능했다. 그리고 이렇게 책을 쓸 수 있게 된 것도 하브루타 덕분이다. 지금 이 순간에도 하브루타를 통해 모든 사람들에게 배운다는 마음으로 함께하고 있다. 하브루타를 배우고 실천하면서 매 순간 감사하다는 마음을 가지게 되었다. 하브루타로 내가 변하니 아이들이 변하고 아이들이 변하니 수업이 변하게 되었다. 결국 수업이 행복해졌다.

하브루타를 하면서 나를 사로잡은 한 편의 시가 있다. 조동화 시인의 '나 하나 꽃피워'다.

나 하나 꽃피워

풀밭이 달라진다고 말하지 말아라.

네가 꽃피고 내가 꽃피면

결국 풀밭이 온통 꽃밭이 되는 것 아니겠느냐.

나 하나 물들어

산이 달라진다고도 말하지 말아라.

내가 물들고 네가 물들면

결국 온산이 활활 타오르는 것 아니겠느냐.

처음에 하브루타 수업을 한다고 했을 때 주변의 반응은 차가웠다. 무슨 듣도 보도 못한 수업을 가지고 와서 교사와 아이들을 힘들게 하느냐고 우려했다. 그러나 하브루타 수업을 하면서 내가 먼저 행복해졌다. 아이들도 즐겁게 수업했다. 교사가 혼자 처음부터 끝까지 말을 계속하면 아이들은 입을 다물고 듣기만 한다. 당연히 아이들은 멍하게 있거나 다른 생각을 하게 된다. 그런 사실을 알 수 없는 교사는 답답한 마음에 아이들에게 "이해했냐?" "알았냐?"라고 반복해서 묻게 된다. 일부 공부 잘하는 아이들이 "알았다."라고 대답하면 모든 아이들이 다 알았다고 착각하게 된다. 하브루타로 나 혼자 수업하는 공허함이 사라졌다. 하브루타는 나에게 큰 깨달음을 주었다. 내가 할 수 있는 것부터 실천해보면 분명히 달라진다는 것을 체험적으로 알게 해주었다.

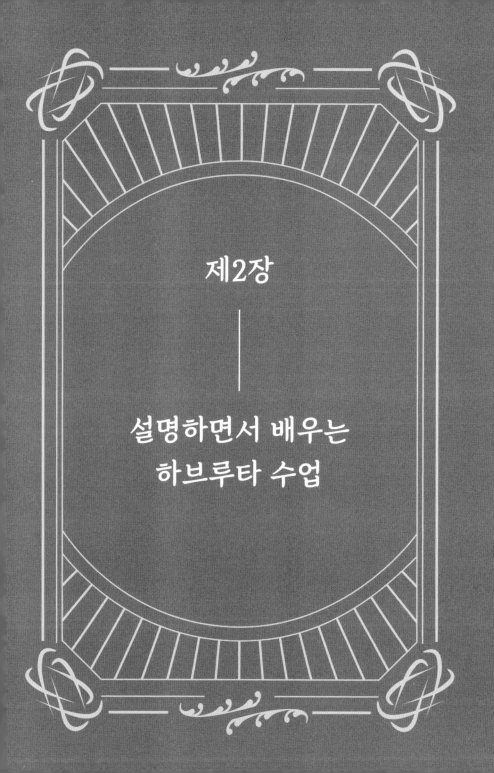

제2장

설명하면서 배우는
하브루타 수업

1.
다양한 동기 유발로
수업에 참여시켜라

　수업에서 동기유발은 수업을 흥미 있게 하여 주의를 집중시키는 효과가 있다. 사진, 그림, 소리, 인상적인 도표, 통계, 동영상, 사건·사고 뉴스 기사, 속담, 캐치 마인드, 마술, 초성 제시, 초성 퀴즈, 몸짓으로 말하기, 그림 카드, 카드 뉴스, 마인드업 카드, 명언, 포스트잇, 상자 안에 물체 소리 듣고 맞추기, 눈감고 소리 듣기ASMR, 아이스 브레이킹, 레크리에이션, 유머, 언어 놀이준비됐나요? 준비됐어요. 네네. 선생님!, 수신호 하기쉿! 입과 귀, 질문하기, 물건 이용, 침묵 이용, 박수 이용, 노래와 율동, 궁금증 유발, 작은 목소리 등 이외에도 많다. 여러 가지 중에서 주제별로 사용하기만 하면 된다. 이때 교사의 의도적 실패를 이용해서 동기유발을 하면 더욱 흥미를 유발할 수 있다.

교사는 다양한 동기유발이 무의식적으로 바로바로 몸에 습관적으로 나올 수 있도록 해야 한다. 동기유발motivation이란 무엇인가? 아이들의 생각을 말하게 하고 행동하게 해서 수업 속으로 끌어들이는 것이다. 쉬는 시간 동안 산만했던 아이들의 마음을 수업 시작과 함께 수업 속으로 참여하게 만들자. 그러기 위해서는 아이들의 흥미와 호기심을 이끌 멋진 동기유발을 시킬 필요가 있다. 사진, 영상, 신문 기사 등의 자료를 이용해서 동기유발을 하면 아이들의 시선을 확 끌어당길 수 있다. 신문 기사, 사진을 구하기 어렵다면 교과 내용과 관련 있는 명언이나 속담으로 할 수도 있다. 그것도 어렵다면 수업 주제에 맞는 핵심 단어로 동기 유발을 해야 한다. 동기 유발로 각자의 배경지식과 살아온 경험 등에 잠재된 궁금증을 유발하면서 호기심을 자극하는 것이다. 이때 궁금증을 최대로 끌어올려야 한다. 동기 유발과 수업 목표를 일치시키면서 수업에 대한 흥미와 재미를 알아차리게 하는 좋은 기회로 삼아야 한다.

동기 유발하면서 여유를 가지고 아이들을 지켜보자. 아이들이 바로 대답하지 않더라도 약간의 인내심을 가져야 한다. 답을 바로 알려주지 말고 생각할 시간을 줘야 한다. 아이들은 살아온 환경이 다르듯 생각하고 말하는 것이 다르다. 이때 다양한 대답이 나올 수 있도록 분위기 조성에 중점을 두어야 한다. 만약 아이가 다른 대답을 했더라도 절대 핀잔을 주면 안 된다. 모든 것을 수용해주는 자세를 보여줘야 한다. 그래야 다음에도 계속 참여한다. 아이들이 자신의 생가을 마음껏 발산하도록 분위기를 조성해야 한다. 신나고 즐겁게 수업에 참여시켜야 한다. 또한, 아이들에게 흥미와 정보를 줘야 한다. 동기유발로 학습 목표와 수업 내용을 연결해야 한다. 교사가 원하는 대답이 안 나올 수 있다. 이때도 왜 그렇게 생각했는지 아이에게 다시 질문을 되돌려주기를 하면 된다. 계속 질문하고 말을 하게 해서 아이들의 뇌를 격동시켜야 한다. 아이들이 잘 대답하지 않거나 교사의 생각과는 다른 엉뚱한 대답이 나와도 실망하지 말자. 친구의 엉뚱한 대답에 대해서 어떠한 비난도 하지 않도록 분위기를 조성해 줘야 한다. 때론 엉뚱한 대답에 '와' 또는 '오' 하는 함성이 나올 수 있다. 질문을 통해 아이들의 기발하고 다양한 생각을 끌어내는 것이 중요하다.

동기유발은 교사가 준비한 것 이상으로 다양한 대답이 나올 수 있다. 아이마다 생각의 거름망이 있어서 흘려버리기도 하고 걸러내기도 한다. 예를 들어 사람이 치타보다 빨리 달리지 못한다고 했을 때 사람이 치타보다 못한 것일까? 절대 그렇지 않다. 어떤 사고방식을 갖고 접근하느냐에 대한 문제인 것이다. 관점을 다르게 갖도록 하면서 수용해줘야 한다.

"넌 그걸 대답이라고 하니?"

"그걸 말이라고 해? 말이야, 방구야?"

"너는 생각이 있니 없니?"

"생각 좀 하고 살아라!"라고 면박을 주면 안 된다. 수업 주제에 맞으면서 흥미와 호기심을 불러일으킬 만한 다양한 동기유발로 열린 사고를 갖도록 해야 한다.

"지금부터 생각 근육을 확장시켜주는 시간이에요. 어떤 생각도 좋아요."라고 말하면서 질문을 던져보는 것이 좋다. 동기유발 질문 사례로

"사진을 보고 무엇이 느껴졌나요?"

"영상에서 가장 기억에 남는 장면은 무엇인가요?"

"왜 가장 기억에 남았나요?"

"핵심 단어로 표현한다면 무엇인가요?"라고 물으면서 흥미를 이끌면 된다.

동기유발이 끝나고 후속 질문으로 아이들이 무엇을 느끼고 알게 된 것들이 무엇인지 알아봐야 한다.

"사진 자료를 보고 무엇이 느껴졌는지 이야기해줄 사람이 있나요?"

"정수 말해볼까요?"

"잘 말해줘서 고마워요." 발표한 아이에게 반드시 피드백을 해주어야 한다. 왜냐하면 다음에 또 발표하고 싶은 마음이 들게 해야 하기 때문이다.

질문을 모두에게 확장시키기로 사고의 확장을 계속 시켜줘야 한다. "정수의 의견에 대해 다른 의견이 있나요?"라고 물어봐야 한다. 공감을 이끌어 내거나 다른 의견에 대해서도 생각할 수 있는 시간을 줘야 한다. 이때 공감을 해주는 아이가 있다면 "오! 그래요. 다른 생각을 말해줘서 고마워요."라고 반드시 긍정의 피드백을 해 주어야 한다. 아이들은 자기를 칭찬해주는 사람을 고마워한다. 교사가 원하는 대답이 나오지 않더라도 틀렸다고 무시하거나 그건 아니라고 단호하게 말하면 아이는 상처를 받아 다시는 발표를 하지 않을지도 모른다.

만일 교사가 질문을 했는데 아무도 대답하지 않는다면 어떻게 될까? 그런 최악의 상황을 면하고 싶다면 아이가 툭 하고 내뱉듯이 하는 엉뚱한 말도 긍정적으로 수용해주는 자세가 필요하다. 그러면 말문이 트인다. 이때 목소리가 작은 아이를 위해 마이커스피커가 내장된 마이크를 이용하면 좋다. 작은 목소리로 말해도 모든 아이들이 함께 들을 수 있다. 마이커를 쓰면 아이들이 집중을 더 잘하게 하는 효과가 있다. 마이크 기능과 스피커 기능이 함께 있는 마이커도 동기유발의 보조 자료가 된다. '말해봤자 소용없다'는 생각을 하지 않도록 분위기를 조성해줘야 한다. 한 명의 아이라도 수업에서 소외되거나 방관자로 만들지 않는 것이 중요하다.

특히 땡! 이라는 표현은 쓰지 말자. 모 방송국의 프로그램 중 출연자가 가사나 음정 박자가 틀리면 가차 없이 실로폰을 내리치면서 '땡'소리를 낸다. 연주는 중단되고 참가자는 무안한 표정으로 서둘러 무대를 뛰어가듯 빠져나가고 관람객들은 폭소를 터트린다. 이것은 방송의 시청률을 위해 필요할 수 있다. 그러나 교육 현장에서는 시청률이 중요하지 않다. 물론 재미를 주기 위한 요소지만 참가자에게는 평생 잊지 못할 트라우마가 될 수 있다. 교실에서도 땡 소리는 아이들에게 좌절감을 줄 수 있고, 그 아이들이 수업의 방관자나 방해꾼이 될 수 있다. 교육은

"땡!"이라는 한 단어로 표현할 수 없다. 하나의 정답만을 정해 놓고 거기에 맞으면 '딩동댕'이고, 틀리면 '땡'인가?

아이가 엉뚱한 대답으로 분위기를 흐뜨려놓아도 교사는 수용할 수 있는 긍정적인 마음을 가질 필요가 있다. 그것 역시도 역발상으로 아이의 참여를 끌어낼 기회로 활용할 수 있다. 다소 웃기는 말을 했다면 "진규가 큰 웃음을 줬네요. 고마워요." 라고 해보자. 아이는 무안해하지 않고 다음에 좀 더 생각하고 말해야 한다는 것을 스스로 깨우치게 되는 계기가 된다.

최근 각종 오디션 대회가 우후죽순처럼 생겨났다. 오디션에서 출연자가 잘하고 못하고를 떠나 끝까지 들어보는 자세가 필요하다. 참가자가 준비한 역량을 끝까지 펼쳐 보이고 탈락시켜도 늦지 않다고 생각한다. 잘했는지, 못했는지는 본인이 가장 잘 안다. 끝까지 완주했다는 위로와 격려의 박수도 꼭 필요한 것이다.

동기 유발로 수업 목표가 연결되도록 하자. 동기 유발의 성공 여부는 아이들의 생각을 많이 끌어내서 참여시키는 것이 중요하다. 아이들 입장에서 대답한 말이 맞았거나 근사치였다면 흥미가 고조될 수 있다. 만약 틀렸더라도 '왜 틀렸지?'라고 생각할 수 있는 기회를 준다. 동기 유발 시간에는 무엇이든 수용하는 자세가 필요하다. 물론 동기 유발은 너무 많은 시간을 사용할 수 없다. 그래서 빠르게 정리해서 수업 목표와 연결 지어야 한다. 그래야 다음 수업 활동이 원활하게 전개될 수 있다. "말을 물가에 끌고 갈 수는 있어도, 억지로 물을 먹도록 할 수는 없다."라는 속담이 있다. 속담이 함유하는 의미를 교실 현장에서 생각해본다면, 교사는 수업을 했지만 학생은 배우지 않았다는 것이다. 왜 그럴까? 실제로 아이들에게서 배움이 일어나지 않았기 때문이다.

수업의 성공 여부는 동기유발이라고 생각해야 한다. 물론 동기유발로 주의 집중을 불러일으켜서 수업이 계속 잘 된다고 말할 수는 없다. 그래서 아이들에게는 약 15분 단위로, 성인들에게는 20분 단위로 변화를 주어야 한다. 그래야 계속 집중력을 유지하게 할 수 있다. 하브루타는 최적의 동기유발이면서 주의 집중에 효과가 크다. 왜냐하면 짝과 함께하면서 질문하고 대화하는 구조이기 때문이다. 짝과 나눈 질문 중 상의해서 대표추천 질문을 뽑는다. 그 후 모둠원들과 함께 추천 질문 활동으로 계속 이어진다. 이렇게 자기가 선택한 질문으로 짝과 또는 모둠원들과 확대해서 활동하기 때문에 자기 주도적인 수업이 된다. 그래서 동기 유발로 이어진 학습의 연속성을 유지할 수 있다. 또한, 학습자들을 동기 유발로 이어진 학습 목표가 실제 생활 속에서 활용될 수 있도록 안내한다. 아이들은 나와 관계가 있는 것이기에 더욱 관심을 갖는다. 수업을 시작할 때 인사하고 출석 확인하고, 바로 수업으로 들어가지 말아야 한다. 동기 유발을 기창하게 준비하라는 것이 아니다. 아주 간단한 것이라도 반드시 동기 유발을 한 후 시작하기를 바란다. 아이들은 눈을 반짝거리고 흥미를 느끼는 순간 수업 속으로 몰입하는 놀라운 감동을 체험하게 된다.

말로 설명하지 못하면
모르는 것이다

아이들이 수업 내용을 이해할 수 있게 가르쳐야 한다. 아이들이 생각하고 질문하도록 하자. 아이들끼리 질문하면서 대답까지 한다면 금상첨화의 수업이 될 것이다. 여기에 하나 더, 기다려주는 여유가 있는 수업이면 더욱 좋다. 아이들끼리 스스로 생각하고 자기의 생각을 자신의 언어로, 자신의 입을 통해 말하게 하는 것이다. 그래야 자기 것이 된다. 학습자 중심 수업은 아이들의 참여를 통해 더욱 활발한 교류가 이루어진다.

수업을 마치고 나온 교사가 교무실에서 푸념 섞인 목소리로 담임교사와 나눈 대화이다.

교과교사: 쟤네들한테 수업을 하느니 원숭이를 데려다가 수업하는 게 낫겠어요. 저런 애들은 처음 봐요.

담임교사: 무슨 일 있어요?

교과 교사: 애들이 도대체 말을 알아들어야 수업을 하지요.

담임교사: 그래도 그렇지. 우리 반 아이들이 원숭이보다 못하다고 하니 기분이 좋지 않네요.

교과 교사: 아니, 애들이 머리가 돌이 아니라면 그렇게 설명을 해줘도 못 알아들을 수가 있나요?

담임교사: 지금 우리 반 아이들 머리가 돌이라는 건가요?

교과 교사: 비유하자면 그렇다는 얘깁니다.

담임교사: 그럼 내가 돌머리 반 담임이라는 겁니까?

교과 교사: 꼭 그런 이야기가 아니고요……

담임교사: 나는 우리 반 아이들이 돌머리라고 생각한 적이 한 번도 없었어요. 그리고 다음부터는 그런 표현 하지 않으면 좋겠어요!

담임교사는 자기 반 아이들이 '원숭이', '돌머리'라는 말에 너무 속상했다. 그렇다면 왜 이런 상황이 발생했을까?

원숭이를 데려다가 수업을 해도 이보다 낫겠다는 말속에는 어떤 뜻이 담겨있는 걸까? 자신은 열심히 가르쳤는데 아이들 수준이 낮아서 못 알아듣는다는 것이다. 아이들의 수준이 낮으니 시험성적이 다른 반보다 낮게 나와도 교과 교사인 자신에게 책임을 묻지 말라는 무언의 복선이 깔렸다. 교사는 왜 이런 방어기제를 스스로 구축하려고 했을까? 교사는 시험의 평균 점수나 모의고사 점수로 비교 아닌 비교를 당한다. 또한, 1년 내내 유형무형의 다양한 평가에 시달린다. 대표적인 것이 교원능력개발평가이다. 교원능력평가는 학생만족도조사, 학부모만족도조사와 동료평가로 나뉜다. 또한, 교사는 교장과 교감, 동료 교사, 학생 및 학부모 모두에게 평가를 받는다.

여기에 그치지 않고 자기실적능력평가는 스스로 작성해야 하고, 시간 수, 담임 여부와 업무의 난이도, 수업자료 개발, 공개수업 횟수의 기준 등을 토대로 정량 평가받는다. 거기에다가 교장, 교감에게 유형무형의 평가를 받는다. 이런 평가부터 개선되어야 한다. 교사들이 평가에 연연하지 않고 소신 있게 수업해야 한다. 수업 주제나 단원에 따라 다양한 수업모형을 적용해야 한다. 그래야 아이들의 인지발달과 개인에 맞는 맞춤형 수업이 가능하다. 교사 위주의 수업에 안주하지 말고, 아이들 탓하지 말고 바뀌어야 한다. 이제는 그럴 때가 되었다.

그래서 일방향의 교사 중심 수업에서 벗어나야 한다. 아이들이 자유롭게 토론하는 수업을 시도하자. 아이들이 중심이 되어 자기 생각을 말하도록 하면서 수업 속으로 참여시켜야 한다. 이제는 아이들을 수업의 구경꾼으로 만들어서는 안 된다. 그럼 아이들을 수업 속으로 참여시키기 위해서는 어떻게 하면 좋을까? 당연히 아이들 중심의 토론 수업을 설계해야 한다. 그렇다면 교사들이 아이들을 수업에 참여시키기 어려워하는 이유는 무엇일까? 아이들이 토론형 수업을 하게 된다면 아이들의 토론 능력이 부족할 것이라는 편견이 작용했기 때문이다. 아이들이 못해낼 것 같은 불안한 마음은 교사로서 운신의 폭을 좁게 한다.

그저 무사히 안전하게 주어진 수업 시간을 진도에 맞춰 끝내는 것이 좋다고 생각한다. 그래서 혼자 모든 수업을 진행하는 것이다. 그렇게 아이들은 외우고 시험 보고 잊어버리는 반복된 구조가 계속되고 있다. 오늘 지금 당장 아주 작은 것부터 내가 할 수 있는 것부터 바꿔보자.

마크 트웨인은 "교육이란 알지 못하는 바를 알도록 가르치는 것이 아니라, 사람들이 행동하지 않을 때, 행동하도록 가르치는 것이다."라고 말했다. 교사인 나는 잘 가르쳤으나 아이들의 수준이 낮아서 이해하지 못한 것으로 치부하기엔 무리가 있다. 교사의 일방적인 수업을 그저 바라만 보고 있는 아이들도 있다. 아이들은 수업 시간에 교사와 모니터와 칠판을 보면서 멍하니 있는 것인지 딴생각을 하고 있는지 알 수가 없다. 이를 극복하기 위해서는 수업 전개 활동으로 아이들에게 짝과 함께 무엇을 배우고 알게 되었는지 질문하고 대답하면서 말문을 열게 하자. 짝과 함께 자기 생각을 자기의 언어로 말하게 하는 순간 생각 뇌가 깨어난다. 수업 주제에 맞춰 아이들끼리 질문하고 대화하도록 하면 아이들도 함께 성장한다. 수업의 핵심적인 내용이나 키워드로 자기 생각을 말로 설명할 수 있도록 활동 시간을 주자. 수업을 정리하면서 수업의 핵심적인 내용과 핵심 단어가 무엇인지 노트나 활동지에 쓰게 하자. 그리고 교사는 아이들이 선택한 대표 질문이나 핵심 질문을 정리해주면 된다. 하브루타로 짝과 함께 질문하고 대답하면서 수업의 효과는 당연히 높아진다.

3.
교육 이론보다 중요한
교실 현장

"말로 설명하지 못하는 것은 모르는 것이다."

– 탈무드

해마다 임용고시를 통해 많은 신규 교사가 교직에 발을 들여놓는다. 교육학을 비롯한 전공별 이론과 수업지도안, 수업 시연의 난관을 뚫고 합격한 교사의 역량은 탁월하다. 전 세계 어느 나라와 견줘도 뒤지지 않는 최고의 교사임이 틀림없다.

공립학교와 사립학교의 교원 임용을 위한 심사위원으로 참여할 때마다 느끼는 것이 있다. 시험을 치르는 예비 교사들을 모두 다 합격시키고 싶을 정도로 출중한 역량을 가지고 있다. 이렇게 어렵게 합격한 교사들이지만 발령 후 교실 현장에서 많은 혼란을 겪게 된다. 학교에서 배운 이론과 실제 현장의 상황이 매우 다르기 때문이다. 그럼에도 불구하고 슬기롭게 교직 생활을 잘하고 있는 교사가 있다. 그와는 반대로 힘들어하는 교사도 존재한다. 때론 어렵게 합격한 교직을 떠나는 교사들도 있어서 더욱 안타깝다. 교실 현장은 어떤 관점으로 바라보느냐에 따라 달라진다. 교사가 수업 준비를 잘했더라도 적용에 실패할 수도 있다.

수업은 교사 혼자 만들어가는 것이 아니다. 아이들의 적극적인 참여를 이끌어 내야 한다. 아이들이 수업을 힘들어하면 교사는 더 많이 힘들어진다. 아이들이 즐겁고 신나게 수업을 하면 교사도 덩달아 신이 난다. 교사와 학생이 하나가 되어 수업 목표에 도달할 수 있다면 금상첨화일 것이다. 아이들과 수업을 잘하려면 이론적인 것은 기본적으로 알고 있어야 한다. 하지만 너무 이론적인 내용으로만 가르치려고 한다면 수업은 자칫 경직될 수 있다. 아이들이 흥미와 재미가 있어야 자발적인 참여를 끌어낼 수 있다.

학교의 요청으로 수업 참관이나 수업 컨설팅을 가보면 교사가 한 시간 동안 계속 쉬지 않고 말하는 경우가 있다. 당연히 수업은 한 방향이 되고 아이들과 교사는 따로 놀게 된다. 수업을 보고 있는 사람도 힘든데 아이들은 얼마나 괴롭고 힘들까? 수업이 끝나고 수업에 참여한 아이들과 잠시 대화를 나눴다.

나: 오늘 선생님 수업이 어땠어요?
학생: 수업이 힘들고 지루했었어요.
나: 왜 힘들고 지루하게 생각되었나요?
학생: 선생님이 혼자 수업을 해서요.

  사후 협의회에서 수업 교사에게 질문을 했다.
나: 오늘 수업 시간에 활동 시간이 없어서 아이들의 생각을 들어볼 시간이 없었다는 것이 아쉬웠습니다. 그렇게 수업하신 이유가 있나요?
수업 교사: 아이들이 제대로 활동할 수 없을 것 같아서 활동 시간을 주지 않았습니다.

  교사가 아이들을 믿지 못하면 아이들도 교사를 믿지 않게 된다. 수업이 경직되지 않게 해야 한다. 아이들의 다양한 생각을 표현할 수 있도록 아이들에게 활동 시간을 줘야 한다. 교사 혼자 일방적으로 북 치고 장구 치는 수업을 하지 말아야 한다. 수업을 하는 동안 아이들이 입을 열고 말을 할 수 있도록 해야 한다.

야구 선수들이 상대와 볼을 주고받는 캐치볼 연습 장면을 보게 되면 상대와 계속 볼을 주고받으면서 속도와 방향을 조절한다. 상대와 가까이 던지다가 점점 더 멀어지고 최대한 멀리 볼을 던지다가 다시 점점 더 거리를 좁혀가면서 볼을 주고받는다. 이런 일련의 훈련 방법 역시 수업과 다르지 않다. 교사는 수업 시간에 아이들과 계속 질문을 하고 대답을 하면서, 또는 아이들끼리 질문을 주고받도록 수업을 구조화시켜야 한다. 그래야 수업에 활력을 줄 수 있다.

권투 선수가 권투 이론을 잘 알고 있다고 해서 시합에서 이길 수 있을까? 아니다. 상대 선수의 시시각각 변하는 반응과 대응에 따라 선수의 능력이 잘 발휘되도록 하려면 코치의 역할이 중요하다. 선수가 연습한 대로 시합을 잘할 수 있어야 한다. 코치가 상황마다 선수를 점검하고 상대 선수가 어떤 상황인지 알고 코치를 잘하는가 그렇지 않은가에 따라 승패가 좌우된다.

교사도 마찬가지다. 교육 이론을 많이 아는 것보다 교실 현장이 더 중요하다. 수업은 교실 현장에서 아이들이 어떤 반응을 보이느냐에 따라 달라진다. 교사는 아이들이 어떤 반응을 하는지 상황에 따라 소통하고 피드백을 주고받으면서 수업 목표에 도달하게 해야 한다. 교육 이론을 많이 아는 것보다 질문과 대화로 원활한 쌍방향 수업이 되도록 이끌어야 한다.

사람이 사람을 가르치는 것이 교육이다. 그래서 교사와 아이들은 쌍방향 소통이 중요하다. 옛말에 "손바닥도 마주쳐야 소리가 난다."라고 했다. 교육학 이론을 적용하여 수업을 설계하는 것은 이론적으로는 맞다. 그러나 이론적 근거와 함께 생각해야 하는 것은 아이들의 교육적 활동이 제대로 구현되게 하는 것이다. 교실 현장에서는 아이들이 수업 내용을 얼마나 이해하고 각자의 삶과 연계될 수 있느냐가 더 중요하다. 교사는 수시로 아이들에게 질문하면서 점검해야 한다. 왜 그렇게 생각하는지 아이의 생각을 물어보면서 반응을 살펴야 한다. 그래야 교사가 설계한 수업 목표대로 수업이 잘 진행되는 것이다. 아이들이 살아 숨 쉬는 교실이 되기 위해서 즐겁게 소통하는 배움과 성장이 될 수 있는지 고민하고 연구해야 한다.

4.

실수를 통해
배우게 하라

　아이들의 생각은 다양하다. 어른들이 미처 생각하지 못하는 여러 생각을 쏟아낸다. 때론 말도 안 되는 내용도 있다. 수업 시간의 예를 들어보자. 미술 시간에 디자인을 주제로 수업하면서 종이로 쇼핑백을 만드는 시간을 가졌다. 아이들에게 다음과 같은 질문을 했다.

교사: 쇼핑백 제작을 위한 도안을 그리기 위해 어떻게 하면 좋을까요?
학생 1: 자를 가지고 그려요.

교사: 그래요. 자를 이용해서 할 수 있어요. 또 다른 방법이 있나요?

학생 2: 눈짐작으로 그려요.

교사: 오! 그럴 수도 있겠네요. 또 다른 방법이 있나요?

학생 3: 모눈종이를 이용해서 그려요.

교사: 모눈종이를 이용해서 그릴 수도 있군요. 좋아요. 이 중에서 정확성이 떨어지는 것은 무엇인가요?

일동: 눈짐작이요.

교사: 왜 눈짐작이 정확성이 떨어진다고 생각했나요?

일동: 정확한 치수를 모르기 때문입니다.

교사: 그러면 쇼핑백 모양이 어떻게 될까요?

일동: 쇼핑백을 정확하게 제작할 수 없어요.

교사: 그럼 여러분은 어떤 방법을 선택하고 싶나요?

　이때 학생4가 이렇게 대답했다.

학생 4: 눈짐작으로도 정확하게 할 수 있다고 생각합니다.

교사: 좋아요. 학생 4처럼 눈짐작으로 하고 싶은 사람이 있나요?

학생 5: 손을 들었다.

교사: 그럼 2명(학생4,5)은 눈짐작으로 하고 나머지는 자를 이용하거나 모눈종이를 이용해서 그려보세요.

눈짐작으로 하겠다는 학생 2명 중 1명인 학생 5는 중간에 눈짐작으로 하다가 다시 자를 가지고 도안을 그렸다. 끝까지 눈짐작으로 제작한 학생 4의 쇼핑백은 모서리 부분이 잘 맞지 않았다. 여기서 눈여겨볼 점은 눈짐작으로 쇼핑백을 제작하겠다는 학생의 의견을 무시하지 않았다는 것이다. 자신의 의견이 무시되면 아이는 의기소침해진다. 그뿐만 아니라 좌절감까지 느끼고 수업 시간에 무력감에 빠지게 된다. 아이의 의견을 수용하고 실수를 통해 배우도록 기회를 주었다.

미술 시간에도 입체적 사고력을 키울 수 있도록 했다. 아이들이 쇼핑백 디자인을 제작하면서 각 변의 길이를 정확하게 맞추며 수학적 사고력을 키운다. 또한, 쇼핑백에 담을 수 있는 내용물에 따라 재질과 손잡이, 물건을 담았을 때 견딜 수 있는 하중 등 과학적 원리를 스스로 생각하도록 하였다. 눈짐작으로 하겠다는 두 학생 중 학생 5는 도중에 자신의 생각에 대한 변화가 일어났다. 눈짐작으로는 정확한 도형이 만들어지지 않는다는 것을 아이 스스로 알아냈다는 것이다. 여기서 배움이 일어나고 성장을 하게 되는 것이다. 끝까지 눈짐작으로 쇼핑백을 제작한 학생 4와 수업이 끝나고 잠시 대화를 나누었다. 학생 4는 눈짐작으로 쇼핑백을 제작하겠다는 자신의 말과 행동에 문제점이 있었다는 것을 알고 있었다고 했다. 다른 아이들이 눈짐작으로 쇼핑백을 제작할 수 없다고 해서 순간 오기가 발동해서 자를 사용하지 않고 제작했다고 한다.

모든 개인 활동 및 모둠 활동은 스스로 이루어지게 해야 한다. 그러기 위해서는 호기심으로 접근하도록 하자. 짝과 또는 모둠 원들과 시로 가르쳐 주는 활동 시간은 꼭 필요하다. 아이들은 서로 함께 활동하면서 보고 배우게 된다. 교사의 가르침 뿐만 아니라 친구들의 활동을 통해 자연스럽게 배우고 익힌다. 다른 학생들은 학생 4와 학생 5의 미션이 어떻게 진행되는지를 보면서 스스로 알게 된다. 잘못된 것을 아이에게 부각시켜 말하면 수치심을 불러일으킨다. 왜 잘못되었는지 스스로 점검하고 어떻게 수정할 것인지 판단하게 해주는 것도 필요하다. 무작정 그렇게 하는 것이 아니라고 다그치듯이 말하면 안 된다. 다른 학생들도 친구들의 실수를 통해 배우게 된다.

아프리카의 넓은 초원 세렝게티에 동물의 제왕 사자가 살고 있다. 사자들의 새끼는 어미들이 사냥할 때 어떻게 먹잇감을 몰고 사냥하는지 보고 배운다. 사냥은 매번 성공하지 않는다. 통계에 따르면 4번 중 1번 성공한다고 한다. 사냥에 실패했을 때는 굶어야 한다. 그렇게 몸으로 체득하면서 사냥할 때 먹잇감을 놓치는 실수를 반복하지 않으려고 최선을 다해 사냥한다. 이때 새끼들은 멀리서 어미들이 사냥하는 것을 보고 새끼들끼리 사냥놀이를 하면서 커나간다. 수업도 이와 다르지 않다. 교사의 일방적인 가르침은 한 가지 방법만 알려주는 것과 같다. 아이가 실수했더라도 그렇게 하면 안 된다고 혼내면서 지도해서는 안 된다. 교사가 원하는 방향으로 아이들이 다 이해하고 따라온다고 생각하지 말아야 한다. 아이들의 생각과 의견이 다양할 수 있다. 교사는 열린 사고로 고민하고 접근해야 한다. 교사가 다 가르쳐 주면 아이의 생각은 없어진다. 스스로 생각하고 시도하도록 해야 한다. 현명한 사람은 자신의 실수를 통해 배운다. 더 현명한 사람은 다른 사람의 실수를 통해 배운다. 실수를 통해 배운 것은 진정한 나의 것이 된다. 실수라는 경험을 해봄으로써 지혜를 얻을 수 있도록 가르쳐야 한다. 실수를 통해 최고의 배움이 자라도록 가르치자.

5.
어떻게 하면
행복한 수업을 할 수 있을까?

문제는 직면한다고 해서 다 해결되는 것은 아니다.
그러나 직면하지 않고서 해결되는 문제는 없다.

- 제임스 볼드윈

어떻게 하면 행복한 수업을 할 수 있을까? 많은 교사는 행복한 수업하는 것을 희망하고 있다. 교사가 수업에서 혼자 북치고 장구 치는 원맨쇼 같은 구조에서는 결코 행복한 수업이 될 수 없다.

한 스승이 제자들을 모두 불러 모았다. 그리고는 붓으로 하얀 종이의 한가운데에다 선을 그리더니 말했다.

"내가 이 종이에 그어 놓은 선을 짧게 만들어 보아라. 단, 절대로 선에 손을 대서는 안 된다."

스승의 말에 제자들은 어리둥절해야 했다. 그리고 선을 조금 지우는 것 외에는 아무리 생각해도 다른 방법이 떠오르지 않았다. 그때 한 제자가 앞으로 나왔다. 제자는 붓을 들고 스승이 그은 선 옆으로 더 굵고, 더 긴 선을 그렸다. 결국 스승이 원하는 대로 스승의 선은 짧아졌다.

다른 제자들은 스승이 그어 놓은 선에 집중했다. 그러니 도저히 해결할 수 없을 것 같은 난관에 봉착한다. 수업도 어렵게 생각하면 한없이 어렵게 느껴진다.

학교 밖 공동체 활동으로 알게 된 최건혁^{가명} 선생님의 상담 요청이 있었다. 최 교사는 학교 가는 길이 지옥처럼 느껴질 때가 있다고 한다. 왜 그런 생각을 했을까? 아이들과 함께하는 수업이 점점 더 어렵게 느껴진다고 했다. 아이들이 자신의 말을 잘 듣지 않고 수업에 집중하지 않아서 더 힘들다고 했다. 그럼 반대로 생각해보자. 아이들이 어떻게 하면 집중할 수 있을까? 아이들이 흥미와 재미를 가질 수 있는 수업은 어떻게 하는 것일까?

교사 스스로 "왜 수업이 어렵지?"라는 프레임에 갇혀 있으면 절대 빠져나올 수 없다. 수업이 힘들어지니 떠들고 딴짓하는 아이를 통제하느라 목소리가 커지고 그럴수록 교사만 힘들어진다. 자신의 수업이 무엇이 문제인지 성찰을 통해 살펴봐야 한다. 교과의 진도만 생각한다면 떠들든 말든 그대로 수업만 진행해도 된다. 그러나 학교 가기가 지옥 같고 수업이 힘들다면 수업방법을 조금씩 바꿔보려고 노력해야 한다.

아이들 문제에서 내 문제로 옮겨오자. 수업의 내용과 관계있는 생활 속 일화나 사진, 영상 등을 활용해서 작은 변화를 시도해보길 추천했다. 교사가 준비한 수업자료로 아이들을 참여시키고 말문을 열게 하면 수업이 달라진다. 입장을 반대로 생각해보자. 교사가 학생의 관점에서 생각해보자. 내 수업이 아이들이 집중할 만큼 흥미가 있고 재미있고 감동이 있는지 말이다.

건강하던 사람이 갑자기 숨쉬기 어렵고 가슴에 통증을 느끼면 어디를 가는가? 당연히 병원으로 간다. 의사에게 내 몸이 어디가 아프고 안 좋은지 모든 증상을 말을 한다. 의사는 더 구체적으로 어디가 어떻게 아픈지 계속 질문을 한다. 그리고 청진기를 대고 환자의 숨소리를 듣거나 엑스레이를 찍는다. 촬영된

엑스레이를 환자와 함께 보면서 또 묻고 증상을 확인한다. 그런 다음 처방을 내린다. 의사도 환자의 아픈 부위를 묻고 촬영해서 같이 보면서 계속 질문하고 확인한다. 왜 의사는 환자에게 계속 질문을 할까? 환자의 상태를 정확하게 알아야 정확한 진단을 하고 처방을 내릴 수 있기 때문이다. 그것이 환자의 건강을 회복하게 하는 가장 빠른 길이다.

그럼 내 수업이 잘 안 될 때는 어떻게 해야 할까? 내 수업에 문제가 있다고 생각하면 수업 전문가에게 상의해야 한다. 내가 교사이고 수업 전문가인데 무슨 소리냐고 할 수 있다. 그러나 수업에는 왕도가 없다. 수업은 똑같은 내용도 접근방법에 따라 다양한 수업이 될 수 있다. 그러니 수업이 변하고 달라지기 위해서는 내 수업의 아픈 부위를 당당하게 드러내놓고 무엇이 문제인지 점검받아야 한다. 내 몸이 아픈데 그것을 그대로 내버려두면 더 큰 병이 될 수 있다. 수업의 어떤 문제를 덮거나 회피하려고 하면 할수록 어려워진다. 그럴 때는 과감하게 정면으로 돌파해야 한다.

나는 왜 행복한 수업을 할 수 없을까? 나는 왜 학교 가는 길이 힘들게 느껴질까? 이것에 집중하면 문제는 더 풀리지 않는다. 무엇 때문이라고 생각하지 말자. 결국, 교사인 자기 자신 때문이다. 해결책은 내가 먼저 변하는 것이다. 수업 방식을 다른 각도로 접근해보는 것이다. 내가 혼자 수업을 진행한다는 마음을 바꿔야 한다. 학생 중심의 참여형 수업 중에서 나와 맞는 수업이 반드시 있다. 그것을 찾아봐야 한다. 그리고 수업 시간에 아이들에게 선생님이 이런 수업을 하겠다고 안내하고 마음의 준비를 시켜야 한다. 새로운 수업에 아이들이 참여할 수 있도록 수업 전문가에게 도움을 받으면 된다. 일단 시도하고 아이들에게 시간을 주자. 처음에는 아이들이 잘 해내지 못해도 괜찮다. 세상천지에 처음부터 잘하는 교사도, 아이들도 없다. 된다고 생각하고 아이들에게 믿고 맡겨보자. 시작이 반이라는 말도 있지 않은가! 수업의 달인이라고 소문난 교사들도 다 그렇게 시작했다.

학교 가기 싫은 이유가 어떤 아이와의 문제인가? 그럼 무엇이 불편하고 힘든지 그 아이와 대화를 해 보라. 그러면 의외로 잘 해결될 수 있다. 아이와 한 번 얽힌 일은 제대로 풀지 못하면 계속해서 오해가 생긴다. 아이들은 의외로 단순하다. 교사의 따뜻한 말 한마디로 봄눈 녹듯 얼어붙었던 마음이 풀릴 수 있다. 교사의 권위로만 생각하면 한없이 풀기 어려워진다. 아이와 눈높이를 맞추고 "선생님은 너와 잘 지내고 싶은데, 너의 생각은 어떠니?"라고 물어보자. 아이도 선생님과 잘 지내보려고 표현했던 말과 행동이 다소 거칠고 서툴러서 교사가 볼 때 건방지고 예의 없다고 오해할 수 있다. 오해는 오해를 낳고 사이는 더욱 나빠지고 결국 수업에서 계속 마주쳐야 하는 교사만 힘들고 괴롭다. 아이와 대화로 오해가 풀리면 아이는 교사를 바라보는 표정이 달라진다. 교사와 신뢰가 쌓이게 된다. 아니 신뢰감이 형성되지 않더라도 최소한 수업의 훼방꾼은 되지 않는다. 교사는 아이와의 문제가 해결되어 마음의 부담감이 없어진다. 그러면 수업이 달라지고 내 마음의 무거운 짐에서 자유로워질 수 있다.

수업 시간에 발생하는 모든 문제는 반드시 해결책이 있다. 수업 중 학생과의 감정 대립은 에너지의 낭비로 이어지고 교사의 마음은 점점 무거워진다. 그래서 교사를 힘들게 하는 아이가 있는 반 수업은 들어가기 어렵게 느껴진다. 마음속 문이 닫힌 상태에서는 절대로 문제 해결이 안 된다. 누군가는 닫힌 문을 열어야 한다. 교사 본인이 될 수 있고, 아이가 될 수도 있고 제3자가 개입되어 열 수도 있다. 가장 중요한 것은 교사 자신이 적극적으로 해결하려고 노력해야 한다. 그래야 신속하게 열린다. 계속 문이 닫힌 상태로 오래 두면 마음속 굳게 닫힌 문은 지나온 시간의 무게만큼 더 열기 어렵게 된다.

예를 들어 교사가 수업을 재미있게 하려다가 특정 아이를 비유해서 웃기게 말했다. 아이들은 웃음을 터트리고, 그 아이에게 상처가 되었다면 빨리 상처를 치유해주어야 한다. 사람의 생명을 살리는 골든타임이 있듯이 아이와의 관계에도 골든타임이 존재한다. 교사와 아이들과의 사이에서 오해가 빚어질 수 있는 일이 생겼다면 신속하게 오해를 풀어서 마음을 위로해주고 상처를 치유해줘야 한다. 그걸 놓치지 말아야 한다.

사람은 누구나 실수한다. 특히, 말이나 행동으로 실수할 수 있다. 실수했다면 재빨리 사과하는 것이 중요하다. 아이들에게 사과하고 미안하다고 하면 교사의 권위가 떨어질 수 있다고 생각할 수 있다. 그렇게 차일피일 미루면 아이 마음의 상처는 더 커진다. 더 커진 상처를 치유하려면 몇십 배의 노력과 힘이 들어가야 한다. 행복한 수업의 조건은 결국 교사의 마음에 달려 있다. 교사를 힘들게 하는 반 아이들에게 교사의 마음을 진정성 있게 이야기할 필요가 있다.

"선생님은 앞으로 여러분과 잘 지내고 싶어요."

"선생님이 하는 말로 마음의 상처를 입었다면 언제든지 말해줘요."

"그래야 선생님도 알 수 있어요."

"말해주지 않으면 모르고 지나가요."

"우리 함께 서로 상처 주는 말을 하지 않기로 해요."

"선생님부터 노력할게요."

교사의 솔직한 마음을 진정성 있게 아이들에게 이야기하자. 그것을 받아들이고 안 받아들이고는 아이들의 몫이다. 그래도 아이들이 교사의 진심을 알아줄 것이라고 믿자. 설사 받아들이지 않는 아이가 있더라도 실망하지 말자. 시간이 걸리더라도 아이들은 교사의 마음을 이해하게 된다. 아이들이 생각이 없는 것이 아니다. 생각을 말로 하지 않아서 그렇게 보이는 것뿐이다.

매년 학기 초 수업 시간에 나는 아이들과 함께 선서하는 시간을 가진다. 오리엔테이션 시간이 끝나고 선서식을 갖는다. 오른손을 올리고 "나 임성실 선생님은 수업 시간에 절대로 화를 내지 않겠습니다. 0000년 0월 0일 임성실"하고 오른손을 내린다. 이때 선서문의 마지막에 교사의 이름을 말할 때 아이들은 각자의 이름을 함께 복창하도록 했다. 그리고 아이들에게 "선생님은 이 시간부터 화를 내지 않겠다고 선서했어요. 여러분도 선생님에게 화를 내지 않았으면 좋겠어요. 함께 잘 지켜나가도록 해요. 알았지요?" 한다. 아이들은 일제히 "네!"라고 대답한다. 그렇게 교사와 아이들은 수업 시간에 화를 내지 않겠다고 약속하고 시작한다.

화를 내지 않겠다고 선서를 했지만, 수업을 하다가 순간 욱하고 화가 올라올 때가 있다. 그럴 때는 선서했던 장면을 생각한다. 순간 욱하고 올라오는 마음을 다스릴 수 있다. 화내지 않는다고 선서하고 나면 내 마음이 편해진다. 매년 학기 초에 아이들 앞에서 선서식을 하는 이유이기도 하다.

세상에 100%는 없고, 절대적인 것도 없고, 완벽한 것은 없다. 수업도 100% 완벽한 수업은 없다. 아니 존재하지 않는다. 그러나 그렇게 되도록 노력해야 한다. 어떻게 하면 행복한 수업을 할 수 있을까? 교사인 내가 먼저 아이들과 함께 놀이처럼 즐기자. 그러면 욱하고 화를 낼 이유가 없어진다. 그렇게 한 걸음씩 아이들과 함께 만들어가면 된다.

6.
학기말 마지막 수업 시간에
피드백을 받자

한 학기를 끝내는 시간을 의미 있게 마무리해야 한다. 학기말 고사를 끝내고 방학을 앞두고 남는 시간을 잘 활용해보자. 의미 없이 시간 때우기식으로 시간을 낭비하지 말자. 학기말 시간을 의미 있게 활용하는 방법 중 하나가 피드백을 받아보는 것이다. 그래야 아이들도 한 학기를 돌아보고 친구들에게 피드백도 받아보며 함께 성장할 수 있게 된다. 피드백feedback은 어떤 행동에 대해 반응하는 것이다. 긍정적일 수도 있고 부정적일 수도 있다. 피드백을 주고받는 과정을 거치면서 개선할 점과 보완할 점을 찾아 최선의 결과를 찾을 수 있다. 그래서 어떤 형태

로든 한 학기를 끝내는 마지막 시간에 아이들과 함께 성찰하는
시간이 필요하다.

다음은 아이들과 함께 학기말 피드백을 했던 장면이다.
교사: "여러분! 오늘이 드디어 1학기 마지막 수업 시간입니다. 한
학기가 참 빠르게 지나갔어요. 오늘 한 학기를 마무리하면서 종
이비행기를 날릴 겁니다. 종이비행기에 이번 학기 기뻤거나 보
람 있었던 일, 힘들었던 일, 이번 방학 때 실천하고 싶은 것을
적어주기를 바랍니다."
중간에 빈칸은 다른 사람이 응원의 댓글을 쓸 수 있도록 비
워 두도록 안내한다.

다음은 아이들에게 인터뷰 형식으로 진행했던 장면이다.
"나영이는 이번 학기에 가장 기억에 남는 일은 무엇이 있었
나요?"
"체육대회입니다."
"체육대회에서 무엇이 재미있었나요?"
"아이들과 함께해서 재미있었습니다."
"특히 재미있었던 일은 무엇이었나요?"
"재기차기요."

"재기차기요? 몇 번이나 찼나요?"

"13번 찼어요."

"와! 13번이라고? 대단해요."

"감사합니다."

"성희는 다음 2학기에 이것만은 꼭 실천하고 싶은 것이 있나요?"

"2학기 때 더 열심히 노력하고 싶어요."

"구체적으로 말해줄 수 있어요."

"책을 많이 읽을 거예요."

"그래요. 독서 정말 중요해요. 꼭 실천하길 선생님도 응원할게요."

"감사합니다."

"전교 회장 기민이는 한 학기를 마무리하면서 하고 싶은 말 있어요?"

"임성실 선생님과 함께 한 학기를 잘 마무리 할 수 있어서 기쁩니다."

"선생님도 기민이와 함께 잘 마무리 할 수 있어서 기뻐요. 그렇게 말해줘서 고마워요."

"저도 감사합니다."

이렇게 피드백이 끝나면 아이들에게 각자 쓴 종이를 가지고 종이비행기를 접도록 한다.

"여러분 각자의 취향대로 비행기를 접어서 주세요."

"선생님 자유롭게 비행기를 접어도 되나요?"

"네, 괜찮아요. 날 수 있도록 해 보세요." 하면서 종이비행기를 교사를 향해 날리게 한다.

"종이비행기로 선생님을 맞춰보세요. 준비됐나요?"

"네!"

"모두 힘차게 날려주세요!"

아이들은 양팔을 벌리고 교단에 서 있는 나를 맞추기 위해서 열심히 종이비행기를 날린다. 종이비행기 날리기를 끝내고 나서 자기 종이비행기 말고 다른 아이의 종이비행기를 한 장씩 가져가게 한다. 가져온 종이비행기를 잘 펴서 친구가 쓴 글을 읽고 밑에 칸에 진정성 있게 응원, 칭찬, 지지, 격려의 댓글을 써주라고 안내한다. 마지막 시간이라는 특수한 상황을 즐기려는 듯 성심성의껏 응원의 글을 쓰는 아이들의 모습을 보면서 기특하고 감동적인 생각이 들었다. 남을 위해 응원하고 칭찬하고 격려하고 공감해주는 글을 쓰게 함으로써 인성이 바른 아이들로 성장하게 된다.

다음은 아이들이 썼던 종이비행기 내용의 일부이다.

이번 학기 가장 힘들었던 일 : 시험 볼 때. ㅠㅠ

격려의 글 : 원래 학교에 오면 시험을 다 봐야 해요. 파이팅!

교사의 피드백 : 시험은 모두에게 힘들어요. 다음 시험 잘 보길 응원해요.

이번 학기 가장 기뻤거나 보람 있었던 일 : 피자, 치킨, 주꾸미를 한꺼번에 먹었을 때.

공감의 댓글 : 나도 좋아하는 음식인데… 맛있었겠당~

교사의 피드백 : 선생님도 주꾸미 좋아해요. 맛있으면 0칼로리. ㅎㅎㅎ

이번 학기 가장 힘들었던 일 : 수학 시간이 너무 힘들었다.

격려의 댓글 : 수학 잘 할 수 있어! 열심히 하자!!

교사의 피드백 : 수학 잘 할 수 있어요. 응원할게요. 파이팅! ^^

이번 학기 가장 기뻤거나 보람 있었던 일 : 하브루타 수업하면서 아이들과 질문 놀이할 때

공감의 댓글 : 나도 하브루타 수업할 때 신나고 즐거웠어.

교사의 피드백 : 하브루타 수업에 잘 참여해줘서 너무 고마웠어요.

이번 학기 힘들었던 일 : 전부 다.

응원의 댓글 : 힘들어도 파이팅하렴.

교사의 피드백 : 그래요. 선생님도 응원할게요.

이번 학기 가장 기뻤거나 보람 있었던 일 : (빈칸으로 남김)

응원의 댓글 : 기뻤거나 보람된 일이 없었던 모양이구나. 다음에는 꼭 만들기를 응원할게.

교사의 피드백 : 빈칸인데도 응원의 댓글 써줘서 고마워요.

이번 학기 가장 기뻤거나 보람 있었던 일 : 체육부장으로서 체육대회를 잘 끝냈을 때.

응원의 댓글 : 체육 대회 때 체육부장 역할을 잘 해냈네. 멋져.

교사의 피드백 : 체육부장으로 힘들었을 텐데 잘 해줘서 고마워요.

이번 학기 가장 힘들었던 일 : 시험 볼 때가 너무 힘들었다.

공감의 댓글 : 맞아 나도 힘들었어!

교사의 피드백 : 시험 보느라 힘들었구나. 수고 많았어요.

이번 학기 가장 기뻤거나 보람 있었던 일은 : 축제 때 반 장기자랑 연습할 때 너무 힘들었다.

응원의 댓글 : 그랬구나. 그렇지만 장기자랑 너무 멋졌어! ^^

교사의 피드백 : 축제 때 멋진 공연 보여줘서 고맙고 수고 많이 했어요.

이번 학기 가장 힘들었던 일은 : 학교생활이 너무 힘들었다.

공감의 댓글 : 힘들었는데도 불구하고 잘 다니느라 너무 고생 많았다. ^^

교사의 피드백: 학교생활 열심히 하느라 수고 많았어요. 응원해요.

이번 학기 가장 기뻤거나 보람 있었던 일 : 지금이 가장 보람 있고 중요하다.

조언의 댓글 : 맞아. 지금이 굉장히 중요하지. 빠이팅!

교사의 피드백 : 세상에서 가장 중요한 시간이 지금입니다. 선생님도 지금 너희들이 함께 있어 줘서 고마워요.

종이비행기 날리고 서로의 글에 공감하고 위로받으면서 한 학기를 마무리했다. 종이비행기 한 장으로 반 아이들이 어떤 생각을 하고 있는지 소통할 수 있는 시간이 된다. 댓글에 친구들의 정성 어린 피드백을 받고 위안을 얻을 수 있다. 때론 아이들의 마음 따뜻함을 알게 되어 감동하기도 한다.

"여러분, 오늘 우리는 마음으로 소통하는 시간을 가졌는데, 어땠나요?"

(모두) "좋았어요!"

"수고 많았어요. 다 함께 박수로 마무리하겠습니다."

"짝짝짝"

한 학기를 마무리하면서 아이들은 서로 피드백을 주고받으면서 한 뼘씩 성장했다. 아이들의 피드백 시간으로 교사인 나도 함께 성장했다.

아이들은 수업을 통해 배우지만 서로의 상호작용을 통해 배우기도 한다. 특히 아이들끼리 활동하면서 무언가를 산출해내는 과정을 통해 배우는 것이 더 많다. 왜냐하면 교사의 생각은 교과서 안에서의 생각일 수 있지만 아이들은 다르다. 과학이나 수학의 경우도 답이 정해지는 경우도 있지만 교과를 재구성하면 아이들의 다양한 생각을 끌어내고 그것을 통해 또 다른 배움이 일어나게 된다. 그래서 아이들은 어른의 스승이다. 열린 마음으로 아이들에게 배울 준비가 되어야 한다. 물론 아이들에게 예상하지 못한 돌직구도 날아온다. 직관적으로 생각해보면 당돌하기도 하고 예의가 없다고 생각할 수 있다. 아이들의 표현 방식이 다를 뿐이라고 긍정적으로 수용하는 마음을 가져보면 어떨까? 부정적인 생각을 가지면 부정적으로 되고 긍정적으로 생각하면 긍정적인 생각이 된다. 그런 마음의 변화로도 수업은 성장한다.

한 학기를 마무리하면서 종이비행기 날리기는 아이들도 교사도 매우 의미 있고 보람 있는 시간이 된다. 시험이 끝나고 방학을 앞둔 시간에 대충 때우는 것보다 피드백 시간을 반드시 가져보길 권한다. 꼭 종이비행기 날리기가 아니더라도 어떤 형태로든 다양한 피드백 시간은 필요하다고 생각한다. 학급의 인원이 얼마 안 되어 아이들에 대해 다 안다고 생각할 수 있다. 그렇게 생각하는 것이 착각이다. 아이들의 속마음까지 다 알 수는 없기 때문이다. 아니 모른다. 아이들과 교사도 소통하고 알아가면서 함께 성장한다. 그래야 다음 학기를 좀 더 알차게 준비할 수 있다.

하루가 모여 일주일이 되고, 일주일이 모여 한 달이 되고, 한 달이 모여 한 학기가 된다. 한 학기 과정의 교과 수업을 마치면서 아이들의 피드백을 받으면 서로에게 유익한 성찰의 시간이 된다. 피드백을 통해 아이들의 마음을 알게 되고 새로운 학년을 준비하는 데 많은 도움이 된다.

< 한 학기 교과 수업을 마치고 아이들에게 받은 피드백 사례 >

이번 학기 수업을 마치면서 좋았던 점 모음

- 소통하면서 수업하는 것이 좋았습니다.
- 그동안 하지 않았던 것을 해 보았고, 그림 그리는 것만 미술이라고 생각했는데 하브루타로 새로운 미술 수업을 하게 되어서 좋았습니다.
- 공부로 힘들었는데 미술만 하면 웃고 편해서 너무 좋았습니다. 선생님과 함께 한 모든 순간이 좋았습니다.
- 선생님의 아재 개그는 정말 웃깁니다.

– 수업 시간에 하는 '존경합니다.'라고 하는 인사는 어딜 가
도 잊어버리지 않을 것 같습니다. 우리를 정말 존중해주
시는 임성실 선생님 감사합니다.

– 아이디어가 생각나지 않을 때 휴대전화를 이용해서 찾을
수 있게 해주셨습니다. 여러 가지 활동을 다양하게 할 수
있어서 좋았습니다.

– 선생님의 성격과 수업 방식이 좋았습니다. 자유로운 분위
기라 좋았습니다. 무엇을 하든 칭찬해주셔서 기분이 좋
았습니다.

– 우리가 떠들고 제대로 하지 않을 때도 화내지 않고 웃어
주시고 기다려주셔서 감사합니다.

이번 학기를 마치면서 아쉬웠던 점 모음

– 시간이 부족하여 다음 시간으로 실기를 미루게 될 때가
아쉬웠습니다. 만들기 수업도 자주 했으면 좋겠습니다.

– 선생님께서 조금 더 엄격하셨으면 좋겠습니다. 수업 규칙
을 못 지킨 것 같아 아쉽습니다.

– 선생님 말씀을 더 잘 들을 걸 하는 후회가 됩니다. 떠드
는 아이들에게 좀 더 단호하게 혼내 주셔도 좋을 것 같습
니다.

- 앞으로도 계속 행복하고 활기차게 수업해주세요. 지금처럼 항상 밝게 대해주세요.
- 항상 존경합니다. 사랑합니다. 행복하세요.
- 선생님께서 인성과 성격이 좋으셔서 바라는 것이 없습니다.
- 선생님께서 내년에 담임을 해주세요.
- 지금처럼만 계속해 주세요. 항상 웃는 얼굴로 재미있게 수업을 해주셔서 좋았습니다.
- 그 마음 변치 말고 계속 반겨주세요. 졸업해도 오래 같이 연락하고 지내면 좋겠어요.

매 학기 마지막 시간에 아이들에게 피드백을 실천하고 있는 이현지 선생님과의 대화 내용이다.

임성실: 피드백을 받기 전과 받은 후의 느낌은 어떻게 다른가요?

이현지: 아이들에게 피드백을 받기 전까지는 내 수업에 대해 잘 모르고 지나갔다면, 피드백을 받고 나서는 저의 수업을 다시 돌아보는 계기가 되었어요.

임성실: 아이들의 피드백 내용은 어떤가요?

이현지: 피드백 내용 중에는 긍정적인 것과 부정적인 것이 있어요.

임성실: 긍정적인 피드백과 부정적인 피드백을 받은 소감을 나눠 주실 수 있나요?

이현지: 네. 긍정적인 내용을 보면 교사로서 자존감이 올라갑니다. 그리고 부정적인 내용을 보면 조금 속상했는데 아이 입장에서 그렇게 보일 수 있겠다는 생각이 들면서 저의 부족한 면을 보완하려고 노력하게 됩니다.

임성실: 선생님은 그동안 자발적인 피드백을 계속하고 있는데 지금까지 피드백을 받고 나서 달라진 점은 무엇인가요?

이현지: 피드백을 받으면서 내가 성장을 한다는 느낌을 받습니다. 그래서 학기별로 피드백을 받고 있습니다.

임성실: 교원능력평가와 학기별 피드백의 차이는 무엇인가요?

이현지: 아이들 입장에서는 의무감이 있고 없고의 차이인 것 같아요. 교원능력평가는 의무감이 있는 것 같고 학기별 피드백은 자발적으로 진정성 있는 피드백이 되는 것 같습니다.

임성실: 아이들에게 피드백을 받고 싶은데 망설이고 있는 선생님들에게 한 말씀 해주시죠.

이현지: 학기말에 아이들의 피드백을 꼭 받아보시길 권합니다. 내 수업에 대한 장단점을 알게 되고 아이들과의 소통할 수 있는 의미 있는 시간이 됩니다. 특히 교사로서 성장하는 계기가 됩니다.

임성실: 선생님께서 실천하고 있는 피드백 내용을 함께 나눠 주셔서 감사합니다.

이현지: 저도 아이들에게 피드백 받은 내용을 함께 나눌 수 있어서 감사합니다.

7.
수업 규칙을
스스로 만들게 하라

학교에서는 해마다 어떤 신입생들이 입학하느냐에 따라 학년 분위기가 달라진다. 초등학교 때부터 문제가 있는 아이들이 많은 학년이 있다. 어느 해에는 말이 너무 많아서 통제 불능인 상태가 되거나, 너무 조용한 성향의 아이들이 입학하는 경우도 있다. 대체로 아이들은 다양한 일들과 상황을 마주치며 성장통을 겪는다. 그런데 유독 심한 아이들이 있다. 말 그대로 문제적 아이들이다. 초등학교 때부터 자기들끼리 똘똘 뭉쳐서 드세다고 소문난 아이들이 있다. 그러면 교사들은 문제적 아이들이 있는 반은 아무도 담임을 맡지 않으려고 한다. 심지어 교장, 교감 선생님이 담임을 맡아달라고 사정해도 맡지 않으려고 한다. 어느덧 문제적 아이들은 2학년이 되었다. 말만 들어도 어마어마한 중2다. 선뜻 담임을 하겠다고 자진해서 나서는 교사가 없었다. 결국 문제적 아이들이 포진해 있는 반은 담임을 자청하는 교사가 없어 자리를 비워 두었다. 그리고 새로 부임하게 된 기간제 신임 교사가 맡았다. 교직 경력이 처음인 상태에서 말썽꾸러기 반을 맡았으니 그 마음이 어떠했을까? 아이들은 신임교사를 바로 알아본다. 설상가상 다른 학교에서 강제 전학해 온 아이까지 합류하게 되었다. 곧 터질 듯한 시한폭탄을 안고 있는 것 같은 시간이 아슬아슬하게 지나가고 있었다. 모든 교사가 문제적 아이가 있는 반의 수업이 힘들다고 고개를 절레절레 흔들었다. 한번 흐트러진 수업 분위기는 전혀 잡히질 않았다. 아이들은 그나마 무섭게 하는 학생부 교사의 수업 시간에는 조용히 하는 척할 뿐이었다. 아이들은 담임교사뿐만 아니라 다른 교사의 말도 잘 듣지 않았다. 수업 분위기는 계속 불협화음을 만들어내고 있었다. 그렇게 아이들은 돌아가면서 계속 다양한 사고를 쳤다.

아이들은 이미 촉법소년을 알고 있어서 웬만한 징계는 무서워하지도 않았다. 중학교에서 최고의 징계인 강제 전학만 안 받으면 된다는 식이었다. 문제 아이들은 수업 시작종이 울리고도 한참 후에 들어왔다. 벌점을 부여해도 그때뿐이었다. 벌점을 줄 테면 줘봐라 식이었다. 이미 초등학교 때부터 무너진 도덕적 해이는 중학교에 와서도 계속 선을 넘나들었다. 이런 분위기로는 도저히 수업이 안 되겠다는 마음이 들었다. 무엇이 문제일까를 생각해보니 도덕적 해이가 문제였다. 기존의 수업 규칙은 있으나 마나 한 지 오래되었다. 학교 규칙도 안 지키는 아이들이 수업 규칙은 지키겠나 싶었다. 학교에서의 각종 규칙은 교사와 관리자 중심으로 아이들이 문제를 일으키면 징계한다는 통제의 의미를 담고 있기 때문이다.

그래서 문제적 반 아이들에게 수업 규칙을 새로 만들자고 제안했다. 새로 만든 수업 규칙은 오로지 너희들의 의견만을 반영한다고 했다. 아이들에게 각자 생각하는 수업 규칙 중 모두를 위해서 꼭 필요한 것들이 무엇인지 말해보게 하였다. 아이들이 처음에는 장난 섞인 제안을 했다.

"수업 시간에 휴대폰 하게 해주세요.", "수업 시간에 잠자게 해주세요.", "수업 시간에 과자 먹게 해주세요." 등의 말도 안 되는 제안을 했다.

이번 새롭게 만들 수업 규칙은 너희들이 제안한 의견을 모아 그대로 만들어서 복도에 붙여놓겠다고 했다. 다음은 아이들과 나눈 대화의 일부이다.

교사: 여러분 지금 수업이 제대로 진행된다고 생각하나요?
모두: 아니요. (웃음)
교사: 나 한 사람으로 인해 많은 사람들에게 피해를 주면 될까요? 안 될까요?
모두: 안 돼요.
교사: 그래서 여러분이 생각하는 새로운 수업 규칙을 만들 거예요. 나와 모두를 위한 수업 규칙을 각자 한 가지씩 활동지에 써보세요.

나와 모두를 위한 수업 규칙으로 어떤 것이 좋을지 생각해보고 짝과 함께 활동지에 써보라고 했다. 교실은 수업 규칙을 새로 만들기 위해 왁자지껄 한바탕 난리가 났다. 그런 다음 4명씩 한 개의 모둠을 만들어서 수업 규칙을 상의하도록 했다. 자신이 꼭 지켜야 하는 수업 규칙을 개인별로 한 개씩 모둠별로 4개의 수업 규칙을 만들어 보라고 했다. 개인별로 1개씩 정하니까 모둠별로 4개의 수업 규칙이 만들어졌다. 그렇게 6개의 모둠에서 24개의 수업 규칙이 만들어졌다.

4절지 색 도화지에 모둠별로 수업 규칙 만들기를 제작하게 하였다. 모둠별 수업 규칙은 전체적인 밑그림 작업이 끝나면 사 등분 해서 각자 제안한 수업 규칙을 제작하도록 했다. 글씨를 쓰고 색연필, 사인펜 등으로 표현하게 하였다. 수행평가도 겸한 다고 했더니 열심히 만들었다. 4등분 된 수업 규칙은 뒷면에 테이프를 다시 붙여서 합체하여 완성하였다. 24명의 아이가 만든 6개의 모둠별 수업 규칙이 만들어졌다. 모둠별로 완성된 수업 규칙에 각자의 이름을 쓰게 했다. 그리고 오른쪽 위에 모둠 명과 모둠원 이름을 모두 쓰게 했다. 자신의 이름이 들어간 수업 규칙이기 때문에 자신이 먼저 지켜야 한다. 이렇게 해서 세상 어디에도 없는 수업 규칙이 만들어졌다.

교사: 여러분이 만든 수업 규칙입니다. 이제부터 이 수업 규칙을 잘 지켜야 되겠지요?
모두: 네!
교사: 그래요. 이제부터 각자가 제안한 수업 규칙뿐만 아니라 여기 있는 수업 규칙도 잘 지켜주기를 바랍니다.
모두: 네!

그리고 모둠별 4절지로 제작된 수업 규칙을 미술실 복도에 전부 붙였다. 모든 학년 아이들이 오고 가며 볼 수 있게 하였다. 그리고 일주일이 흘렀다. 수업을 위해 미술실에 들어서는 순간 나는 놀라운 광경을 보고야 말았다. 지금도 그 순간을 잊을 수가 없다. 말썽꾸러기 문제적 아이들이 미리 들어와 앉아 있었다. 그렇게 말썽을 피우던 넘버원 형석이가 말했다.

형석: 선생님, 저 일찍 왔죠? (말하면서 입가에 미소를 짓는다.)
교사: 오, 그래. 일찍 와줘서 고마워. 감동 받았어! (하면서 우리는 하이 파이브를 했다.)

사실은 수업 규칙 만들기 첫 시간에 문제적 아이 넘버원 형석에게 가장 필요한 규칙이 뭔지 물어보았다.

"형석이는 어떤 수업 규칙이 있었으면 좋겠어?"

"없어요."

"그래도 생각해보면 좋겠는데…"

"생각 안 해봤어요."

"선생님은 형석이가 수업 시간에 일찍 왔으면 좋겠어. 사실 네가 늦으면 선생님 마음이 편하지 않아. 걱정도 되고……."

"왜요?"

"입장을 바꿔서 생각을 해봐. 네가 선생님인데 수업 시간에 아이들이 늦게 들어오면 너의 마음이 좋겠니?"

"좋지 않을 것 같아요."

"맞아. 똑같은 마음이란다. 그럼 형석이는 어떤 수업 규칙을 만들면 좋을까?"

"수업 시간에 늦지 않기가 좋겠어요."

"그래 좋아. 수업 시간에 늦지 않기로 정하자. 앞으로 수업 시간에 늦게 들어오지 않았으면 좋겠어. 부탁할게."

"네."

말썽꾸러기 넘버원 형석이의 수업 규칙은 이렇게 만들어졌다.

그다음부터는 특별한 일이 아니면 수업 시간에 늦게 들어오는 일이 사라졌다. 늦게 오더라도 늦은 이유를 말하게 했고 그 말이 맞는지 반드시 확인했다. 더욱 놀라운 것은 수업 분위기가 점점 좋아지게 되었다. 문제적 반 아이들이 수업 규칙 만들기 활동을 통해 스스로 만든 수업 규칙을 지키려고 노력했던 것이다. 수업 규칙 만들기는 다음 학년도 학기를 시작하면서 전체 학년으로 확대하였다. 그래서 전교생이 자기가 만든 수업 규칙을 갖게 되었다. 모둠별로 4절지에 제작된 수업 규칙 만들기를 교무실 복도에 붙여서 전시했다. 학부모 회의나 수업 공개의 날에 학부모가 와서 볼 수 있도록 했다. 학부모들은 자기 자녀가 만든 수업 규칙을 사진을 찍기도 했다. 다른 반 학생들은 다른 아이들의 개인별 수업 규칙을 보면서 재미있어했다.

한 학부모는 "우리 아이 수업 규칙이 여기 있네요."라고 했다. 그 아이가 쓴 수업 규칙은 '밥 먹고 양치하기'였다. 아이들이 집에시나 학교 급식을 먹고 나서 양치를 했으면 좋겠다고 생각해서 만든 규칙이었다. 그랬더니 점심 먹고 양치 안 하던 아이들이 사라졌다. 이렇게 아이들이 각자 제안하고 스스로 지키는 수업 규칙이 탄생했다. 교사가 만든 통제 위주의 수업 규칙은 아이들에게 와 닿지 않는다. 아이들 스스로 수업 규칙을 만들도록 하니 스스로 지키게 되었다. 효과 만점이었다. 물론 쉬운 것은 없다. 모든 것을 아이들에게 맡겨야 하니 어렵다고 생각할 수 있다. 그러나 그것은 운영하기 나름이다. 아이들이 스스로 지킬 수 있도록 학교도 교사도 아이들도 마음의 문을 열어야 한다. 함께 머리를 맞대고 문제점 해결을 위해 협의를 하면 된다. 아이들 스스로 만든 수업 규칙으로 수업의 밀도가 높아졌고 수업 분위기도 좋아졌다. 아이들 스스로 만든 수업 규칙의 가장 큰 수혜자는 누구일까? 교사와 아이들 모두라는 것을 스스로 느끼게 된다.

8.
수업 시간
안배를 잘하자

수업은 잘 짜인 시간계획이다.

– 임성실

중학생 시절 교회를 다닐 때 일이다. 성탄절을 맞아 중등부에서 '돌아온 탕자' 연극을 하게 되었다. 시나리오를 짜고 배역을 정하고 소품도 나름대로 열심히 준비했다. 나는 감독 겸 탕자 형 역을 맡았다. 시나리오를 짤 때 재미를 더하기 위해 탕자에게 초점을 맞추고 대사와 소품 등 시간 안배를 많이 했다. 그런데 '돌아온 탕자'의 핵심이 무엇인가? 방탕한 아들이 집으로 돌아오자 모든 것을 용서하고 받아들인 아버지의 무한한 사랑을 표현하는 것이다. 그런데 탕자의 방탕한 생활에 초점을 맞추다 보니 시간이 너무 지체되었다. 이유인즉 방탕한 탕자 역을 맡은 친구가 연기를 너무 실감 나게 잘하니까 관객들이 웃고 난리가 났다. 그러자 탕자 역을 맡은 친구가 대사뿐만 아니라 즉흥 대사를 하면서 시간이 늘어지기 시작했다. 다음 고등부공연 팀이 준비하고 있으니 빨리 끝내라는 신호가 들어왔다. 결국 탕자가 아버지에게 용서를 구하는 극적인 장면을 제대로 살리지 못하고 서둘러 막을 내렸다. 지금 생각해도 아쉽게 생각한다.

수업도 마찬가지다. 도입-전개-정리에서 어느 것 하나라도 소홀히 할 수 없다. 교사가 수업을 설계한 대로 물 흐르듯이 전개되어야 한다. 물론 교사가 원하는 방향대로 가지 않을 수도 있다. 교실 속 수업에서 돌발 상황은 늘 존재하기 마련이다. 그럼에도 불구하고 해당 차시의 수업 목표에 도달하도록 시간 안배를 잘해야 한다.

다른 학교에서 수업 컨설팅 요청이 있어서 수업 참관을 하다 보면 마무리 시간에 쫓기듯 수업을 끝내는 경우가 종종 발생한다. 시간 안배를 신경 쓰지 못해 생기는 결과이다. 수업을 전개하면서 활동 시간에 너무 많은 시간을 할애하다 보면 나머지 시간이 줄어들거나 아예 하지 못하는 경우가 발생한다. 계획된 대로 수업 마무리를 제대로 못 하면 나머지를 숙제로 내주게 될 때가 있다. 그렇게 되면 아이들은 의도하지 않게 숙제를 하게 된다. 이런 수업은 절반만 성공이라고 할 수 있다. 수업은 반드시 기승전결로 끝내야 한다. 수업 중 활동 시간에 아이들이 재미있어 한다고 시간을 더 주면 수업은 고무줄처럼 늘어진다. 그렇게 되면 하다만 수업이 될 수 있다. 일부 학생들이 계획된 활동 시간 안에 못 끝냈어도 중지하고 다음 활동으로 넘어가야 한다. 만약 활동 1에서 활동 2로 넘어가야 하는데 다수의 학생이 활동1을 수행하지 못했다면, 교사는 수업 설계를 잘못한 것이다. 아이들이 충분히 활동할 수 있도록 수준과 능력을 고려하여 시간 안배를 해야 한다. 그래야 아이들도 교사가 설계한 수업을 통해 수업 목표에 도달할 수가 있게 된다.

교사는 수시 관찰을 통해 아이들의 반응을 보고 수업 목표 도달 여부를 알 수 있도록 항상 점검해야 한다. 교사는 잘 가르쳤다고 생각할 수도 있지만 아이들 입장에서는 2% 부족한 느낌으로 뭔가 다 끝내지 못한 수업이 될 수도 있다. 시간대에 따른 진행에 어려움이 있다면 컴퓨터 알람 시계나 휴대용 알람 시계를 활용해서 활동의 시작과 끝을 알려주는 도구로 활용해도 좋다. 아이들도 시계를 보면서 활동을 끝내려고 노력할 것이다. 또한 중간에 순회를 통해 시간 안내를 해주면 좋다. 교사와 아이들과의 시간 약속을 지키는 것도 인성에 좋은 영향을 끼치게 된다. 어떤 교사는 시간 안배보다 아이들이 재미있게 수업하면 수업이 잘 되었다고 생각할 수 있다. 그러나 수업은 재미만 있어서는 안 된다. 동기 유발로 흥미와 호기심을 이끌어야 하고 수업을 본격적으로 진행하면서 아이들에게 제시된 시간에 스스로 해냈다는 성취감과 보람을 줘야 한다.

모둠원과 함께하는 활동식 수업은 아이들이 주도적으로 할 수 있게 하자. 교사는 중간 점검으로 정해진 시간 안에 수업 목표에 도달할 수 있도록 해야 한다. 활동 시간은 수업 시간 속에서 교사가 아이들에게 준 자율권이다. 그 자율적인 권한을 적절하게 사용하면서 아이들은 성장한다. 활동 시간에 아이들이 즐기면서도 약속된 시간 안에 끝내도록 해야 한다.

수업 시간 조절을 잘못하는 것은 아이들에게 집에 가서도 잠옷 대신 교복을 입고 그대로 잠을 자라고 하는 것과 같다. 잠을 잘 때는 잠옷으로 갈아입어야 한다. 아이들에게 수업 활동에 대한 시간을 명확하게 인식시키고 활동시켜야 한다. 교사는 교과의 지식을 주면서 그 지식이 아이들에게 input이 되어 삶 속의 지혜로 output이 되게 해야 한다. 아이들이 스스로 경험 하면서 가능하게 된다. 교사가 아이들에게 주는 활동 시간의 자율권을 그때그때 다르게 적용한다면 혼란을 주고 불신을 주게 된다. 아이들이 교사의 수업에 대해 불신하게 되면 다음 수 업에 영향을 끼친다. 수업의 시작과 끝을 분명하게 해야 하는 이유가 여기에 있다.

교사가 아이들이 수업 목표에 잘 도달하도록 수업 시간 안 배를 잘했는데 마지막 활동에 따라 예상했던 시간보다 일찍 끝 나는 경우가 있다. 만약 그렇다고 하더라도 불안한 마음을 갖 지 말자. 수업은 교사가 설계한 것보다 상황에 따라 일찍 끝날 수도 있다. 교사는 AI 인공지능 로봇이 아니다. 만일 생각보다 수업이 일찍 끝났다면 능력 없는 교사일까? 반대로 수업 시간 을 제대로 못 맞춰서 늦게 끝내주면 유능한 교사일까? 똑같은 수업 내용도 학급 상황에 따라 달라진다. 만약 조금 일찍 끝났 다면 아이들에게 수업 중 나온 핵심 단어를 가지고 질문을 하 게 하자. 핵심 단어 초성 퀴즈 활동을 해보는 것도 좋다. 아이 들은 핵심 단어를 가지고 수업을 한 번 더 생각하고 정리할 수 있는 시간을 갖게 된다. 정리된 활동지나 결과물이 있다면 다시 한번 더 확인해주면서 피드백 시간을 가지면 된다. 그래서 수업은 잘 짜인 시간계획이다.

9.

수업은 고민만 한다고
되지 않는다

평범한 교사는 말하고 듣는다. 좋은 교사는 설명한다.
우수한 교사는 해 보인다. 그러나 최고의 교사는
아이들의 마음에 불을 지핀다.

－ 윌리엄 워드

　좋은 수업은 고민만 한다고 되는 것은 아니다. 교사 스스로
배우고 익혀서 적용하고 시도하면서 이루어지는 것이다. 성장
하려는 교사는 끊임없이 배우려고 노력한다. 수업에는 대충이
라는 것이 없다. 준비 없이 대충하는 수업은 아이들이 금방 안
다. 무엇보다도 교사 스스로 자존감이 떨어지게 만든다. 고민만

하는 교사는 수업을 잘하지 못하는 이유와 핑계를 외부 요인에서 찾는다. 아이들이 떠든다고, 아이들이 집중을 안 한다고, 과제를 잘 안 한다고 말한다. 반대로 생각해보자. 교사가 수업을 물 흐르듯이 진행하는데 아이들이 집중을 안 하고 떠들 수 있을까? 교사가 학생 입장이 되어 스스로 물어보자. 내가 수업을 준비 없이 대충 하고 있는데 아이들의 적극적인 참여를 기대할 수 있을까 하는 질문을 해보면 답이 나온다. 만약 준비 없이 수업한 내용을 누군가 촬영해서 보여준다면 어떨까? 쥐구멍에라도 들어갈 정도로 부끄러운 마음이 들 것이다. 좋은 수업이 안 된다고 생각하는 원인은 외부요인이 아니다. 바로 자기 자신일 가능성이 가장 크다.

최고의 교사와 평범한 교사의 5가지 차이점

첫째, 감수성이 뛰어나다.

최고의 교사는 내용을 전달할 때 감수성이 뛰어나 감정이입이 잘된다. 즉, 아이들의 입장에서 생각하거나 감정을 조절하는 능력이 탁월하다.

평범한 교사는 내용을 전달할 때 무미건조해서 전달력이 떨어진다. 교사의 입장에서만 이야기한다. 그래서 아이들은 감흥이 없다.

둘째, 유연성이 뛰어나다.

최고의 교사는 어떤 일을 대할 때 원리 원칙에 얽매이지 않고 상황을 탄력적이고 유연하게 대처한다.

평범한 교사는 조금이라도 원칙에서 벗어나면 못 참는다. 한마디로 유연성이 떨어진다. 아이들은 당연히 이런 교사를 싫어한다.

셋째, 상상력이 풍부하다.

최고의 교사는 교과의 내용을 전달하면서 아이들에게 지식 전달에 그치지 않고 상상할 수 있게 도와준다.

평범한 교사는 교과 내용의 지식을 머릿속에 암기하게 하고 시험성적이 잘 나오도록 하는 기능적인 것에 관심이 많다. 아이들에게 계속 상상력을 발휘하도록 도와주려면 독서를 많이 해야 한다. 독서와 영화, 연극 등 다양한 분야에 꾸준히 관심을 가져야 한다.

넷째, 끈기가 있다.

최고의 교사는 어떤 일을 할 때 쉽게 단념하지 않고 끈질기게 추진한다. 잘 안된다고 쉽게 포기하거나 좌절하지 않는다. 잘 안되었을 때는 수시로 원인 분석을 통해 잘되도록 수정하면서 끈기 있게 밀고 나간다.

평범한 교사는 일이 잘 안될 때 쉽게 좌절하고 포기한다. 이건 안 되는 일이었다고 자기합리화를 시켜버린다. 누가 해도 안될 일이라고 쉽게 포기한다. 아이들은 이런 모습을 스캔을 떠서 간직하기에 훗날 아이들에게 좋지 않은 영향을 줄 수 있다. 그래서 최선이 아니더라도 이루어내겠다는 끈기가 필요하다. 끈기는 다른 사람이 향상시켜 줄 수 없다. 결국 끈기는 나 스스로가 해내야 하는 것이다.

다섯째, 시도를 한다.

최고의 교사는 어떤 일을 반드시 이루고 말겠다는 마음을 가진다. 처음부터 모든 일이 잘 되지 않는다. 그럼에도 불구하고 해내고야 말겠다는 마음으로 시도한다. 특히 처음 하는 일에는 도전 정신이 필요하다. 무엇이든 꾸준히 시도하는 마음이 필요하다.

평범한 교사는 몇 번 시도하다가 안 되면 포기를 한다. 반복적으로 포기하다 보면 습관이 되어 무기력증에 빠질 수 있다. 시도하지 않는 수업에서 얻을 수 있는 것은 아무것도 없다. 평범한 교사는 수업을 할 때 일로써 접근한다. 그래서 내가 오늘 수업을 몇 시간 했고 내일은 몇 시간 수업해야 한다고 말한다. 수업을 남이 시켜서 하는 것처럼 말한다면 교사 스스로에게나 아이들에게 악영향을 끼친다. 수업이 많고 적음을 떠나 교사 자신이 해야 할 수업이라면 최선을 다해야 한다. 억지 춘향 격으로 원치 않는 수업을 한다고 생각한다면 결국 자신의 마음까지 힘들어지고 말 것이다.

수업을 잘하고 싶다면 다음과 같은 병을 버려야 한다.

첫째, 안주 병이다.

오늘은 어제의 나보다 성장해야 하는데 더 발전하지 않고 현재의 상태에 만족하는 병이다. 시대는 급격하게 변하고 있다. 어제의 지식은 쓰레기가 될 정도로 급변하게 변하고 있다. 교사도 끊임없이 배우고 성장해야 한다. 과거부터 가르치던 지식과 교수 방법에 안주하고 싶은 안주병을 과감하게 버려야 한다.

둘째, 착각 병이다.

내가 잘 가르치고 있다고 착각에 빠져있는 병이다. 나는 잘하고 있으니 건드리지 말라고 한다. "너나 잘하라."고 냉소적인 발언을 서슴없이 한다. 세상을 더욱 폭넓은 시선으로 바라봐야 한다. 이 착각병은 변하지 않으려는 교사에게 더욱 심하게 나타난다. 좋은 수업에는 왕도와 편법이 없다. 꾸준한 시도를 통해 노력한다면 반드시 좋은 수업을 할 수 있다.

셋째, 익숙 병이다.

내가 익숙한 것에 너무 의존하지 말아야 한다. 계속해 왔던 수업이나 업무가 손에 익어서 다른 수업이나 일을 바꾸려고 하지 않는다. 새로운 것에 대한 두려움이 있다. 내용은 같은데도 형식을 조금만 바꿔도 당황하고 걱정한다. 예를 들어 면대면 수업을 하다가 갑자기 온라인 수업을 하게 될 때 걱정이 앞서 어찌할 바를 모르게 된다. 수업 지도안은 어떻게 만들지? 혹시 영상 수업을 잘 못 만들면 어떡하지? 항상 안 좋은 쪽으로만 생각하면서 근심 걱정으로 스트레스를 받는다. 이제 익숙함에서 탈출해서 다양한 경험을 해봐야 한다. 특히 다가올 미래는 현재의 정형화된 수업 방식과 익숙한 것만 하려는 마음 자세로는 곤란하다. 언제 어디서라도 새로운 수업과 교육과정에 최적화될 수 있도록 준비되고 신속하게 익숙해져야 한다. 언제 어디서나 새로운 환경과 업무가 주어져도 당황하지 않기 위해서는 하루빨리 익숙 병에서 탈출해야 한다.

10.

가끔씩
날것으로 줘라

고양이는 물고기 먹는 것을 좋아하지만 수영을 할 수 없다.
물고기는 물속에 사니까 물 밖으로 나올 수 없다. 이것도 고정
관념이다. 고양이는 수영할 줄 모르니까 수영을 가르치면 안 될
까? 물고기는 물속에서 사니까 물 밖으로 나오면 안 되는 것일
까? 고양이는 진짜 물을 싫어할까? 이것은 누구의 기준이고 판
단일까?

고양이에게 수영하는 법을 알려 주면 된다. 처음에는 고양
이가 물을 싫어할 수 있다. 그렇다고 해서 포기하면 안 된다.

자꾸 시도하다 보면 고양이도 수영할 줄 알게 된다. 맹수의 제왕 호랑이도 고양잇과 동물인데 수영을 할 줄 안다. 그러니 고양이는 물을 싫어한다는 고정관념에서 탈피해야 한다. 차라리 '고양이는 대체로 물을 좋아하지 않는다.'라고 이야기하는 편이 좋을 것이다. 물속에 있는 물고기들도 물 밖으로 나오기도 한다. 망둥이나 짱뚱어가 그렇다. 또한 에퍼렛 상어는 최대 2시간 동안 육지를 걸으면서 먹이 활동을 할 수 있다고 한다. 물고기는 물속에서 산다고만 생각하지 말자. 반대로 포유류인 고래는 물속에 산다.

수업도 마찬가지다. 익숙한 것에서부터 낯섦을 경험하게 해야 한다. 아이들에게 너무 친절하고 세심하게 다 가르쳐주려고 하지 말자. 자세히 가르쳐야 좋은 교사인 줄 착각한다. 그렇게 하는 것은 상대적으로 아이들이 생각할 기회와 해볼 수 있는 경험을 박탈하는 것이다.

수업 공개를 참관하게 되면 한 시간 내내 교사가 혼자 진행하는 경우가 있다. 아이들은 그저 교사만 바라보고 있다. 아이들은 침묵한 채 이따금 물어보는 교사의 말에 몇몇 아이들만 대답할 뿐이다. 다수의 아이들은 아무 말 없이 앉아 있다. 교사는 수업의 모든 것을 혼자 진행하는 원맨쇼의 주인공이 아니다.

수업 시간에 아이들에게 수업 내용을 너무 친절하게 떠먹여 주지 말자. 자기 주도적인 학습을 원천적으로 막는 것이다. 때론 수업을 날 것으로 가르쳐 보자. 추론하고 상상하고 때론 직관적으로 생각해서 수업 내용을 스스로 알아가도록 가르쳐 보는 것도 좋다. 아이들에게 스스로 할 수 있는 시간을 주면 처음에는 낯설고 어색해하더라도 아이들 스스로 할 수 있도록 과제를 주고 해결하도록 시도해야 한다.

똑같은 내용을 가르쳤더라도 온전히 받아들이는 아이가 있는 반면 바로 이해하지 못하거나 한참 후에 수업을 받아들이는 아이도 있다. 한마디로 수업을 받아들이는 데 있어 개인차가 발생한다. 교사가 수업을 일방적으로 진행하면서 아이들에게 생각할 시간을 주지 않는 것과 같다. 아이들에게 시간을 주면 개인차가 상당 부분 해소될 수가 있다. 처음부터 끝까지 교사가 수업을 했다면 아이들이 다 이해하고 알아들었다고 할 수 있을까? 그렇다면 아이들은 수업에서 무엇을 배웠을까? 수업 목표에 도달했는지 어떻게 알 수 있을까? 교사의 과잉 친절은 아이들의 사고력을 저해한다. 아이들에게 짝과 함께 하브루타로 생각할 시간을 주고 말할 기회를 줘야 한다.

　나비가 고치에서 빠져나오려고 안간힘으로 날갯짓하는 상황을 생각해보자. 힘겨워하는 나비가 불쌍해 사람의 힘으로 고치에서 빼주면 어떻게 될까? 나비는 얼마 되지 않아 날지 못하고 죽게 된다. 왜냐하면 나비의 힘으로 고치에서 빠져나와야 하는데 사람이 도와줘서 그 과정을 경험하지 못하게 했기 때문이다. 나비가 힘겨운 날갯짓을 하는 것은 나비의 날개 근육을 튼튼하게 하는 과정이다. 그리고 나서야 비로소 고치에서 빠져나와 세상 여기저기 꽃들을 찾아 날아다닐 힘을 갖는 것이다.

　수업 시간에 주입식과 암기식 수업도 필요하다. 암기를 꼭 해야 할 부분도 있고 기본 개념을 알고 있어야 풀 수 있는 문제들이 있다. 그러나 무조건 외우라고 하는 것이 과연 옳은 것인지 고민을 해봐야 한다. 기본 개념을 알고 외운 것과 모르고 외운 것은 천지 차이다. 모르는 길을 가더라도 지도와 나침반을 가지고 가는 것과 그냥 길을 물어서 가는 것과는 다른 것이다. 아이들이 수업 내용을 잘 못 알아듣는다고 능력 없는 교사는 절대 아니다. 그러니 실망하지 말자. 아이들이 내 수업을 왜 이해하지 못했는지 원인을 파악하고 난이도를 조절해서 다시 가르치면 된다. 교사도 다양한 수업을 시도하고 실패해 봐야 교사로서 성장할 수 있는 것이다. 학생들이 대답을 잘 못 해도 수용하고 용기를 줘야 한다. 가장 안 좋은 것은 수업 시간에 교사의 질문에 교사가 대답하는 것이다. 아이들이 수업 내용을 아는지 모르는지 전혀 알 수가 없다. 그래서 수업은 한 방향이 아니고 쌍방향이 되어야 한다. 차라리 틀린 대답을 하는 것이 좋다. 그래야 아이들이 알고 있는지 모르고 있는지 알 수 있다. 이때 메타인지가 작동된다. 메타인지는 내가 무엇을 모르고 아는지를 알게 해주기 때문이다.

교사가 너무 친절하게 다 해주려고 하면 안 된다. 고기를 크게 잘라서 나눠주고 취향대로 스스로 알아서 먹게 내버려 두자. 크게 잘라서 먹든 작게 잘라서 먹든 각자의 선택에 맡기고 먹고 소화시킬 수 있는 시간만 주면 된다. 기다려줘야 한다. 수업에서도 아이들 스스로의 힘으로 수행과제를 해결할 수 있는 시간과 기회를 줘야 한다. 그래야 타인 주도가 아닌 자기 주도적인 학습이 된다.

11.

수업은 아이들과 함께
떠나는 시간여행이다

여행을 가려면 계획을 세워야 한다. 우선 어디로 떠날지 목적지를 정해야 한다. 맑은 계곡이 있는 산으로 가고 싶은지, 넓은 바다로 가고 싶은지, 아니면 아기자기한 풍경이 있는 멋진 섬으로 가고 싶은지, 역사적 의미를 담은 장소로 가고 싶은지를 정해야 한다. 여행의 기간, 숙박, 비용 등도 계산해야 한다. 거리에 따른 교통수단, 여행 기간, 맛집 탐방 등도 빼놓을 수 없이 중요하다. 금강산도 식후경 아닌가? 결국 여행은 잘 먹고 건강해야 한다.

그렇다면 수업은 어떻게 해야 할까? 우선 수업 목표를 잘 정해야 한다. 여행에서 가고자 하는 목적지를 정하듯이 수업에서도 먼저 수업 목표를 정해야 원활한 수업이 될 수 있다. 교사는 수업을 설계하면서 수업 목표대로 아이들이 성취할 수 있도록 해야 한다. 단순히 교사가 학생에게 지식이나 기능을 가르쳐 주는 것으로 끝나서는 안 된다. 아이들이 수업 목표에 도달할 수 있도록 촉진시키는 여러 활동을 시켜야 한다. 내가 혼자 가는 여행은 내 맘대로 해도 된다. 그러나 아이들과 함께 떠나는 여행은 서로 간의 약속을 잘 지켜야 한다. 사전에 목적지도 알려주고 일정 등도 공유해야 한다. 탐방지에서는 무엇을 볼 것인지, 얼마나 머물 것인지를 미리 알려줘야 한다. 제일 중요한 식사는 어디서 무엇을 먹을 것인지 알려주어야 한다.

수업을 시작하기 전에 꼭 인사를 해야 한다. 새로운 마음으로 한 시간 동안 수업 여행의 출발을 알리는 것이다. 수업을 시작하면서 "어디 할 차례지? 교과서 00쪽을 펴세요."라고 말하게 되면 아이들은 가고 싶지 않은 곳을 억지로 가게 하는 것과 같다. 반대로 나도 싫으면 아이들도 싫다. 아이들을 수업에 즐겁게 참여시키려면 아이들에게 세 가지를 줘야 한다.

첫 번째, 수업은 재미있어야 한다.

아이들이 흥미를 느끼고 수업에 참여하도록 해야 한다. 그러니까 수업 시간 초반에 궁금증과 호기심을 갖게 되지 않으면 아이들은 마음의 준비가 안 된 상태가 된다. 재미있는 사진, 흥미를 유발할 만한 이야기 등으로 수업을 열어야 한다. 사진 한 장을 보여주면서 궁금증과 호기심을 불러일으켜야 한다. 아이들에게 "이것이 무엇이라고 생각되나요?", "무엇이 연상되나요?" 아이들은 각자의 생각대로 이런저런 대답을 하게 된다. 대답해 준 아이들은 이미 적극적으로 수업에 참여할 의사를 밝힌 아이들이다. 아이들이 대답한 것들을 모두 수용해줘야 한다. 가끔 예상하지 못한 엉뚱한 대답을 해서 다른 아이들의 웃음을 유발시키는 경우도 있다. 교사는 웃음을 준 아이도 수용해줄 뿐만 아니라 오히려 감사해야 한다. 교사 대신 아이들을 웃게 만들어 줬다는 것만으로도 얼마나 고마운 일인가.

두 번째, 지식과 정보를 줘야 한다.

수업 속에서는 아이들이 도달하여야 할 성취기준이 있다. 수업 목표와 관련된 지식과 정보가 제공된다. 그것을 알아가는 과정이 되어야 한다. 일방적인 강의식으로 진행되면 곤란하다. 수업은 아이들과 함께하는 것이다. 아이들은 수업 목표와 관련된 활동을 해야 한다. 교과서에서 제시하고 있는 교과 내용을 내 것으로 만들 수 있는 활동을 시켜야 한다.

이때 하브루타로 짝 활동을 시키면 좋다. 서로 궁금한 것을 질문하고 대답하게 하자. 서로의 배경지식과 경험치가 달라서 다양한 이야기들이 나올 수 있다. 짝 활동을 모둠으로 확대한다. 모둠장을 뽑고 모둠장이 아이들과 나눈 이야기를 요약해서 발표하게 한다. 아이들은 자기 생각을 이야기하면서 신나게 참여한다. 교과의 지식을 자기 생각으로 말하게 하고 자기와 관련지어 몸에 체화하도록 해야 한다. 교과 내용을 가지고 하브루타를 하게 되면 모르는 것과 아는 것이 확실히 구분된다. 이때도 메타인지가 작동된다. 메타인지를 통해 내가 무엇을 알고 모르는지를 알게 된다. 그래야 내가 알고 있는 내용을 정확하게 잘 설명할 수 있다. 그래서 아이들에게 말할 시간을 주어야 한다. 예를 들면, 축구 경기에서 아이들을 관객이 아닌 선수가 되게 한다. 모든 아이에게 역할에 맞는 포지션을 하나씩 주어야 한다. 그래야 관객이 아닌 주전 선수가 되어 열심히 수업에 참여하게 된다.

세 번째, 감동을 줘야 한다.

교사는 아이들이 짝 활동을 통해 알아낸 내용을 모아서 종합, 정리해서 말해준다. 그리고 교과 내용과 관련된 유명인이나 명언, 드라마, 영화, 자연 현상 등과 연관시켜줘도 된다. 아이들이 스스로가 이걸 왜 배워야 하는지 삶 속에 연결할 수 있다. 교과 내용과 삶을 일치시켜 수업 내용을 내 것으로 만들게 된다. 감동을 너무 크게 생각하지 말자. 감동은 내 주변에서 늘 맴돈다. 아주 작은 것도 관점에 따라 감동이 될 수 있다. 아이들이 활동한 내용을 가지고 짝과 모둠이 도출한 내용 중에 감동적인 요소를 찾아 칭찬해주면 된다. 칭찬과 감동 거리는 찾아보면 너무 많다. 발견하지 못할 뿐이다.

세 가지 모두 교사가 먼저 모범을 보여야 한다. 예를 들어 체험학습을 인솔하면서 아이들이 마음에 들지 않는다고 교사가 인상을 쓰면서 혼낸다면 체험학습이 아니고 짜증 학습이 된다. 아이들과 수업을 할 때는 호기심과 질문을 가지고 이끌어야 한다. 교사 혼자 성큼성큼 앞서가지 말자. 멀리서 빨리 따라오라고 재촉하지 말자. 아이들과 보조 맞추면서 완급조절을 하면서 재미있고 즐거운 수업 시간이 되도록 하면 된다. 재미있는 여행은 갔다 와서도 계속 생각이 난다. 그래야 또 가고 싶다. 호기심과 질문을 불러일으켜 재미와 감동을 주는 수업을 해야 하는 이유다. 교사가 아이들과 함께하는 것 자체가 감동이라고 생각하면 아이들은 작은 것에도 감동한다. 감동은 멀리 있지 않다. 그래서 수업도 여행처럼 설레게 만들어야 한다. 그래야 아이들도 다음 수업이 기다려지게 된다.

12.
수업은 형식보다
내용이 중요하다

　매년 4월 중순쯤 5월 8일 어버이날에 맞춰서 수업 시간에 엽서 그리기 수업을 한다. 양육자인 부모님에게 엽서에 간단하게 편지를 쓰거나 시를 써서 집으로 보낸다. 그러나 완성된 엽서를 보내고 싶지 않은 아이는 집 주소를 쓰지 않아도 된다. 최근에는 다양한 형태의 가족 구성원이 존재하기 때문에 아이의 의사를 존중해준다. 양육자에 대한 아이의 마음이 먼저 중요하기 때문이다. 대부분 아이는 자신이 쓴 엽서에 집 주소를 쓰고 보내는 것에 동의한다.

다음은 공개 수업 시간에 기환이가 엽서 그리기 활동을 하지 않고 있었던 사례이다.

교사: 기환아, 왜 안 하고 있니?

기환: 선생님, 수업 시간에 제작한 엽서를 반드시 집으로 보내야 해요?

교사: 반드시 보내는 것은 아니고, 어버이날을 맞이해서 교과 단원과 연결 지어 양육자인 부모님의 고마움을 엽서에 그림과 글로 표현하는 거야.

기환: 부모님에게 엽서 같은 거 안 써봤어요. 그래서 쑥스러워요.

　교사 해본 적이 없어서 쑥스럽다는 거구나. 그 마음 이해해. 그래도 한번 해보면 어떨까?

기환: 이런 형식적인 것보다 부모님을 위해 실제로 하는 내용이 더 중요하지 않나요?

교사: 맞아. 형식보다 내용이 중요하지. 그래서 너는 실제로 어떤 것들을 하고 있니?

기환: 집 청소요.

교사: 실제로 집에서 청소하니?

기환: 네.

교사: 오! 그리고 또 집에서 무엇을 도와드리니?

기환: 빨래도 해요.

교사: 정말이니? 집에서 청소도 하고 빨래도 하다니, 정말 대단하구나.

나는 놀라서 잠시 수업을 중단시켰다.

얘들아, 기환이가 집에서 청소도 하고 빨래도 도와드린다고 하는데 여러분들 중에서 집 에서 청소하는 사람 손들어보세요.

아이들: (절반 정도가 손을 들었다.)

교사: 그리고 빨래도 하는 사람 있나요?

아이들: (1/3 정도가 손을 들었다.)

생각보다 많은 아이가 집안일을 하고 있다는 사실에 기특하고 대견하게 생각되었다.

교사: 선생님은 여러분들이 집안일을 돕고 있다는 사실에 감동했어요.

기환: 선생님! 그리고 저는 빨래도 개요.

정말이냐고 물으니 그렇다고 대답했다. 내가 '엄지척' 해주니 기환이의 입가에 미소가 번진다.

교사: 여러분, 기환이가 빨래도 갠데요. 여러분 중에 빨래도 개는 사람 있나요?

일동: 몇 명의 아이가 손을 들었다.

갑자기 빨래를 갤 때 먼지를 어떻게 처리하는지 궁금해졌다.

교사: 여러분, 빨래 갤 때 먼지는 어떻게 처리해요?

일동: 털어요. 그냥 개요. 건조기에 돌려요.

경철: 포장용 테이프를 뒤로 돌려서 끈끈한 면으로 보풀 먼지를 제거합니다.

교사: 와! 다들 잘하고 있어요.

일동: 우리 집에서도 그렇게 해요, 우리도 그렇게 해요, 보풀 제거용 테이프 있어요.

아이들은 저마다 경험담을 이야기하느라 한바탕 왁자지껄 난리가 났다.

교사: 여러분 잘하고 있어요. 이렇게 실제로 집안일을 돕는 여러분이 최고예요. 거기에다가 부 모님에게 어버이날을 맞아 엽서에 양육자인 부모님들에게 고마운 마음까지 전한다면 더욱 좋겠지요?

일동: 네!

교사: 기환아, 이런 활동이 쑥스럽다면 엽서를 집에 보내지 않아도 된단다. 그렇지만 수업 시간에 활동하는 것은 했으면 좋겠는데, 너의 생각은 어떠니?

기환: 네, 할게요.

교사: 고마워.

그리고 아이들에게 말했다. "여러분, 오늘 지금, 이 순간 기환이가 선생님의 스승입니다. 왜냐하면 기환이가 선생님에게 큰 깨달음을 주었기 때문이에요. 기환아, 존경합니다."라고 꾸벅 인사를 했다. 아이들은 내가 왜 기환이에게 존경한다고 인사를 했는지 의미를 알고 있기에 박수를 쳐주었다. 가끔 아이들이 나에게 깨달음을 줄 때가 있다. 그럴 때마다 나는 그 아이에게 존경한다고 인사를 한다. 부모님에게 고마운 마음을 글과 그림으로 엽서에 담아 발송하는 것이 어떤 아이에게는 마음의 부담이 될 수 있다는 것을 생각하게 해주었다. 만약 기환이가 부모님에게 감사한 마음을 표현하는데, 형식과 내용에 관해 이야기해주지 않았다면 나는 계속 형식만을 이야기하는 교사가 될 뻔했다. 아이와 함께 오늘도 한 뼘 더 성장하는 시간이 되었다.

13.

수업의 속성

수업은 연속성을 가지고 있다. 기승전결로 매끄럽게 완성된 수업은 다른 수업에 영향을 준다. 좋은 수업을 했다고 생각되면 영향력은 더 크게 작용한다. 특히 공개 수업일수록 그 영향은 더 크게 작용한다. 좋은 수업은 다른 교사의 수업에도 영향을 끼친다. 물론 아이들에게 더없이 좋은 작용을 한다. 좋은 수업을 하고 싶은 것은 모든 교사의 희망이기도 하다. 그런데 왜 매번 좋은 수업을 할 수 없는 것일까? 수업을 잘해야겠다는 경직된 마음으로 시작하기 때문이다.

수업은 수업 시간마다 다르다. 세상에 똑같은 수업은 없다. 똑같은 교사가 수업을 진행해도 학생들은 각기 다른 반응을 보인다. 그래서 수업이 똑같을 수 없다. 교사는 수업이 잘된 특정 반에 기준점을 두고 수업하면 안 된다. 수업이 잘 된 반과 똑같이 수업하려는 마음을 비워야 한다. 다른 반 수업을 할 때는 다른 질문이나 다른 대답이 나오는 것은 당연하다. 그런데도 수업이 잘 된 아이들을 기준으로 하면 다른 반 아이들은 수업을 못 하는 아이들이 된다. 왜냐하면 수업 패턴이나 내용을 잘하는 반 기준으로 생각하는 습성이 몸에 배어있기 때문이다. 당연히 잘하는 반 기준으로 보기 때문에 활동이나 대답이 교사의 마음에 들지 않게 된다. 왜 교사는 아이들이 다른데 똑같이 가르치려고 할까? 진도, 평가의 문제가 가장 큰 문제라고 생각한다.

과거에는 학습지도안에 수업 내용은 물론 농담도 똑같이 하라고 했던 적이 있다. 그러나 수업을 제대로 모르고 하는 소리이다. 수업은 내용이 같더라도 받아들이는 대상에 따라 유연하게 적용하려는 마음 자세가 필요하다. 늘 변하는 상황에 따라 다르게 탄력적으로 대처하려는 마음을 가지고 수업을 하는데 어떻게 토시 하나 안 틀리고 수업을 할 수 있을까? 거기에 농담까지도 똑같이 하라니 참으로 시대착오적인 발상이었다.

먼저, 수업은 질문을 하게 해서 아이들의 뇌를 자극해야 한다. 수업 시간 일부를 할애해서 학생들끼리 질문하고 대화할 수 있는 시간을 주도록 하자. 생각하고 말할 시간을 주면 아이들의 뇌는 더욱 활발하게 작동한다. 우리는 가르쳤으나 아이들은 배우지 않았다는 자조적인 말이 있다. 교사는 우선 최선을 다해 수업을 한다. 그러나 아이들이 교사의 설명을 이해했는지는 알 수가 없다. 아이들의 생각을 물어볼 수 없는 구조로 수업을 했기 때문이다. 그러니 아이들의 말문을 열게 하는 것이 중요하다. 그래야 아이들의 뇌가 활발하게 작동을 한다.

교사가 모든 것을 혼자 하려는 마음을 내려놔야 한다. 수업 일부분을 아이들에게 내어주는 것에 대해 불안한 마음이 들수 있다. 그러나 모든 수업은 교사 혼자만의 것이 아니다. 학생들과 함께해야 수업의 완성이 되는 것이다.

오케스트라의 지휘자를 예로 든다면 지휘자는 연주하면서 박자만 맞추는 것이 전부라고 생각할 수 있다. 이것 역시 편견이다. 지휘자는 연주하는 악보의 해석 및 다양한 악기의 특성에 대해 알고 있어야 한다. 또한, 지휘봉을 움직이면서 연주자의 표정과 몸짓, 다양한 악기들이 적재적소에 소리를 내는지

귀로 듣고 눈으로 보면서 지휘한다. 같은 곡이라도 감동이 다른 것은 지휘자에 의해 다르게 해석되고 연주되기 때문이다. 교사 역시 오케스트라의 지휘자와 다르지 않다. 수업하면서 아이들과 눈을 마주치고 질문으로 말문을 열게 한다. 짝 활동이나 모둠 활동을 할 때 제대로 활동하는지 살펴봐야 한다.

다양한 악기들이 모여 함께 하모니를 연출하며 연주하는 오케스트라처럼 아이들의 다양한 생각과 의견이 반영되어 수업 목표에 도달하도록 해야 한다. 교사는 이끌어주고 도와주는 촉진자 또는 조력자가 되어야 한다. 교사는 학생들과 눈을 마주치고 표정과 손짓, 몸짓을 이용해서 소통하면서 수업을 이끌어야 한다. 이제는 교사의 일방적인 가르침을 내려놔야 한다. 내가 아니면 안 된다는 프레임에서 벗어나야 한다. 이런 교사일수록 수업의 정해진 기준에서 조금만 벗어나도 불안해한다. 왜냐하면 자기가 이미 수업의 기준을 정해놨기 때문이다. 아이들의 다양한 반응과 대답을 수용할 수 있어야 한다. 그러면서 함께 배우고 성장할 수 있다.

교사는 교육과정에 따른 수업 목표와 내용을 알고 있어야 한다. 또한 수업 목표와 성취 수준에 맞춰 수업을 디자인해야 한다. 도입 부분에서 어떻게 동기 유발을 할 것인지, 전개 활동은 몇 개로 할 것이며, 어떤 방식으로 할 것인지를 정해야 한다. 이때 수업 활동 전개 시 활동을 학생들이 할 수 있도록 안내해야 한다. 수업의 핵심인 전개 활동에서도 교사가 정해놓은 틀에서 벗어나지 못하게 해서는 안 된다. 정해진 틀 안에 가둬 놓은 채 활동을 시키면 학생들은 금방 흥미를 잃고 말 것이다. 활동도 때론 열어놓고 자유롭게 할 수 있도록 한다.

논어의 술이 편에 '삼인행 필유아사'라는 것이 있다. 세 사람이 길을 가면 반드시 나의 스승이 될 만한 사람이 있다는 말이다. 스승을 멘토라고 할 수 있다. 이 말은 누구에게라도 배울수 있다는 말이다. 교사나 학생도 모든 사람에게 배울 자세가 되어있어야 한다. 그래서 수업을 교사가 일방적으로 가르치지 말아야 하는 이유다. 아이들이 스스로 배우는 구조를 만들어 줘야 한다. 수업 중에는 느끼고 생각하는 반응이 아이마다 다르게 표현된다. 교사의 정답 기준에 맞지 않더라도 다른 대답도 수용하면서 수업 목표에 도달하도록 조력자가 되어야 한다. 교사가 생각하지 못했던 다양한 해답들이 나오도록 도와주는 것이 좋다.

'두 사람이 모이면 세 가지 의견이 나온다.'라는 유대인 격언이 있다. 하브루타의 기본원리인 짝을 지어 질문하고 대화하면서 해답을 얻는 교육 방법으로 스스로 답을 찾게 해 창의력을 기를 수 있도록 해야 한다. 수업 시간에 학생들이 짝과 함께 또는 모둠원들과 함께 질문하고 대화할 수 있도록 활동 시간을 확보해야 한다. 그러기 위해서는 수업 내용의 개념을 정확하게 가르쳐주고 아이들이 스스로 할 수 있도록 아이들의 마음에 불을 지펴줘야 한다. 아이들에게 마음의 불길이 활활 타오르도록 시간을 주면 아이들도 교사도 행복한 자기 주도적 수업이 될 수 있다.

14.

알아듣기 쉽게
설명하자

"교육이란 알지 못하는 바를 알도록 가르치는 것이
아니라, 사람들이 행동하지 않을 때, 행동하도록
가르치는 것이다."

– 마크 트웨인

　교사는 수업을 열심히 가르쳤는데 아이들이 반응이 없을 때
가 있다. 왜 그럴까? 아이들에게 배움이 일어나지 않았다는 것
을 의미한다. 교사가 너무 어렵게 가르쳤거나, 알아듣지 못하게
가르쳤을 경우이다. 교사의 일방적인 수업 내용을 아이들은 그

저 바라만 보고 있었던 것은 아닐까? 아이들은 수업 시간에 모니터나 칠판을 보면서 멍하게 있는 것은 아닌지 수시로 살펴봐야 한다. 교사의 수업을 잘 듣고 이해하는지 알 수가 없다. 이를 극복하기 위해서는 중간 점검이 꼭 필요하다.

질문을 통해 아이들이 어떤 생각을 하고 있는지 말할 수 있게 하자. 교사는 이이들이 알아들을 수 있도록 수업을 해야 한다. 아이들이 무슨 생각을 하고 있는지 무엇을 느꼈는지 질문하고 대답하고, 때론 토론으로 이끌어야 한다. 궁금한 것을 아이들끼리 질문하면서 대답까지 한다면 금상첨화의 수업이 될 것이다. 여기에 하나 더 추가한다면 여유를 가지고 기다려주는 수업이면 더욱 좋을 것이다. 아이들끼리 각자의 생각을 자유롭게 말할 수 있어야 자기 것이 된다. 학습자 중심 수업은 아이들의 참여를 통해 더욱 활발한 교류가 이루어진다.

아이들은 연령에 따라, 학년에 따라 인지발달 정도가 다르다. 배경지식이나 살아온 환경이 달라서 교사의 설명 한 번으로 이해되지 않을 수 있다. 교사가 수업을 이끌어 나갈 때 현실과 가까운 예를 들어서 설명하면 좋다. 학생들이 쉽게 이해될 수 있기 때문이다. 교과 내용 중 핵심 단어나 어려운 단어가 나왔을 때 직접 찾아보게 하는 것도 좋은 방법이 된다. 단어의 뜻과 의미를 모르고 수업하는 것은 전쟁터에 나가면서 내가 어떤 무기를 가졌고 어떻게 적과 싸워야 할지 모르는 것과 같다. 수업 시간으로 다시 돌아오자. 수업 주제의 핵심 단어를 찾아보고 이해하기 쉽게 설명하자. 그래서 핵심 단어나 개념을 알고 수업에 참여하면 이해도가 훨씬 빠르다. 수업에 적극적으로 참여할 확률이 높아진다. 아이들이 알아듣지 못하는 수업을 참여하려니 재미도 없고 흥미를 잃게 된다. 그런 학생들은 엎드려 자거나 딴짓을 하는 현상이 발생한다.

미국의 이론 물리학자로 1965년 노벨물리학상을 수상한 리처드 파인먼은 "뛰어난 물리학 이론이라도, 그 이론을 대학교에 갓 입학한 신입생한테 설명했는데 이해하지 못했다면 그 이론은 아직 완벽한 이론은 아니다" 라고 얘기했다. 어려운 이론을 단순하게 설명할 수가 없다면 아직 완벽하게 이해하지 못한 것과 같다. 그래서 아이들의 눈높이에 맞는 수업을 고민하고 알아듣게 설명하는 것이 중요하다. 생소한 단어나 개념을 알고 수업에 참여하는 것은 '지피지기면 백전백승'의 원리와 같다.

사회시간의 예를 들어보자. 교사가 경제 용어 중 비교우위에 관해 설명한다고 했을 때 사전적 뜻은 이렇다. '국제무역에서 한 나라가 생산하는 특정한 상품이 상대국과의 모든 교류 상품들에 비해 더 낮은 비용으로 생산되어 생산 효율성 면에서 우위를 차지하는 경우를 이르는 말'이다. 이렇게 정의하고 있는 비교우위를 아이들은 어떻게 받아들일까? 경제적인 배경지식이 없는 학생들은 수업 시간에 멍하니 있을 수밖에 없다. 그래서 교시는 알아듣도록 설명해야 한다. 학생들의 눈높이에서 설명해야 한다. 비교우위의 예를 들어보자. 세계적으로 유명 가수가 스파게티 요리를 유명한 요리사만큼 잘 만든다고 하자. 유명 가수가 스파게티를 만들어서 파는 것이 경제적일까? 아니면 전 세계를 순회하면서 공연하는 것이 경제적일까? 당연히 유명 가수니까 노래하면서 공연하는 것이 경제적으로 수익이 더 크다는 것을 알 수 있다. 이때 유명 가수는 스파게티를 요리해서 판매하는 것보다 노래하는 것이 비교우위에 있다고 말하는 것이다. 이렇게 현실 세계에서 아이들이 흥미를 가지고 접근할 수 있는 것으로 설명하면 더욱 쉽게 알아들을 수 있다.

어려운 단어나 개념이 나오면 아이들끼리 설명하게 하는 방법도 좋다. 교사의 설명보다 또래끼리의 설명이 훨씬 빠르게 이해될 수 있다. 아이들끼리 서로 눈높이를 맞추며 이야기를 나눌 수 있기 때문이다. 교사가 모르는 자기들만의 또래 문화를 가지고 있다. 교사는 아이들끼리 궁금한 것을 묻고 설명하게 하면서 진행하면 된다. 교사가 모든 것을 설명해줘야 한다는 생각을 바꾸어야 한다. 그런 고정관념을 이제는 내려놓자. 교사가 아무리 설명을 잘해도 못 알아듣는 경우가 생길 수 있다. 이때 내용을 아이들 눈높이에 맞춰서 설명할 수 있는 아이가 있는지 물어보자. 만약에 있다면 그 아이가 설명하게 해 보자. 그 아이는 학급 아이들에게 자신의 배경지식과 경험을 총동원해서 아이들이 알아듣기 쉽게 설명하기 위해 노력할 것이다. 그렇게 하면 좋은 점이 있다. 설명하는 아이는 자신이 정확히 알고 있는지 모르고 있는지 점검이 된다. 즉 자신이 말하고자 하는 것의 핵심이 무엇인지 알게 된다는 것이다. 아이들이 이해를 못 한다고 교사의 능력이 부족해서가 아니다. 교사의 설명이 교사의 경험에 의한 것이면 아이들과의 경험 불일치 현상이 나타날 수 있다. 그래서 모든 것을 교사가 해결하려는 고정관념을 버리고 아이들끼리 설명도 하고 공유하도록 활동 시간을 주면 되는 것이다. 수업에서 아이들끼리 서로 가르치면서 배우게 되면 어떤 활동보다도 오래 기억에 남게 된다.

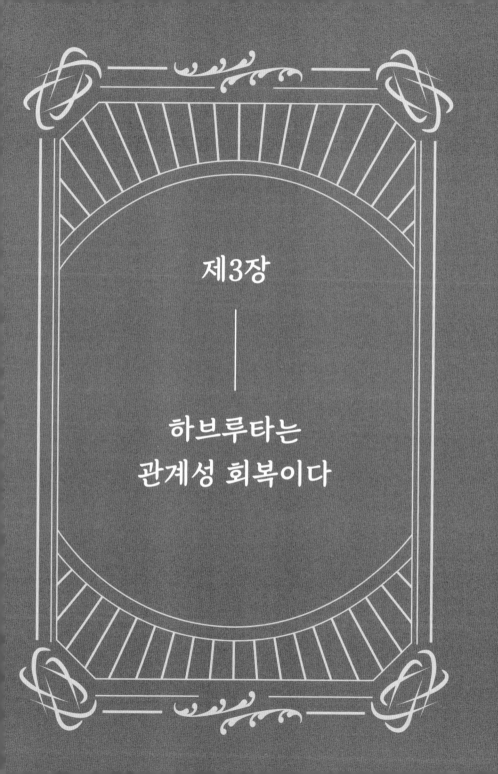

제3장

하브루타는
관계성 회복이다

1.

고마운
나의 제자들

하브루타 수업에 열심히 참여한 아이들에게 감사한 마음을 전하고 싶다. 한때 교사 생활을 하면서 무기력감에 깊이 빠져있었다. 교직을 계속할 수 없을 것 같았다. 그런데 하브루타를 만나 수업에 접목해서 수업하면서 아이들과 함께 교사인 내가 배우고 성장하게 되었다.

'하브루타로 수업을 즐겁게'

'하브루타로 세상을 이롭게'

'수업 목표에 도달할 수 있도록 디자인된 수업'

'하브루타로 아이들이 주도하는 수업'

'하브루타로 아이들이 중심이 되는 수업'

'하브루타로 한 명의 아이도 소외되지 않는 수업'

수업에서 교사가 중심이 아닌 아이들이 중심이 되는데 우선순위를 두니 수업이 달라졌다. 유대인 교육이 정답이고 하브루타가 최고라고 말하고 싶지는 않다. 다만 그들이 수천 년을 지속해온 하브루타가 한국 교육에 잘 정착되어 K-하브루타로 교육 속에 스며들기를 바라는 마음이다. 다시는 원맨쇼처럼 교사 혼자 북 치고 장구 치면서 가르쳐야 한다는 것에 매몰되지 않아야 한다. 아이들에게 자기 주도적인 배움이 일어났으면 하는 바람이다. 하브루타를 통해 아이들의 생각 근육이 넓어지고 마음 근육도 함께 튼튼해지기를 희망해 본다. 하브루타를 통해 내가 바뀌었다. 내가 바뀌니 수업이 달라지고 하브루타로 아이들이 달라진 것만으로도 충분히 매력적이라고 생각한다.

하브루타 수업으로 아이들이 즐거워하기 시작했다. 교사가 수업에 대한 고민이 깊어질수록 아이들은 적극적으로 참여하기 시작했다. 왜냐하면 아이들이 자기 생각을 자신의 언어와 자기의 입으로 짝과 함께 질문하고 대화하기 때문에 수업이 즐겁고 신나서 수업의 밀도가 높아졌다. 무조건 안 하려고 하고 무기력한 반응을 보이는 아이들을 바라보는 일은 교사로서 너무 힘든 일이다. 그런데 하브루타로 수업을 하니 졸거나 딴짓하는 아이들이 사라졌다. 하브루타로 아이들이 더 적극적으로 자신의 이야기를 표현하기 시작했다. 때론 짝과 맞지 않아서 짝을 바꿔 달라는 아이도 있었다. 그러나 짝은 자기 스스로 뽑았기 때문에 다음에 자리 뽑기를 할 때까지 기다리는 인내심도 배우게 된다. 그것은 사전에 우리가 함께 만든 약속이기 때문이다. 하브루타를 만나기 전에 아이들과 함께하는 수업이 즐겁지 않고 다람쥐 쳇바퀴 도는 것 같다는 생각을 한 적이 있다. 하브루타를 만나 수업에 대한 나의 시각이 바뀌었다. 그러자 수업에서 시도하고 싶었던 것들이 많아지기 시작했다.

그러나 처음부터 하브루타 수업이 잘되지는 않았다. "선생님은 하는 일이 뭐예요?" "왜 맨날 우리만 시켜요?" 하브루타를 처음 시도하면서 아이들이 했던 말들이다. 아이들 입장에서는 교사는 자기들에게 시키기만 하고 노는 줄 오해할 수도 있다. 어떤 교사는 아이들끼리 시키기만 해도 되냐고 묻기도 한다. 하브루타 수업을 하면 교사가 아무것도 안 하고 편하게 보일 수도 있다. 호수 위에 백조 한 마리가 유유히 떠 있다. 그러나 물속에서 보면 백조의 물갈퀴는 쉬지 않고 움직인다. 하브루타로 수업하면 아이들에게만 시키고 교사는 논다고 생각한다면 오해이다. 아이들과 함께 만들어가는 수업을 위해 교사가 고민하면 할수록 아이들의 반응이 뜨거워진다는 것을 알게 된다. 하브루타 수업을 하고 나서 한 아이가 "선생님, 존경합니다."라고 말하면서 복도에서 큰절을 했을 때는 한없이 감동했다. 어디 가서 내가 이런 대접을 받을 수 있을까? 아이들이 교사인 나의 사기를 높여 주었다. 부족한 교사의 수업에 열심히 참여해주고 좋은 추억으로 기억해주는 모든 제자님에게 감사의 마음을 전한다.

"제자님들, 정말 감사합니다."

2.
내가 할 수 있어서
행복한 것들

다른 사람들이 할 수 있거나 한 일을 하지 말고 다른
이들이 할 수 없고 하지 않은 일을 하라.

– 탈무드

    수업에 하브루타를 도입하고 나서 아이들과 학교를 위해 할
수 있는 것이 무엇이 있을까 생각했다. 그동안 해 보고 싶었는
데 선뜻 용기가 나지 않았던 것이 있었다. 바로 급식 지도였다.
급식 지도라기보다는 '급식 질서 도우미'라고 하는 것이 좋겠다.
학년별, 반별로 급식 먹는 것을 순서대로 먹도록 도와주는 것

이다. 새치기하는 학생이 없도록 하거나 급식 줄을 바로 잡아주는 일이었다. 사실 급식 지도를 생각하게 된 이유가 있었다. 학교 급식이 본격화되면서 아이들이 점심시간만 되면 너나 할 것 없이 급식실로 뛰었다. 빨리 가야 빨리 급식을 먹는다는 생각에 아이들은 뛰고 또 뛰었다. 하긴 한참 먹을 때이니 그 심정 오죽하랴. 그런데 가끔 뛰다가 계단에서 미끄러지거나 넘어져 찰과상을 입거나 다치는 일이 생겼다. 심지어 식당으로 가기 위해 계단을 급하게 뛰어 내려오다가 넘어져서 다리뼈에 금이 가서 상당 기간 다리에 깁스하는 경우가 발생했다.

그래서 이렇게 무질서하게 급식을 먹게 하면 안 되겠다는 생각에 동료 교사들에게 학내망 메신저를 보냈다. 아이들 급식을 학년별로 먹도록 순서를 제안했다. 내용인즉 상급생인 3학년부터 급식을 먹도록 하면 어떻겠냐고 했는데 일부 교사가 반대했다. 지금 아이들이 급식을 알아서 잘 먹고 있는데 교사가 개입할 필요가 있느냐고 했다. 그래서 급식을 학년 순서대로 먹게 되면 일찍 가봐야 학년별로 먹게 되니 1, 2학년이 뛰어가다가 넘어지는 것을 방지할 수 있다고 했다. 그리고 1, 2학년이 줄 서 있는데 늦게 오는 3학년 아이들이 새치기를 공공연히하고 있으니 3학년부터 급식하면 자연스럽게 예방할 수 있다고 했다. 그러나 메아리가 없었다. 대다수 교사가 3학년부터 급식하는 것에 동의하지 않았다. 그래서 그냥 나 혼자 하겠다고 결정했다. 전 교실을 돌아다니면서 다음 주 월요일부터 3학년부터 급식을 먼저 먹는다고 선언했다. 또 급식순서를 출력해서 각교실에 부착했다. 그랬더니 중2 아이들이 불만이 터져 나왔다. 왜 3학년부터 먹느냐? 지금처럼 선착순으로 먹게 해달라고 했다. 그래서 내년에 니희들이 3학년이 되면 첫 번째로 먼저 급식을 먹게 된다고 설득했다. 다행히 2학년 아이들이 나의 제안을 받아들였다. 2학년 아이들은 조금만 참고 3학년이 되었을 때 1년 동안 먼저 급식을 먹으니 손해가 아니라는 계산을 했을 것이다. 그래서 급식순서는 학년별 순서대로 결정이 되었다.

문제는 이후에 생겼다. 같은 3학년끼리 새치기하는 경우가 발생하기 시작했다. 그래서 어떻게 했으면 좋을지 3학년 아이들에게 질문했다. 대다수 아이가 반별로 돌아가면서 먹자고 했다. 그래서 1주일씩 반별로 돌아가면서 먹기로 했다. 예를 들면 이번 주는 3학년 1반부터 다음 주는 3학년 2반부터 급식 먹는 순서를 정해서 실시하게 되었다. 이 문제 역시 1, 2학년 아이들도 받아들여서 문제가 없게 되었다. 그러니 자연스럽게 급식순서는 3학년부터 일주일 단위로 반 순서대로 돌아가면서 급식을 하게 되었다. 또한 학년별 급식 순서는 내가 제안했지만 같은 학년끼리 반 순서대로 먹자는 아이디어는 아이들 스스로 제안하고 실시되었다.

　나 홀로 급식 지도하는 것을 보고 교장 선생님이 점심시간에 교사들이 순번을 정해서 급식 지도를 돌아가면서 했으면 좋겠다고 제안했다. 그래서 학생부에서 전 교사의 순번을 정해서 급식 지도를 시작했다. 처음엔 잘 되는 듯싶었으나 교사들의 점심 급식 지도는 결국 흐지부지되었다. 왜냐하면 그전에 없었던 일이었고 아이들 급식 지도를 어느 교사가 순순히 받아들일까 싶었다. 또 교사도 사람인지라 점심 식사를 일찍 먹고 쉬고 싶은 마음은 누구나 똑같을 것이다. 지금 생각해보니 그때 본의 아니게 나로 인해 급식 지도를 하게 된 동료 교사들에게 미안한 마음이 든다. 그 후에도 나 홀로 급식 지도는 계속되었다.

　나도 급식을 빨리 먹고 싶었다. 그러나 이제 막 학년별, 반별 급식순서가 정착되기 시작되었는데 그만둘 수 없었다. 급식지도를 혼자 하니, 같은 반 학생들끼리 새치기하는 일들이 가끔 발생했다. 아이들 사이에서 보이지 않는 힘의 우위가 작용했다. 그래서 아이들에게 어떻게 했으면 좋겠냐고 질문을 하니 아이들은 반별 번호순으로 돌아가면서 먹는 것을 제안했다. 그런데 일부 아이들은 불만을 표출했다. 학년별로 반별로 번호순으로 밥을 먹게 되면 중간 번호인 사람은 항상 중간에 먹게 된다고 했다. 급기야 급식순서를 없애고 선착순으로 먹었으면 좋다고 했다. 그래서 그렇게 말하는 너부터 새치기하지 않으면 된다고 따끔하게 말했다. 불평불만을 제기하는 아이들이 주로 새치기하는 아이였기 때문이다. 그때부터 매의 눈으로 새치기하는 학생들이 없도록 예방 위주로 급식 지도를 했다. 또한 수업시간에 급식에 대해 하브루타를 하였다. 새치기하지 않기, 급식을 만들어 주시는 급식실 영양사 선생님과 조리사 분들에게 감사한 마음 갖기와 급식을 남기지 않으려면 어떻게 해야 하는지 짝과 함께 질문하고 대화를 나누도록 했다. 그리고 급식 메타포 활동으로 마무리하였다.

다음은 급식 메타포 활동 내용 중 일부이다.
- 급식은 태양이다. 왜냐하면 태양이 없으면 모든 생물은 살 수 없기 때문이다.
- 급식은 잘생긴 사람이다. 왜냐하면 잘생긴 사람을 보면 설레듯 급식을 보면 마음이 설레기 때문이다.
- 급식은 비타민이다. 왜냐하면 공부하고 지친 몸을 다시 살아나게 해주기 때문이다.

– 급식이란 만화이다. 왜냐하면 보고 있어도 또 보고 싶은 것처럼 먹고 나서 또 먹고 싶기 때문이다.

나 홀로 급식 지도를 하고 있을 때 같이 급식 지도에 동참해주는 교사도 있어서 고마웠다. 아이들도 나의 취지를 이해해주었다. 4교시 수업 시간이 조금 일찍 끝나도 뛰지 말고 천천히 가서 먹게 되었다. 빨리 뛰어가 봐야 학년별, 반별, 번호 순서대로 급식을 먹으니 뛰는 일은 사라졌다. 그렇게 해서 급식 지도는 우여곡절 끝에 자리를 잡아가게 되었다. 그때 나의 말에 잘 따라준 아이들에게도 감사의 마음을 전한다. 그렇게 해서 점심시간에 아이들이 더 이상 다치거나 넘어지지는 일이 없게 되었다. 새치기하다 적발되는 아이들은 맨 끝에 급식을 먹게 하였다. 한번은 3학년 아이가 새치기하다가 걸려서 1학년이 전부 먹고 나서 먹으라고 했다. 새치기 학생은 늦게 먹으니 안 먹겠다고 하면서 심통을 부린 일도 있지만 눈 하나 깜짝하지 않았다. 그렇게 우여곡절 끝에 급식 지도는 순조롭게 잘 진행되었다.

출장으로 가끔 급식 지도를 못해도 아이들이 자율적으로 순서를 지켜가면서 급식을 먹었다. 물론 급식 지도 하는 교사가 없으니 새치기하는 일부 학생의 일탈도 있었다. 출장 갔다 오면 아무개가 급식 순서를 안 지키고 새치기했다는 제보가 들려온다. 나중에 새치기 한 학생들은 따로 불러 새치기한다는 이야기가 또 들어오면 그땐 일주일 동안 맨 마지막에 급식을 먹게 하겠노라고 엄포를 놓기도 했다. 그렇게 2년여가 지난 후에 급식 지도를 학생회에서 맡게 되었다. 회의를 통해 학생회 임원들이 팀을 짜서 급식 지도를 하게 되었다. 학생회 임원들이 급식 지도를 하니 내가 할 때보다 더 잘 되었다. 학생회 임원들 여러 명이 중간 중간에 줄을 서서 지도하니 새치기하는 아이가 한 명도 없었다. 이렇게 자율적으로 아이들 스스로 급식 지도가 되니 급식을 빨리 먹기 위해 전교생이 뛰어가는 진풍경은 이젠 추억 속으로 사라졌다. 또한 급식을 먹으러 가다가 넘어지거나 다치는 학생이 나오지 않게 되었다는 것에 지금도 감사하게 생각하고 있다.

학교에서는 폐지가 많이 나온다. 철 지난 수업용 자료, 교과 관련 서적, 참고서, 수업 시간 사용한 활동지 등이 많이 나온다. 많은 양의 종이가 쓰레기통으로 그냥 버려지고 있었다. 그래서 어느 날부터 분리수거를 시작했다. 행정실의 협조를 받아 교사와 아이들 대상으로 종이와 캔, 병, 플라스틱을 분리 배출하게 하였다. 사전에 분리 배출할 수 있도록 적절한 크기의 분리수거 통을 마련하였다. 폐휴지는 마대에, 캔과 플라스틱, 병은 사각형 플라스틱 통에 분리 배출하도록 하였다. 처음에는 잘되지 않았다. 모든 일은 처음부터 잘되지 않는다. 꾸준히 설명하면서 분리배출이 정착하게 되었다. 고등학교 근무할 때는 폐지량이 꽤 많았다. 특히 학기가 끝날 때 폐지량이 많아 고물상에 연락해서 트럭으로 직접 가져가게 하면 무게만큼 돈을 받았다. 병도 잘 수거해놨다가 아이들과 함께 학교 주변 마트에 가서 돈으로 바꿨다. 분리 배출해서 받은 돈은 별도의 통장을 만들어서 모으기 시작했다. 많은 금액은 아니지만 일정 금액이 되었을 때 어려운 학생을 위해 학년말에 장학금으로 지급했다.

중학교에서 근무할 때도 분리배출을 통해 모은 돈을 별도의 통장에 모아 연말에 장학금으로 지급하였다. 이렇게 할 수 있었던 것은 교사들과 아이들의 협조가 있었기에 가능했다. 아이들은 봉사활동을 하면서 자원을 재활용하는 것을 몸소 체험했다. 그리고 아이들은 자신들이 하는 작은 습관과 행동이 지구를 보호한다는 것을 알게 되었다. 그렇게 모인 돈이 쌓이고 쌓여서 어려운 사람을 도울 수 있다는 마음으로 열심히 참여해주었다. 훗날 아이들은 자신이 했던 일을 기억할 것이다. 그리고 몸소 체험한 대로 탄소중립을 실천하며 살아갈 것으로 기대한다.

3.
때론
침묵도 필요하다

교사는 말로 먹고사는 직업이다. 수업을 하다 보면 수업 이외의 개인적인 이야기를 할 때도 있다. 과거 학창 시절 비가 오고 천둥이 치면서 정전이 되면 교실이 갑자기 컴컴해질 때가 있었다. 이때 선생님이 무서운 이야기를 실감 나게 해서 소름이 돋았던 기억이 난다. 때로는 첫눈 올 때 자신의 첫사랑 이야기를 해주시던 선생님도 기억이 난다. 그런데 현재의 교실은 그렇게 낭만적이지 않다. 교과 수업 이외의 말을 할 때 항상 조심해야 한다. 사실에 근거해서 말하는 것도 주의해야 한다. 정치, 종교 사회 동향 등의 예민한 분야를 말할 때는 특히 조심해야 한다.

수업 시간에 픽토그램을 제작하면서 게임을 했다. 이 픽토 그램 게임은 말을 하면 안 되는 게임으로 오로지 그림과 글씨로 앞사람이 뒷사람에게 전달하는 게임이다. 맨 앞의 아이가 교사가 제시한 단어를 그림으로 그리고 다음번 아이가 그림을 보고 그림이 무엇인지 글씨로 쓴다. 이렇게 그림-글씨-그림-글 씨를 쓰게 순서로 맨 뒤의 아이가 답 판에 글씨를 써서 들게 하는 것이다. 대부분 중간에 잘못 전달되는 경우가 많다. 그림으로 특징을 표현하는 것이라 조금은 어려울 수 있다. 이유는 그림을 보고 단어로 유추할 때 각기 다르게 판단하기 때문이다. 그래서 아이들은 마지막까지 숨죽이면서 그림을 보고 틀린 답 판을 보고 웃음을 터트린다. 때론 뒷사람의 엉뚱한 그림으로 보고 정답을 유추해서 맞힐 때 탄성을 지르기도 한다.

실제로 한 사람의 말이 여러 사람을 거쳐 어떻게 전달되는지 알아보는 실험이 있다. 여러 명의 사람들을 일렬로 줄을 세운다. 맨 앞사람이 한 말이 바로 뒷사람에게 전달되고 또 뒷사람에게 전달하는 식이었다. 그리고 맨 마지막 사람에게 말을 전달하고 나서 무슨 말을 했는지 확인해보면 전혀 다른 말을 하는 경우가 발생한다. 이렇게 된 원인은 말을 전해들은 사람이 다른 사람의 말을 할 때 자신의 경험을 반영하여 전달함을 알 수 있다.

말을 다른 사람한테 전할 때, 듣는 사람에 따라 주관적으로 듣기 때문에 말이 달라지는 경우가 생긴다. 이것을 확증편향이라고 한다. 듣고 싶은 말만 듣고, 보고 싶은 것만 보려고 하니 제대로 전달이 안 된다. 내용을 잘 알지 못하면 자신의 경험과 주관적 감정을 섞어 말을 전하게 된다. 그래서 말을 전할 때 말하는 사람의 감정이 들어가 원래 의도했던 말의 본질이 흐려질 수 있다.

정치인들끼리 말다툼하는 것도 같은 맥락이다. 자신이 듣고 싶어 하는 말만 앞뒤로 딱 잘라서 해석하고 평가한다. 그래서 말을 할 때 이해가 잘되도록 말을 해야 하고 물론 듣는 사람도 잘 들어야 한다. 말을 어떤 관점으로 듣느냐에 따라 다르게 해석된다. 대부분 자신의 경험치로 듣기 때문에 말을 다르게 전달하는 것이다.

수업 중에, 또는 생활지도나 상담을 하면서 아이들에게 이러쿵저러쿵 잔소리하게 될 때가 있다. 이런 상황이 온다면 말없이 침묵해보면 어떨까? 그럼 아이들도 왜 교사가 말을 안 하고 침묵하는지 알게 된다. 만약 몰라도 교사의 침묵을 통해 왜 침묵하는지 마음속으로 원인을 생각하고 찾으려고 노력한다. 그 자체로도 침묵은 소기의 목적을 달성할 수 있다.

굳이 말하고 싶지 않을 때는 차라리 침묵하자. 침묵이 얼마나 중요한지 보여주는 사례가 있다. 버락 오바마 미국 대통령은 2011년 애리조나 대학에서 애리조나 총기사건의 희생자 추모식에서 연설을 했다. 희생자의 이름을 한 사람씩 호명하며 연설하다가 8살의 어린 나이로 숨진 크리스티나를 추모하면서 슬픈 감정을 추스르기 위해 침묵했다. "나는 우리의 민주주의가 크리스티나가 상상한 것처럼 좋은 것이었으면 한다. 우리는 모두 아이들의 기대에 부응하는 나라를 만들기 위해 최선을 다해야 한다."라고 말하고 51초간 침묵했다. 추모식에 모인 1만 4천여 명의 청중들은 오바마 대통령에게 환호성과 격려의 박수로 침묵에 호응했다. 오바마 대통령의 긴 침묵에 뉴욕타임스를 비롯한 언론은 국민과의 감성적인 소통에 아낌없는 찬사를 보냈다.

아이들과 상담을 할 때도 굳이 할 말이 없다면 침묵하는 것도 좋다. 상담하면서 아이를 위로하고 달래준다고 하면서 쓸데없이 말을 많이 하게 되면 주객이 전도될 수 있다. 교사는 묵묵히 들어주면서 때론 공감해주면서 침묵을 하는 것도 좋다. 물론 침묵으로 일관하라는 것은 절대 아니다. 이야기를 들어주면서 아이가 어떤 생각을 하는지 끌어내면서 들어주는 것이 좋다. 아이의 이야기를 듣다가 교사의 경험담이나 일방적인 훈계로 흘러가는 경우가 있다. 아이를 상담하다 교사의 경험담 이야기로 끝나버리면 곤란하다. 자신의 경험이나 들은 이야기가 아이에게 도움이 되는지 고민해 봐야 한다. 대부분 상담자에게 맞지 않을 것이다. 차라리 아이가 상담할 때는 오롯이 아이의 이야기를 잘 들어주는 것이 좋다. 그래서 때론 침묵도 필요하다는 이야기다. 아이에게 추궁하듯이 말을 시켜서도 안 된다. 아이가 말을 하지 않고 싶어 하면 그냥 내버려 둬도 좋다. 아이에게 생각할 시간을 주고 말하고 싶을 때 천천히 말하게 하면 된다. 아이는 때가 되면 말을 한다. 자기 이야기 들어달라고 상담을 요청했는데 교사의 경험담을 듣고 싶지는 않을 것이다. 아이가 말을 하지 않고 있으면 그냥 기다려 주자. 교사들은 기다림에 익숙하지 않다. 물론 상담할 때도 적절한 시간을 조절해야한다. 오늘 못하면 다음에 또 시간을 약속해서 상담하면 된다. 상담하러 왔으니 아이의 문제를 단번에 해결해주려는 조급한 마음은 좋지 않다. 아이의 고민이 한 번의 상담으로 해결될 수는 없다.

한 지인은 슬픔을 당한 상대방과의 통화에서 휴대전화로 아무 말 없이 2시간 동안 침묵으로 통화를 한 적이 있다고 했다. 상대방이 울면 우는 대로 훌쩍이면 훌쩍이는 대로 지인이 뭐라 말을 하면 하는 대로 그냥 듣기만 했다고 한다. 왜 그렇게 했냐고 물어보니 그냥 그렇게 하는 것이 상대방에게 좋을 것 같아서 그랬다고 했다. 과연 2시간 동안 말을 하지 않고 휴대전화를 들고 침묵 대화가 가능할 수 있는가 하는 의문이 들었다. 그렇게 두 사람은 2시간 동안 말 없는 공감을 했다고 한다. 그럼 된 것이다. 위로한다고 불필요한 말을 해봐야 상대방의 귀에 들리지도 않을뿐더러 공감을 받기도 어렵다. 오히려 말을 줄이고 상대방의 마음에 집중해서 들어주는 것이 좋다.

수업 시간에 잠시 혼란스러울 때도 "시끄러워! 조용히 해! 떠들지 마!"라고 소리치지 말고 미소 지으면서 조용히 침묵해보는 것도 좋다. 교사의 큰 목소리보다 미소 띤 침묵이 아이들에게 더 큰 울림을 줄 수 있다.

4.
사소한 일에
목숨 걸지 마라

꽤 오래전에 서해안 바닷가에 동료 교사들과 소라를 잡으러 갔다. 물때를 보고 바닷물이 빠지면 들어가서 갯벌 속에 묻혀있는 소라를 잡는다고 해서 흥미를 가지고 참여했다. 소라를 직접 잡는 것은 난생처음 해보는 것이라 무척이나 설렜다. 차 트렁크에다가 소라 잡을 양동이와 작업용 장갑을 신고 일행들과 함께 서해안 바닷가로 갔다. 방조제 공사를 마무리할 때라 바닷가 갯벌은 어수선했다. 물 때가 사람을 기다려 주지 않기 때문에 사람이 물 때에 맞춰서 갯벌에 들어가야 한다.

그날은 밤에 물이 빠지는 시간이라 일행과 함께 랜턴을 켜서 갯벌에 들어갔다. 소라를 갯벌에서 잡는 것은 처음이다 보니 랜턴으로 갯벌을 아무리 비춰 봐도 도무지 뭐가 소라이고 갯벌인지 알 수가 없었다. 시간이 지나면서 같이 온 일행들과 동네 사람들은 가져온 통에 잡은 소라로 채우기 시작했다. 한쪽에서는 전문가로 보이는 사람이 갯벌에서 사용하는 긴 나무 썰매에 가져온 마대가 가득 찰 정도로 소라를 많이 잡고 있었다. 나는 아무리 봐도 온통 갯벌뿐이고 소라는 보이지 않았다.

'왜 내 눈에는 소라가 안 보이지?' 생각하며 랜턴을 비추면서 이리저리 돌아다녔다. 그런데 내가 지나온 갯벌에서 다른 사람들이 소라를 잡는 것이 아닌가? 그래서 자세히 보니 이제야 소라의 형태가 보이기 시작했다. 내가 본 갯벌에 소라가 없었던 것이 아니고 내가 소라를 못 알아본 것이었다. 갯벌 속에 묻혀 있는 소라의 특징을 기억하면서 랜턴을 비춰 보니 신기하게도 보이기 시작했다. 나는 너무 신났다. 가져간 양동이에 3분의 2 정도가 찼을 무렵 멀리서 나가야 한다는 소리가 들려왔다. 물이 들어올 때가 되어서 나가야 한다는 것이다. 나는 양동이를 꽉 채우고 싶은 마음이 들었다. 이제 막 소라를 잡는 재미를 붙여서 신났는데 나가야 한다니 너무 아쉬웠다. '한 개만 더, 한

개만 더.'하면서 열심히 소라를 찾으니 여기저기서 소라가 나를 부르고 있었다. 멀리서 그만 잡고 빨리 나오라는 소리가 들렸다. 그래서 주변을 돌아보니 깜깜한 갯벌 속에 나 혼자 있는 것이 아닌가? 일행들이 흔드는 랜턴 불빛을 따라서 정신없이 뛰었다. 어느새 물이 들어오기 시작했고 나의 발은 어느덧 바닷물에 잠기기 시작했다. 랜턴 불빛 쪽으로 가려는데 제법 깊은 물이 내 앞을 가로막고 있었다. 암만 봐도 나지막한 물웅덩이가 아닌 것을 직감했다. 좀 전까지만 해도 평평하다고 느꼈던 갯벌로 어느새 물이 차오르기 시작했다.

물웅덩이를 피해 돌아가는데 등 뒤에서 쏴 하는 물소리가 더 크게 들리기 시작했다. 밀물이 빠르게 들어오고 있었던 것이다. 나는 뭔가 섬뜩한 생각이 들어 양동이를 들고 달리기 시작했다. 물이 발목에서 무릎까지 차올랐을 무렵 나는 겨우 일행 쪽에 도착했다. 도착 후 내 들통을 확인해보니 너무 빨리 달렸는지 어렵게 잡은 소라를 많이 떨어뜨렸다. 그래서 아쉽다고 했더니 동네 분이 "지금 소라를 떨어뜨린 것이 중요하냐"고 하면서 "잘못하면 물에 빠질 뻔했다고" 했다. 지난달에도 한사람이 빠져 죽었다고 했다. 일 년에 한두 명씩 물때에 맞춰서 못 나와 밀물에 빠져 죽었다고 한다. 가끔 그때를 생각하면 오싹한 생각에 소름이 돋는다. 소라 몇 마리 더 잡겠다고 주변의 경고를 무시하다가 목숨을 잃을 뻔했다.

세상을 살다 보면 중요하지 않은 일에 목숨 거는 사는 사람들이 있다. 잠시 잠깐의 재미와 즐거움에 빠져 헤어 나오지 못하는 경우이다. 그래서 술, 마약, 게임, 도박 등에 중독이 되는 것이다. 순간의 재미와 중독에 빠져 인생을 망칠 필요는 있을까? 현재 하고 있는 일도 중요한 것과 사소한 것들로 나뉜다. 내 본업이 있고 부수적인 일이 있는데 본업은 내팽개치고 부수적인 일에 중점을 두는 경우가 있다. 순간의 재미와 중독에 빠지면 패가망신의 지름길이 된다.

지인들과 강원도 쪽에 놀러 갔다가 강원랜드에 간 적이 있다. 강원랜드가 목적이 아니고 근처에 경치를 보러 갔다가 카지노 한번 가보자는 말에 호기심으로 따라갔다. 한차로 갔으니 선택의 여지가 없이 같이 갈 수밖에 없었다. 처음에 게임을 할 마음도 없었고 하고 싶지 않고 구경만 한다는 마음으로 갔다. 같이 간 일행 중 나만 빼고 모두 조금씩 환전을 해서 게임을 시작했다. 나는 일행들 옆에서 구경하고 있었다. 일행을 보니 돈을 따기도 하고 잃기도 하는 모습에 호기심이 생겼다. 내가 하면 돈을 딸 것 같아서 얼른 소액을 코인으로 환전해서 가장 적은 금액으로 할 수 있는 게임을 했다. 그런데 놀라운 일이 벌어졌다. 환전한 코인은 어느덧 2배가 넘어가고 있었다. 최대로 코인이 원금의 3배 가까이 되었을 때 가기로 한 약속 시간이 다 되어가고 있었다. 신나고 재미있고 짜릿한데 가야만 하다니 아쉬웠다. 그래서 배팅하는 코인을 조금씩 늘려나갔다. 따기도 하고 잃기도 하면서 빨리 승부를 보려는 욕심에 가지고 있던 코인의 절반을 배팅하였는데 이겼다. 역시 나는 소질이 있고 운도 있다고 생각했다. 그런데 이젠 정말로 가야 할 시간이 되었다. 그래서 이제 그만 끝내고 남은 돈을 환전하려고 마음먹고 마지막 게임만 하고 가야지 했는데 일행들이 왔다. 그때 난 일행들에게 뭔가를 보여주겠다며 한 방에 코인을 모두 걸었고 결국 가지고 있던 모든 코인을 다 잃었다. 나오면서 3배 가까이 땄을 때 그만하고 환전할 걸 하는 후회가 들었다. 생각해보면 나의 과한 욕심이 돈을 잃게 했다. 아니 더 벌 수 있다고 착각했다. 잠시의 쾌락적 재미가 정상적인 판단을 하지 못하게 했던 것이다. 내 삶의 주체는 나인데 외부의 쾌락적인 요소가 잠시 이성적 판단을 하지 못하게 만들었다.

사자가 나무 위에 올라가서 나뭇가지 끝에 매달린 원숭이를 잡으려는 다큐멘터리 영상을 본 적이 있다. 이 영상에서 사자는 원숭이를 잡을 욕심에 나무에 올라서 원숭이가 있는 작은 가지로 점점 나아간다. 결국 사자의 무게를 못 이긴 나뭇가지가 부러져 사자는 바닥에 떨어진다. 사자는 원숭이도 못 잡고 자신은 바닥에 내동댕이쳐 다칠 뻔했다. 사자가 본래 나무를 잘 타는 동물이 아니다. 그런데 원숭이를 잡겠다고 나무에 올라갔다가 원숭이도 잡지 못하고 자신은 바닥으로 떨어진 것이다. 떨어진 후 멀쩡하면 다행이지만 만일 다치기라도 했다면 동물의 왕 사자라도 다양한 포식자가 있는 곳에서는 죽은 목숨이나 마찬가지였을 것이다.

사람도 크게 다르지 않다. 갯벌 바닥에 묻혀있는 소라를 잡겠다고 욕심을 부리다가 소리 없이 들어오는 밀물에 빠져 죽을 수 있다. 잠시 잠깐의 쾌락이 빠져나올 수 없는 카지노 중독의 구렁텅이로 몰아넣기도 한다. 또한 욕심을 부리다가 나뭇가지가 자신의 무게를 이기지 못하고 부러져 떨어진 사자와 같은 사람도 이와 다르지 않다.

지금 내가 하고 일이 세상의 전부인 것처럼 착각할 때가 있다. 이 세상에 나의 목숨보다 소중한 것은 없다. 특히 내가 다치지 않고 안전한 것이 최우선이다. 어떤 일이든 즐길 수 있고 몰입할 수 있다. 그러나 멈출 줄 알아야 한다. 현명하게 그만둘 줄도 알아야 한다. 그래서 사소한 일에 목숨을 걸면 안 된다. 이 세상에 어떠한 것도 내 목숨보다 소중한 것은 없기 때문이다. 교직에서도 마찬가지다. 교직원과 아이들과의 관계에서도 사소한 일에 목숨 걸지 말자. 학교에서의 업무는 죽고 사는 문제가 아니다. 특히 아이들과의 문제도 때로는 그러려니 하고 넘어갈 때도 있어야 한다. 사사건건 트집 잡지 말고 넓은 시야로 바라볼 필요도 있다. 그래야 서로 숨통이 트인다.

5.
선생님 나이는
아침햇살

하브루타 수업을 시작하고 나서 달라진 것이 있다. 전에는 교과와 교사를 자세하게 소개했다. 첫 시간 교과 오리엔테이션 시간에 내 이름만 소개하고 아이들에게 궁금한 것을 질문하고 대답하게 했다. "아이들은 어디에 사느냐?", "결혼했냐?", "아이는 몇 명이냐?", "몇 살이냐?" 쉴 틈도 없이 질문을 했고, 또 자기들끼리 쉴 틈 없이 대답을 주고받았다.

교사: 여러분, 질문 참 잘하네요. '엄지척'입니다. (오른손 엄지를 들어 보여준다.)

학생 1: 선생님 몇 살이에요?

교사: 몇 살인지 맞혀 보세요.

학생 2: 아침 햇살!

순간 아이들은 웃음을 빵 터트렸다. 책상을 손으로 두드리고 난리가 났다.

교사: 여러분, 왜 그렇게 웃어요?

학생들: 그거 음료수 이름이에요.

이렇게 말하면서 또 배꼽 빠지게 웃었다. 하긴 나도 나이를 물어보는데 아침햇살이라고 들어보긴 처음이었다. 아침햇살이라고 말한 아이에게 선생님 나이를 아침햇살로 말해줘서 고맙다고 했다. 그렇게 나는 또 하나의 평생 잊지 못할 추억 한 가지를 갖게 되었다.

학생 3: 선생님, 진짜 몇 살이세요?

교사: 여러분이 짝과 함께 상의해서 맞춰보세요.

학생 3: 50살이요.

교사: 50살이요? 혹시 아빠 나이 알아요?

학생 3: 음··· (골똘히 생각) 40살 넘었는데······.

교사: 그럼, 엄마 나이는 알아요?

학생 3: 음… 엄마도 40살 넘었는데요.

교사: 괜찮아요. 모를 수도 있어요. 그런데 이런 모습을 엄마, 아빠가 아시면 어떤 심정일 것 같아요?

학생 3: 별로일 것 같아요. (말끝을 흐림)

교사: 부모님 나이를 모르는 사람은 오늘 집에 가서 꼭 물어보세요.

아이들: 네

교사: 선생님 나이는 여러분 아빠, 엄마보다 많아요.

학생 4: 선생님 무슨 띠세요?

교사: 호랑이띠입니다.

학생 4: 그럼 범띠세요?

교사: 네 맞습니다.

학생 5: 60살이요.

교사: 왜 그렇게 생각하나요?

학생 5: 언니가 20살인데 호랑이띠입니다. 그러니까 20살씩 계산하니까 60살이라고 생각합니다.

일동: 웃음

학생 4: 56세입니다.

교사: 어떻게 그렇게 생각했지요?

학생 4: 할머니께서 68세 범띠이신데 12를 빼니까 56세가 나왔습니다.

교사: 와! 대단합니다. 선생님이 나이를 말하지 않았는데도 여러분이 여러 가지 상황을 유추해서 서로 묻고 대답하면서 선생님의 나이를 정확히 맞췄습니다.

　아이들은 학생 4에게 왜 12를 뺐냐고 물었다.

학생 4: 사람이 태어날 때 그해의 동물이 12개가 있는데 쥐띠, 소띠, 범띠, 토끼띠, 용띠, 뱀띠, 말띠, 양띠, 원숭이띠, 닭띠, 개띠, 돼지띠가 있어.

　아이들은 놀라움에 탄성을 지르면 학생 4에게 대단하다고 칭찬했다.

교사: 띠를 어떻게 그렇게 잘 알고 있었어요?

학생 4: 할아버지에게서 배웠어요.

　교사의 나이를 가지고 아이들끼리 묻고 대답하면서 태어난 해의 띠를 스스로 알게 되었다.

　아이들은 교사가 가르쳐 주지 않아도 서로 질문하고 대답하면서 함께 성장한다. 그날 점심시간에 급식 지도를 하면서 아침 햇살이라고 말했던 학생 2를 만났다. 나는 학생 2에게 양손을 얼굴 밑으로 받쳐 들고 '점심 햇살'이라고 말했다. 급식 먹기 위해 줄 서 있던 같은 반 아이들이 한바탕 웃고 난리가 났다. 그 뒤로 아이들은 나를 아침에 보면 '아침햇살', 점심에 보면 '점심 햇살'이라고 인사를 했다. 새로운 사람을 만나거나 강의할 때 내 나이를 물어보는 경우가 있다. 그러면 나는 '아침햇살'이라고 말한다. 그럼 그게 무슨 소리냐고 한다. 그럼 아이들과의 일화를 이야기해준다. 내 나이를 아침햇살이라고 말해준 아이들을 위해 아침 햇살처럼 밝고 아름답게 인생을 살아가야겠다고 생각한다.

6.

최고의 복수는
용서다

두 사람이 서로 싸울 때 먼저 포기하는 사람이 더
고상한 사람이다.

— 탈무드

옛날 드라마나 영화를 보면 부모님이나 스승의 원수를 갚기
위해 산속에 들어가 무술을 연마하여 원수를 갚는 내용이 나
온다. 그걸 보는 사람들은 통쾌한 마음으로 대리만족을 얻게
된다. 그런데 과연 그걸로 끝일까? 아니다. 복수는 복수를 낳
고, 복수는 또 복수를 낳는다. 악순환이 계속된다. 복수는 상

대방에게 받았던 상처나 고통, 원한을 되돌려 갚는다는 의미이다. 상처를 주었으니 그 상처를 받은 사람은 또다시 상처를 주기 위해 이를 갈고 다시 복수할 기회를 찾을 것이다. 여기서 살펴볼 단어가 용서다. 용서는 지은 죄나 잘못에 대해 꾸짖거나 벌을 주지 않는 것이다. 복수와 용서는 서로 상충하는 단어이다. 복수냐 용서냐 선택은 참으로 어렵다.

레슬리 가너의 '서른이 되기 전에 알아야 할 것들' 중에서 다음과 같은 내용이 있다.

"잘 살아라. 그것이 최고의 복수다. 최고의 복수로 용서를 택하라는 것은 무조건 잊으라는 뜻이 아니다. 죄 자체를 없던 일로 하는 것은 아니다. 다만 복수는 증오심을 키우지만, 용서는 그 증오심으로부터 우리를 자유롭게 해준다. 용서는 자신을 위해서 하는 것이다. 과거에서 벗어나 새로운 삶을 살기 위함이다. 그러니 그대도 잘살아라. 그것이 최고의 복수다."

머리로는 이해가 되지만 가슴으로는 실천이 어렵다. 그래서 인간인 것이다. 그런데도 용서해보자. 마음이 새털처럼 가벼워질 것이다. 사람이 살다 보면 다툼이 생길 수 있다. 그런데 만일 다툼이 일어난다면 그 다툼에서 벗어나 나야 한다. 휙 지나가는 바람처럼 아무 일도 없었던 것처럼 지나갈 수 있다. 싸우는 사람은 목소리를 높이고 삿대질하면서 싸운다. 이때 몸은 상대방과 가까이 가려고 한다. 가까이 가면서 목소리는 더욱 커지고 손짓 몸짓을 크게 한다. 다툼은 서로에게 상처를 주고 서로의 신뢰 관계에 금이 간다. 그래서 싸울 일을 만들지 말아야 한다. 피치 못하게 다툼이 생기더라도 미안하다고 사과하거나 먼저 용서하는 것이 지혜로운 사람이다. 그런데도 다툼이 계속된다면 그 자리를 피하는 것이 상책이다. 자리를 떠나면 남아 있는 사람들이 나를 뒷담화하거나 내가 뭔가 잘못한 것처럼 보일까 봐 계속 남아 있을 수가 있다. 싸우는 사람 입장에서는 주변 사람들이 누가 더 잘못했다고 잘잘못을 따질 것 같다고 생각하지만, 솔직히 말하면 둘 다 똑같다고 생각한다. 그러니 싸움에서 누가 이기고 지는 것이 없다. 동료 교사와 말다툼이 있었다면 빨리 해결하는 것이 좋다. 누가 옳고 그름에 대해 동정을 받으려고 이야기하면 할수록 오히려 오해가 생긴다.

제일 좋은 방법은 다투지 않는 것이다. 다투면 그 사람을 미워하는 만큼의 스트레스가 내 안에 자리 잡게 된다. 내가 미워하고 나와 다툼이 있는 사람으로 인해 내가 스트레스 받고 마음이 상한다면 오히려 내가 손해가 된다. 상대방은 아무렇지 않게 생활하고 있다면 나도 그를 미워하는 마음을 빨리 내려놔야 한다. 수업도 해야 하고 업무도 해야 하는데 동료 교사의 미움까지 떠안고 살 정도로 에너지가 넘치지 않는다. 빨리 잊고 사과하고 용서해서 내 마음을 가볍게 만드는 것이 최우선이다.

세상을 살면서 많은 만남을 경험하게 된다. 그중에서 따뜻함이 느껴지는 사람이 있다. 같은 말을 하더라도 좋은 말, 긍정적인 말, 빛이 되는 말로 상대를 배려하고 존중해주는 말을 하는 사람이 있다. 그런 사람과의 만남은 늘 기분이 좋다. 그래서 그렇게 좋은 사람들과 만나고 어울려서 살아가도록 해야 한다.

인생은 생각하기에 따라 길 수도 있고 짧을 수도 있다. 원수는 외나무다리에서 만난다는 말이 있다. 나쁜 인연이든 좋은 인연이든 사람은 언제나 다시 만난다. 원수를 외나무다리에서 만났으니 복수를 해야 할까? 복수하면 과연 내 마음이 편할까? 내 마음 역시 무거운 짐이 된다. 주변에서 보면 어떤 사람에게 상처받은 경우, 잊을 만하면 또 이야기하고 잊을 만하면 또 이야기하는 사람이 있다. 하도 이야기해서 거의 외울 정도이다. 그래도 자꾸 이야기하면서 분노의 말을 쏟아낸다. 그럴 때는 긍정도 부정도 하지 않고 그냥 들어준다. 어느 정도 들어주었다 싶으면 화제를 다른 데로 돌린다. 이제 그만 잊으라고 말을 하게 되면 그 분노의 화살은 나에게 오게 된다. 내 마음을 알아주지 않는다는 둥 나를 이해 못하냐고 하면서 너는 누구 편이냐고 따지듯 말하는 경우도 있다. 그럴 때는 침묵하는 편이 좋다. 아니면 자리를 잠시 떠났다가 다시 돌아오는 것도 하나의 방법이 된다. 그럼 상대방의 분노는 가라앉게 된다.

특히 마음의 상처는 칼 맞은 상처보다 훨씬 오래간다. 그리고 잘 치유가 되지 않는다. 문득문득 떠올라 몸서리를 치기도 한다. 상처를 준 사람은 자신이 상대방에게 상처를 주었는지도 모른다. 아니 아예 신경도 안 쓴다. 그래서 그런 사람들과는 인연을 맺지 말아야 한다. 동료 교사 중에 그런 사람이 있다면 사무적으로 대하는 방법이 최선의 방법이다. 같은 울타리 안에 있기 때문에 안 보고 살 수는 없다.

아이들과 학부모와의 문제로 자주 부딪혀 문제를 일으키는 교사가 있었다. 부딪힐수록 문제를 더 키웠다. 100번 양보해서 생각해도 문제적 교사였다. 그때 오지랖 넓은 동료 교사가 학부모와 학생 문제로 힘들어하는 문제적 교사에게 팩트 체크를 해주었다. 그리고 앞으로 학부모와 아이들과 부딪히는 일이 없을 거라고 큰소리를 쳤다. 결과는 어떻게 되었을까? 그나마 괜찮았던 관계만 더 나빠졌다. 문제적 교사는 "나는 잘하고 있는데 무슨 소리냐?"라며, "당신은 지금 누구 편을 드는 거냐?"라면서 오지랖 교사는 본의 아니게 문제적 교사의 적이 되었다. 그래서 함부로 남의 일에 개입해서는 안 된다.

상대방에게 상처 주는 말을 하는 대신 희망과 용기를 주는 말을 해야 한다. 물론 쉽지 않다. 그렇더라도 절대로 상처 주는 말을 하면 안 된다. 특히 가까운 사람에게 마음의 상처를 주면 안 된다. 말 한마디나 사소한 행동 때문에 그동안에 쌓아두었던 우정과 신뢰는 한순간에 금이 간다. 오랫동안 좋은 관계로 지내 온 사람들과는 앞으로도 더욱 좋은 관계를 유지해야 하는 이유이기도 하다. 늘 따뜻한 말과 격려와 위로를 해주면서 살아가야 한다.

인간 시장의 저자로 유명한 김홍신 작가는 어느 날 뺑소니 사고로 아버지가 돌아가셨다고 한다. 범인이 잡혔다고 연락이 와서 경찰서에 가면서 마음속에서는 잔인한 복수를 다짐했다. 경찰서 가서 만난 뺑소니 운전자는 오들오들 떨고 있었다. 그 순간 김홍신 작가는 뺑소니 운전자를 끌어안았다. 그 모습을 본 김홍신 작가의 친척이 이렇게 소리쳤다.

"아무리 네가 유명한 작가라고 하지만 아버지를 죽인 범인을 용서할 수 있냐?"고 했다. 어떻게 김홍신 작가는 아버지를 친 뺑소니 범인을 용서할 수 있었을까? 정말 쉽지 않은 결정을 내린 것이다. 김홍신 작가는 "자신의 고통과 아픔은 성장을 위한 약으로 생각했고, 긍정적으로 생각하라는 마음이 있었기 때문이다."라고 말했다.

훗날 어떻게 그런 용서를 했는지 한 선배가 물었다고 한다. 김홍신 씨는 "아버지도 용서했을 것이다."라고 말했다. 그래서 뺑소니 운전자를 용서했다고 한다. 복수는 증오심을 키우지만, 용서는 그 증오심으로부터 우리를 자유롭게 해준다.

용서는 자신을 위해서 하는 것이고, 내가 평안을 얻기 위해 하는 것이다. 용서하면 결국 내가 평안을 얻는 것이다. 최고의 복수는 용서이다. 마음 한쪽에 끓어오르는 마음의 분노가 있는지 살펴보자. 혹시 마음 한쪽에 누군가에게 복수하고 싶은 마음이 있다면 마음을 내려놔야 한다.

기독교에서는 예수가 십자가 위에 못 박혀 죽어가는 고통

속에서도 "주여! 저들을 용서하소서."라고 말했다. 불교에서는 '억울함을 당하더라도 밝히려고 하지 말라.'는 말이 있다. 상처 받고 손해를 당했는데 저들을 용서하라는 말이 과연 맞는 말일 까? 또 밝히지 말라는 말이 합당한 말인가? 사람인지라 당연 히 그런 마음이 들 수 있다. 나를 힘들게 하는 사람도 알고 보면 누군가의 자식이고 부모이다.

　용서가 안 되었던 사람이 있었다. 오래전에 근무했던 학교의 관리자로서 나를 많이 힘들게 했다. 사사건건 시비를 걸고 지적 질을 했다. 그 관리자가 다른 교사들에게 나에 대해 뒷말한다 는 이야기가 내 귀에까지 들려왔다. 그는 사람들이 있건 없건 자신의 의사에 반하면 무조건 인신공격을 하였다. 나는 그런 그 에게 상처를 받았고 잠을 설칠 때가 있었다. 때론 꿈에 나타나 서 깜짝 놀라서 잠을 깨기도 했다. 소화가 안 돼 역류성 식도염 증상이 나타나 병원 치료를 받기도 했다. 그 후 그는 정년 퇴 직을 하게 되었다. 그는 퇴임을 위한 회식 자리에서 소주 한 잔 을 나에게 따라주었다. 그는 "나 때문에 많이 힘들어한 거 안 다."라고 말했다. "길거리에서 만나면 자기에게 발길질하면 기꺼 이 맞아 주겠다."라고 말했다. 참으로 어이없고 황당한 말을 했 다. 그가 퇴직한 후 가끔씩 생각날 때마다 친한 지인에게 그 관리자에게 당했던 일들을 분노하듯 이야기한 적이 있다. 다들 어이없고 황당한 일이라고 맞장구쳐 주었지만, 마음 한구석에는 풀리지 않는 마음이 매듭처럼 꼬여있었다. 그러던 중 그와의 불편했던 마음의 고리를 끊어내는 일이 생겼다. 책을 읽다가 '최고의 복수는 용서다.'라는 글귀가 눈에 들어왔다. 나는 뒤통수를 한 대 맞은 느낌이 들었다. 퇴직한 그가 떠올랐다. 그때가 추석을 앞둔 때였다. 나는 그동안 건강하게 잘 지내셨냐는 안부와 함께 가족들과 함께 추석 명절 잘 보내시라는 내용으로 장문의 문자를 보냈다. 며칠 동안 답장이 없기에 그러려니 하고 있었는데 문자가 왔다. 그는 남들에게 보내는 단체 문자를 복사해서 나에게 보내왔다. 순간 헛웃음이 나왔다. '그래. 그런 사람이었구나! 기대한 내가 잘못이다.'라고 나 스스로 위로했다. 그걸로 그를 마음속에서 용서하면서 내려놓았다. 그랬더니 그동안 풀리지 않아 불편했던 마음이 순간 물거품처럼 사라졌다.

그 후로 나의 마음이 너무나 편안해진 것을 느꼈다. 마음의 분노가 전혀 일어나지 않게 되었다. 그저 그런 성격의 소유자로 그 사람도 마음의 상처가 있는 사람이라고 생각하니 오히려 측은한 마음이 들었다. 그렇게 그를 이해하는 마음이 생기니까 마음이 편해졌다. 만일 내가 그의 말처럼 길거리에서 만났을 때 "당신이 길거리에 만났을 때 발길질하면 맞는다고 했지?" 하면서 내가 발길질했다면 어떻게 되었을까? 생각만 해도 아찔하다. 그래서 복수는 복수를 계속 낳을 수밖에 없는 구조가 되고 둘 다 진흙탕 속으로 빠져들 수밖에 없었을 것이다.

내 주위에 마음을 불편하게 했거나 오해가 오해를 낳아 불편하게 한 사람이 있다면 안부 문자나 전화를 해보면 어떨까 제안해 본다. 물론 쉽지는 않을 것이다. 한 번 용서해보니 마음이 편해졌다. 지금도 나를 불편하게 하는 사람을 만나면 원래 저런 사람이려니 하고 그냥 넘어간다. 불편하게 하는 사람을 굳이 만나가면서 에너지를 낭비하고 싶지 않다.

두 사람이 시비가 붙어서 싸울 때 먼저 싸움을 포기하는 사람이 더 고상한 사람처럼 내가 먼저 져주는 것도 현명한 방법이다. 인생 길게 보면 아무것도 아닌 것이 된다. 조금 지나면 기억도 안 날 것이다. 만약 그 다툼이 생각난다면 그 스트레스를 아직도 갖고 있다는 것이다. 이 대목에서 생각해볼 것이 있다. 태어나서 지금까지 나를 불편하게 한 것을 모두 기억하고 있는가? 스쳐 지나가다 부딪힌 경우, 남이 나에게 어떤 불편함을 끼친 것, 이 모든 것을 기억한다면 스트레스가 폭발하여 스스로 미쳐 죽을지도 모른다. 서로 억울하다며 죽기 살기로 목소리 높여가며 다투다가 결국 인간관계의 단절을 초래하기도 한다. 그뿐만이 아니다. 서로 폭력까지 행사하면서 고소 고발로 이어지기도 한다. 나쁜 인연이든 좋은 인연이든 언젠가 다시 만나게 된다. 내 마음의 불편하고 무거운 짐은 두고두고 근심거리가 된다.

동료 교사들과 마음이 불편함이 있다면 먼저 마음으로 용서를 해주는 것이 좋다. 왜냐하면 용서는 내가 편해지자고 하는 것이다. 천성天性은 난개難改 라는 말이 있다. 타고난 천성은 고치기 힘들다. 내가 그 사람을 고치려고 생각하면 나만 스트레스를 받는다. 정작 그 사람은 나에게 스트레스를 준다고 생각조차 안 하고 있는데 말이다. 그래서 훌훌 털어버리는 것이 좋다. 그렇게 하면 마음이 새털보다 가벼워진다. 그래서 '최고의 복수는 용서다.'라고 하는 것이리라…….

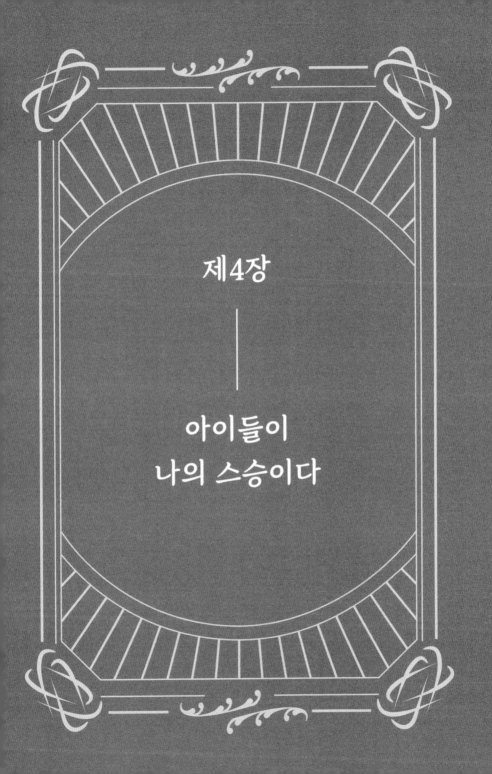

제4장

—

아이들이
나의 스승이다

1.
아이들과
친밀해지는 방법

귀 기울여서 듣는 태도는 좋은 관계를 이어나갈 수 있다.

– 에크낫 이스워런

　어떤 교사가 이번에 가르치는 아이들이 마음에 들지 않는다
고 불평한다. 교직 생활 20년 만에 저런 아이들은 처음 본다고
했다. 과거 아이들은 그러지 않았는데 이렇게 공부 안 하고 예
의 없는 아이들은 처음 본다며 과거 아이들과 자꾸 비교한다.
과거의 좋았던 기억을 하나의 기준점으로 삼아 비교를 하는 것
이다. 비교를 하면 그 순간 비참해지거나 교만해진다. 아이들

을 탓하는 교사는 교만을 택한 것이다. 나는 훌륭한 교사인데 수준 낮은 너희들을 만나서 내가 힘들다라고 판단하는 것이다. 그런데 이상한 점은 아이들이 좋을 때는 좋다고 이야기하지 않는다. 당연히 잘하는 것은 기본이라고 생각한다. 교사의 마음에 드는 아이들일 때는 당연한 것이고, 맘에 안 들 때는 비교를 한다.

아이들을 비교하면 교사 자신만 더 괴로워진다. 아이들을 가르치다 보면 어떤 때는 좋을 때가 있고, 어떤 때는 안 좋을 때가 있다. 그것은 전체적인 학년 분위기와 수업 분위기에 따라 달라진다. 그런 수업 분위기는 어떻다고 딱 잘라 말할 수 없을 때가 있다. 그럼에도 불구하고 평정심을 잃지 말아야 한다. 그리고 그런 분위기를 빨리 알아차리고 그전 아이들과 다름을 인정해야 한다. 과거에 수업 분위기가 좋았던 때를 하나의 기준점을 삼는다면 올바른 판단을 할 수 없다. 그것은 스스로를 옭아매는 것이다. 내가 가르치는 아이들이 나를 위해 항상 좋은 수업 분위기를 만들어야 한다는 것 자체가 어불성설이다.

그렇다면 수업 분위기를 좋게 하려면 어떻게 해야 할까? 아이들에게 먼저 다정다감한 교사가 되어야 한다. 말을 할 때 진정성 있고 아이들과 친밀한 교사가 되어야 한다. 한마디로 라포 rapport 형성이 우선이다. 아이들의 감정에는 부드럽게, 행동에는 단호하게 대해야 한다. 그렇게 하면 아이들의 공격적이고 거친 분위기가 차츰 줄어든다. 말을 다정하게 건네는 순간 아이들의 마음도 누그러진다. 당장은 안 변해도 아이들은 안다. 교사의 진정성 있는 마음이 전달되기 때문이다.

교사는 수업 시간에 아이들이 마음에 들지 않더라도 화를 내지 말아야 한다. 물론 옳지 않은 말이나 행동에는 단호하게 대처해야 하는 것은 맞다. 그러나 아이들 수업 시간에 소통이 힘들다고 또는 잘 알아듣지 못한다고 해서 공포 분위기를 조성하지 말자. 지나친 통제와 억압적인 분위기를 만든다면 오히려 역효과를 불러온다.

수업 분위기를 위해서 제일 중요한 요인은 무엇일까? 어떻게 하면 수업 분위기를 좋게 할 수 있을까? 모든 교사가 다 바라는 희망 사항이다. 좋은 수업 분위기를 위해 가장 중요한 것은 교사가 먼저 친밀한 관계를 만들어 보는 것이다. 아이들과 친밀한 관계를 맺기 위해 어떻게 해야 하는지 참고가 될 만한 흥미로운 조사 결과를 소개한다.

1930년대 후반에 하버드대학에서 학생 300여 명을 대상으로 80년을 추적 조사한 연구가 있다. 성공적인 삶을 위해 가장 중요한 요인이 무엇인가를 조사했다. 조사를 해보니 사회적으로 성공한 사람도 있고 실패한 사람도 있었다. 이런 결과에 대해 가장 중요한 요인을 찾아냈다. 그것은 바로 다른 사람과 친밀한 관계를 맺는 능력이었다. 관계를 맺는 능력은 나이가 많든 적든 어느 시대를 살고 있든 한 시대를 살아가는 중요한 요인이었다는 것이 밝혀졌다.

이 연구는 하버드 대학의 남학생들만 했다는 비판을 받았다. 그 후 여성을 포함해서 추적 연구조사를 계속해나갔다. 연구에는 하버드대학생뿐만 아니라 어려운 지역에 사는 사람들도 포함해서 다시 몇십 년을 조사했다. 그런데 똑같은 결과가 나왔다. 남성이든 여성이든 공부를 잘했든 공부를 안 했든 재산이 많든 적든 중요하지 않았다. 성공적인 삶을 사는 요인은 다른 사람과 친밀한 관계를 맺는 능력이라고 밝혀졌다.

학력, 경제력, 배경이 없더라도 내가 친밀한 관계를 맺는 능력만 있다면 성공한 삶을 살 수 있다. 과거 산업사회에서는 부자들은 별장을 갖는 것만으로도 부의 상징이었던 적이 있다. 열심히 돈을 모아 별장을 사고 주말이나 휴가 때 별장에서 쉬다 오는 것이 하나의 로망이었던 시대가 있었다. 그러나 지금은 세컨하우스나 콘도 회원권을 가지고 있는 친구를 많이 사귀는 사람이 성공한 사람이라는 이야기도 있다. 세컨하우스나 콘도를 소유한 사람은 1년에 몇 번 사용하지도 않는데도 소유에 따른 불필요한 지출을 하게 된다. 그러니 필요할 때 가끔 친구에게 빌려서 편하게 쉬다 오는 것이 성공한 삶일 수도 있다는 이야기가 된다.

친밀한 인간관계를 맺는 교사는 무엇을 잘할까? 아이들과 의사소통을 잘하는 교사이다. 아이들과 의사소통을 잘하기 때문에 친밀한 관계를 맺을 수 있는 것이다. 교사가 아이들과 잘 통할 때 "우리 반 아이들하고 머리가 잘 통해서 너무 좋아."라고 말하지 않는다. 대신에 "우리 반 아이들하고 마음이 잘 통해서 너무 좋아."라고 말한다. 친밀한 관계를 맺는 교사는 아이들과의 마음을 잘 맞게 조절하는 능력이 탁월하다. 한마디로 아이들과 의사소통을 잘하는 교사이다. 그럼 아이들과 의사소통을 잘하는 방법은 무엇일까?

의사소통 대화 방법에는 크게 2가지 방법이 있다. 첫 번째

머리로 하는 대화와 두 번째 마음으로 대화하는 방법이다.

첫째, 머리로 하는 대화는 지식과 정보를 나누기 위한 대화이다. 교사는 아이들에게 지식과 정보를 알려줘야 하는 직업이다. 그래서 교사는 가르치고 전달하는 강의식 대화에 익숙해져 있다. 즉 가르치는 데 최적화 되어 있다 보니 듣는 것에 익숙하지 않게 된다.

둘째, 마음으로 하는 대화는 일반적으로 마음과 감정을 나누기 위한 대화이다. 친밀한 관계는 마음이 통하는 대화라서 좋은 관계를 맺을 수밖에 없다. 그래서 교사는 아이들과 마음과 마음이 통하는 대화를 할 줄 알아야 한다. 내 마음을 효율적으로 전하는 능력을 갖춰야 한다.

관계를 잘 맺는 교사는 대화할 때 아이 중심으로 대화한다. 나를 중심으로 대화하는 것이 아니고 상대방을 중심으로 대화를 나눈다. 친밀한 관계를 잘 맺는 교사를 유심히 관찰해보라. 그 교사는 아이를 중심으로 아이의 마을을 알아주는 대화를 하고 있다는 것을 알 수 있다. 의사소통을 잘하려면 아이가 말하는 것을 잘 들어야 한다. 그리고 아이에게 너의 마음이 현재 이러이러하다는 거구나 하고 공감해주고 알아주면 아이들은 좋아한다. 교사가 나의 마음을 알아주기 때문이다. 이것이 아이와 친밀한 인간관계를 맺기 위한 중요한 포인트이다. 아이들한테 "왜 수업 시간에 공부를 안 하고 떠드느냐?"라고 하거나 "왜 내 수업에 열심히 참여하지 않느냐?"고 비난하면서 화를 내서는 안 된다. 왜 그런지 성찰을 통해 스스로에게 물어보자. 아이들의 마음을 먼저 헤아려주는 것이 아이들과 친밀한 관계를 맺는 지름길이다. 그다음 행동에 관해 이야기해도 늦지 않다.

한자로 친親의 의미를 알아보자. 어느 마을에 어머니와 아들이 살고 있었다. 어느 날 아들이 볼일이 있어 외출하면서 저녁 전에는 온다고 말을 하고 나갔다. 그런데 아들이 저녁 시간이 지났는데도 돌아오지 않자 어머니는 아들이 걱정되었다. 마을 앞까지 나갔지만 보이지 않았다. 어머니는 마을 입구에 큰 나무에 올라갔다. 멀리서 오늘 아들이 보였다. 그 모습이 친親이다. 나무木 위에 올라서서立 바라보고見 있다는 뜻이다.

최근 들어 교사와 학생들 간의 문제가 기사화되고 있어 안타깝다. 학생이 교사를 고소하는 것뿐만 아니라 교사가 학생을 고소하는 비율도 늘어간다. 교권 침해 상담이 1년 사이에 5배로 늘었다는 신문 기사가 있다. 갈수록 교사와 학생 간의 사제의 정이 사라지고 있는 현실이다.

일부 교사는 학생들과의 친밀한 관계에 대해 한계를 정하고 교과서의 지식 전달자로서 역할에 머물고 있는 경우가 있다. 그럼에도 불구하고 대다수의 많은 교사는 학생들의 특징을 파악하고 아이의 특성에 맞춰 친밀한 관계를 맺고 유지하려고 노력한다. 교사의 친밀한 표현이 서툴더라고 전달되도록 노력하는 교사도 있다. 때론 교사의 친밀함이 제대로 의미 전달되지 않을 수도 있다. 그러나 모든 것이 첫술에 배부르지 않은 법이다. 꾸준히 노력하고 진정성을 보이면 아이들도 교사의 마음을 알아줄 때가 온다. 아이와 친밀한 관계를 맺기 위해 상대방 중심으로 생각하고 말하는 것부터 실천해보자.

아이와 친밀한 관계를 유지하기 위한 5가지
1. 아이에게 먼저 인사하라.
2. 아이에게 먼저 웃어라.
3. 아이의 이름을 불러주라.
4. 아이에게 진정한 관심을 가지라.

5. 아이의 장점을 칭찬하라.

결국 아이의 마음을 헤아려 주고 이야기에 귀기울여줄 때만
이 아이를 변화시킬 수 있고 친밀한 관계가 될 수 있다.

2.
아이들과의 관계가 힘든
교사에게

　아이들과 어떻게 하면 잘 지낼 수 있을까? 수업을 잘할 수 없을까? 교사의 마음속에 항상 내재하는 질문 중 하나일 것이다. 아이들과도 관계성이 좋고 수업도 재미있게 하고 싶다. 아이들과의 호흡도 잘 맞아서 좋은 수업이 되기를 희망한다. 그뿐이랴 보람 있는 수업이면 금상첨화일 것이다. 그렇지만 학교 현장에서는 내가 바란다고 항상 좋은 수업이 되는 것은 아니다. 언제 어떻게 될지 모르는 돌발 상황이 항상 존재하고 있기 때문이다.

같은 아이들인데도 어떤 교사는 아이들과 잘 지내는 교사가 있고 반대로 힘들어하는 교사가 있다. 똑같은 반 아이들인데 왜 이런 차이가 날까? 유난히 교사를 힘들게 하는 반이 있을 경우 더욱 극명하게 나타난다.

"저 반 아이들은 구제 불능이야."
"담임이 누구야?"
"담임은 뭐 하는 사람이야!"

수업이 힘든 교사일수록 아이들을 탓하고, 담임교사를 탓한다. 그런데 문제적 반이라고 생각한 아이들과 잘 지내고 수업도 잘하는 교사가 있다. 왜 그럴까? 아이들과 잘 지내는 교사는 자신의 감정을 잘 표현하고 아이들에게 잘 다가선다. 수업이 힘든 교사는

"너희들은 왜 그러니?"
"너희 같은 아이들은 처음 본다."
"조용히 해!"
"떠들지 마!"
"시끄러워!"

"입 다물어!"라고 큰소리 지른다. 시범 케이스로 한 아이를 본보기로 혼내기도 한다. 아이들은 오히려 "저 선생님 왜 저래?" 한다. 교사가 소리 지르고 혼낸다고 아이들이 달라질까? 화내고 혼내면 아이들이 감화를 받고 달라질까? 절대로 달라지지 않는다.

"왜 그럴까? 내가 뭘 잘못했나?"

"내가 그때 아이들에게 더 잘했어야 했나?"라고 후회하는 교사가 있다. "그래! 아이들에게 얕잡아 보이지 않게 앞으로 더 세게 나가야겠어!"라고 결심하기도 한다. 그래서 다음에 아이들에게 더 큰 자극으로 혼낸다. 아이는 더 혼내면 더 크게 반발한다. 그러면서 교사와 아이들의 갈등은 더욱 골이 깊어진다. 교사를 힘들게 하는 아이로 인해 그 반 전체를 안 좋게 보고 수업도 어렵게 생각한다.

결국 교사는 힘들게 하는 특정 반과 문제적 아이를 피하게 되고 수업은 원활하게 진행되지 못한다. 마음속에 항상 분노와 화를 품고 수업하게 된다. 힘들게 하는 아이를 포함해서 또 다른 아이가 교사를 자극하면 마음속에 품은 시한폭탄이 터져버린다. 그렇게 터트린 폭탄의 파편은 고스란히 화를 낸 교사에게 되돌아온다. 마음도 힘들고 몸은 더욱 힘들어진다. 그래서 더 강력한 마음의 폭탄을 항상 가슴에 품고 수업을 한다. 그래서 악순환의 고리처럼 뱅글뱅글 돌게 된다. 교사는 문제적 아이와 감정적으로 대립하며 교무실로 데려와 여러 교사들 앞에서 보란 듯이 혼을 낸다. 나는 잘하고 있는데 수업을 방해하고 나를 힘들게 하는 것은 오로지 이 아이 때문이라고 시위하는 것과 같다. 교무실로 불려온 아이는 낯은 교사들 앞에서 망신당했다고 생각하게 된다. 교사도 아이도 점점 돌아올 수 없는 강을 건너고 관계 개선은 만들어질 수 없는 구조가 되어버린다.

그러면 어떻게 해야 할까? 어렵더라도 교사가 아이를 먼저 이해하는 마음을 가져야 한다. 아이가 그렇게 말하고 행동하는 데는 이유가 있다. 그 이유를 먼저 들어봐야 한다. 예를 들어 교사의 오해로 아이와의 골이 깊어졌다면 먼저 미안하다고 하면 된다. 그럼 아이는 서서히 교사에 대한 마음의 무장을 해제할 것이다. 교사가 진정성 있게 먼저 미안한 마음을 보여주는 것도 필요하다. 내가 먼저 무거운 짐을 내려놔야 한다. 상담이 필요한 경우라면 조용히 불러서 상담하면 된다. 많은 교사들이 있는 교무실로 불러서 큰소리로 훈계한다고 아이는 달라지지 않는다. 동료 교사들 앞에서 아이를 혼내면서 '나 이렇게 열심히 하고 있으니 나를 알아 달라.'라는 투정으로 밖에 보이지 않는다. 이제는 그런 고루한 방법에서 벗어나야 한다. 아이들은 학기 초에 잡아야 한다고 아이들을 엄하게 대하는 교사도 있다. 그러나 중요한 것은 진정성 있게 아이들을 대하는 것이다. 아이가 원래 표현에 서툴 수도 있고, 어떤 일로 오해했을 수도 있다. 그럼 아이와 대화를 나누면서 풀면 된다. 그러면 되는 것이다.

수업 중에 의자를 앞뒤로 계속 움직이는 기찬이의 사례이다. 기찬이는 수업 중에 한시도 가만히 있지 못한다. 한마디로 산만한 아이다. 그렇게 심하게 의자로 장난치다가 뒤로 넘어질 수 있다고 여러 차례 주의를 주었다. 그러나 그때뿐이었다. 그러다 어느 날 의자를 앞뒤로 흔드는가 싶더니 '꽝' 소리가 나면서 기찬이는 의자와 함께 뒤로 넘어졌다. 순간 놀란 가슴을 진정시키며 아이 쪽으로 쳐다봤다. 다행히 아이는 미안한 표정과 웃는듯한 표정이 교차하면서 일어나려고 했다.

나: (놀란듯) 기찬아! 괜찮니?

기찬: (미안한 표정과 웃음을 참는 듯 묘한 표정으로) 네, 괜찮아요.

나: (놀리는 말투로) 아니, 너 말고 의자 괜찮냐고?

아이들이 일제히 웃음을 터트렸다. 넘어진 아이는 표정이
확 바뀌더니 아무 말도 안 하고 나를 쳐다봤다.

나: 기찬아, 의자 갖고 장난치지 말라고 선생님이 하지말라고 했
어, 안 했어? 그런데도 그렇게 장난치다가 꼴좋다. 내 그럴 줄
알았다.
기찬: ……

기찬이는 아무 말 없이 계속 쳐다봤다. 그리고 수업이 끝났
다. 수업이 끝나고 나서 생각해보니 기찬이 표정이 안 좋은 것
이 내내 마음에 걸렸다. 종례하기 전에 기찬이를 불렀다.

나: 기찬아! 아까 수업 시간에 선생님이 너를 먼저 괜찮으냐고
물어봤어야 했는데……. 미안해.
기찬: 솔직히 아까는 선생님이 미웠어요.
나: 그랬구나. 네가 많이 속상했겠구나. 너의 마음을 속상하게
하려고 한 것은 아니었어. 선생님이 사과할게.
기찬: 아녜요. 저도 죄송해요. 의자 갖고 장난치지 말라고 하셨
는데도 계속 장난쳐서 죄송해요.
나: 그래. 다음부터는 선생님이 상처 주는 말하지 않을게.
기찬: 네, 선생님. 저도 의자 갖고 장난치지 않을게요.

나: 아까 넘어져서 아픈 데는 없니?

기찬: 네, 괜찮아요.

그렇게 아이에게 사과하고 나니 마음이 홀가분해졌다. 기찬이는 이후부터 의자 가지고 장난치는 일은 사라졌다. 그럼 된거다. 아이는 경험을 통해 알게 된다. 나는 기찬이 일을 겪으면서 어떤 일이 발생하더라도 아이의 마음을 먼저 헤아려줘야 한다는 것을 깨닫게 되었다. 어떤 상황에서도 아이에게 상처가 될 말을 하지 말아야겠다고 생각했다. 교사는 반성적 실천가가 되어야 한다는 말을 더욱 실감했다.

이제 다시 학교 현장으로 돌아와 보자. 교사의 의도대로 아이들이 쉽게 달라질까? 교사 스스로에게 물어볼 필요가 있다. 교사의 말 한마디에 아이들은 눈을 반짝이고 일사불란하게 움직여 줄까? 아니다. 절대 아이들은 쉽게 변하지 않는다. 누가 먼저 달라져야 할까? 그렇다. 교사인 내가 먼저 달라져야 한다. 가정에서는 부모가 먼저 달라져야 한다. 아이에게 문제가 있다고 생각한다면 '왜 그럴까?' '무슨 일이 있을까?'라고 생각하면서 먼저 교사가 아이에게 다가가야 한다. 그리고 물어보고 관심을 보여주자. 그럼 아이는 교사의 관심에 고마워한다. 물론 고 마음을 바로 표현하지 못하는 아이가 있다. 교사의 말에 즉시 반응을 보이지 않더라도 기다려줘야 한다. 비난하고 혼내는 교사보다 아이의 마음을 헤아려주는 교사를 믿고 따른다. 무서운 교사를 잘 따르는 것 같지만 겉으로 말을 듣는 척할 뿐이다. 실제로는 아이에게 따뜻한 관심과 진심으로 대해주는 교사를 더 따른다. 아이들이 표현하지 않을 뿐이다. 수업 시간에 아이들을 무섭게 대하는 교사가 있다. 자기 수업 시간에는 아이들이 떠들지 않고 조용하다고 자랑하고 다닌다. 그러나 그것이 자랑거리는 아니다. 아이들이 조용한 것은 수업 시간에 떠들거나 다른 짓 하면 혼나기 때문이다. 아이들도 어떻게 해야 살아남는다는 것을 본능적으로 알고 있다. 조용히 수업에 참여하는 척해주는 것이다. 그것도 모르고 자기 수업 시간에는 아이들이 절대 떠들지 않는다고 자랑한다. 훗날 졸업생들 이야기를 들어보면 알게 된다. 아이들이 무서운 교사의 수업 시간에 어떤 마음이었는지를 말이다.

아이들이 잘못한 행동은 단호하게 바로잡아줘야 한다. 감정에는 부드럽게, 행동에는 단호하게 대처해야 한다. 잘잘못에 대한 인과관계를 잘 알아듣게 설명해줘야 한다. 아이들은 자기가 왜 잘못됐는지조차도 모르거나 아직 사리 분별하지 못하는 아이도 있다. 그런 아이들은 한 번에 고쳐지지 않는다. 그동안 잘 못된 습관이 몸에 체화되어 있기 때문이다. 그런 아이를 단기간에 바꾸려는 마음도 내려놔야 한다. 그렇게 하는 것은 오히려 역효과를 불러일으킬 수 있다. 따끔하게 혼낸다고 단번에 고쳐지는 아이는 없다. 교사가 무서우니까 당장 말을 듣는 척하고 있는 것일 수도 있다. 그것으로 아이가 달라졌다고 착각하면 안 된다. 지속적인 관찰과 상담으로 아이에게 관심을 보여줘야 한다. 아이들과 상담을 하다 보면 관심과 사랑에 배고픈 아이들이 의외로 많다는 것을 알게 된다. 일종의 '고파병'을 앓는 아이들이다. '사랑 고파 병', '관심 고파 병', '인정 고파 병'에는 진심 어린 위로와 격려, 따뜻한 말 한마디로 치유될 수 있다. 반대로 모든 아이를 내가 원하는 대로 바꿀 수 있다는 착각 병이야말로 치료받아야 하는 불치병이다.

수업 시간에 버릇없이 말대답을 꼬박꼬박하는 아이가 있었다. 교사는 참고 참다가 아이에게 꿀밤 한 대를 쥐어박았는데 아이가 교사에게 맞았다고 경찰에 신고했다는 이야기를 들으면서 많은 생각을 하게 된다. 교사가 오죽 화가 났으면 아이에게 꿀밤을 쥐어박았을까? 아마도 참지 못할 만큼의 상황이 있었을 것이다. 중요한 사실은 학생이 교사에게 맞았다고 경찰에 신고 했다는 것이다. 여기서 짚고 넘어가야 할 상황을 체크해 보자. 교사가 꿀밤을 주기 전 상황을 생각해봐야 한다. 만일 학생이 평소 교사와 친밀한 관계였다면 버릇없이 계속 말대꾸를 했을까? 그런 상황이 만들어지긴 어려웠을 것이다. 아이가 건방지게 계속 말대꾸하니 화가 난 교사의 입장도 헤아려 봐야 한다. 누구의 잘잘못을 따지기 전에 그런 상황이 안 만들어지도록 교사와 학생 둘 중에 한 사람은 참았어야 했다. 누가 참았어야 할까? 아이 보고 참으라고 해야 하나? 우선 교사가 참아야 한다. 참고 나서 나중에 아이를 따로 불러 교사의 화나고 속상한 마음을 이야기해도 늦지 않다. 그때는 너 전달법이 아닌 나 전달법으로 교사의 마음을 이야기해야 한다. 교사가 무조건 참아야 하는 것은 아니다. 그런 일이 발생하지 않도록 예방하는 것이 최선이다.

나: 진수야, 네가 계속 버릇없이 말을 하니까 선생님 마음이 불편해. 그래서……

진수: (말을 가로채면서) 내가 버릇없이 말했다고요? 아, 놔. 정말 어이없어.

나: 지금도 앞뒤 자르면서 버릇없이 대들면서 말하잖니.

진수: (멈칫하며) 그렇게 느끼셨으면 죄송해요. 제 말투가 원래 그

래요. 저는 그냥 그게 대답하는 거예요.

나: 그렇구나. 너는 그것이 그냥 말하는 것이지만 선생님은 네가 그렇게 말하면 불편하단다. 앞으로 말을 할 때 상대방의 마음이 어떤지 생각하고 말했으면 좋겠어.

진수: (억울하다는 듯) 저는 집에서도 원래 그렇게 대답해요.

나: 학교는 집이 아니고 공동체가 함께 하는 곳이니까 말할 때 조심했으면 좋겠어.

진수: (겸연쩍은 듯) 네. 기분 나쁘게 들리셨다면 죄송해요. 저는 그런 의도는 아니었어요.

나: 그래, 그런 의도가 아니었다는 거구나. 그럼 진수는 앞으로 어떻게 했으면 좋겠니?

진수: (반성하는 듯한 말투) 앞으로 말을 할 때 조심해서 할게요.

나: 진수야, 그렇게 말해줘서 고마워.

아이가 교사를 화나게 하는 상황이 발생하더라도 일단 교사가 먼저 참아야 한다. 그리고 이성적으로 판단해야 한다. 내가 과연 화내는 것이 맞는지를 말이다. 화가 날수록 이 아이를 어떻게 지도해야 할 것인지 냉정하게 생각해야 한다. 화를 낸다고 해결되는 것은 아무것도 없다. 오히려 역효과만 날 뿐이다.

아이들이 등교하고 1교시 수업 시작 전에 휴대전화를 걷어 휴대전화 보관 가방에 넣고, 수업 끝난 뒤 종례 시간에 돌려준다. 그런데 한 아이가 쓰지 않는 휴대전화를 제출하고 실제로 쓰는 휴대전화는 몰래 사용했다. 이것이 4교시 수업하던 교사에게 발각되어 휴대전화를 담임교사에게 전달했다. 그 일로 아이는 점심 급식도 안 먹었다. 왜냐하면 휴대전화를 제출하지 않고 적발되었을 때 1주일간 휴대전화 사용을 금하는 규칙이 있기 때문이다. 마음이 불편해진 아이는 5교시 내내 안절부절못하고 수업에 집중하지 못했다. 주변 아이들에게 계속 욕을 하고 신경질적인 반응을 보였다. 5교시 수업 중 교사가 바르게 앉으라고 말을 했는데, 순간 아이는 책상을 옆으로 넘어뜨리고 괴성을 지르면서 교실을 뛰쳐나갔다. 그리고 학교를 무단으로 이탈하였다. 5교시 수업을 하던 교사는 아이가 산만한 태도를 보여 똑바로 앉으라고 말했을 뿐이다. 그런데 아이가 순간 통제 불능상태가 되어 뛰쳐나갔다. 교사가 얼마나 황당하고 놀랐을까? 여기서 주목할 점이 있다. 아이가 휴대전화를 빼앗긴 시점부터 스스로의 감정조절이 안 되었다. 아이의 분노 단계가 거의 폭발 지경에 이르렀다는 것을 아무도 인지하지 못했다. 휴대전화가 삶의 전부인 아이의 생명줄을 끊어 놨다. 당연히 아이는 거의 분노 폭발 직전의 상태가 된 것이다. 한 아이의 사례로 일반화할 수 있다는 말은 아니다. 그렇지만 최소한 아이를 혼내기 전에 왜 그런 행동을 했는지 해명할 기회를 줬어야 했다. 그리고 아이 스스로를 성찰하게 하는 시간이 있었어야 했다. 휴대전화를 제출하지 않아서 걸렸으니 "너는 벌로 1주일간 못 쓴다."고 말을 해야 했다. 그렇게 짧게라도 상담을 해서 아이 스스로 잘못했다는 것을 느끼도록 하는 절차가 생략되었다. 이런 사태가 발생하지 않게 하려면 휴대전화를 제출하지 않고 몰래 쓰는 일이 없도록 하는 노력이 아이들과 교사 모두에게 필요하다. 평소 아이들과 꾸준한 라포 형성으로 상호 간 관계 형성이 중요하다.

관계성을 좋게 하려는 교사는 어떤 문제가 발생했을 때 해결 방안을 찾으려고 노력한다. 반드시 해결 방안이 있다. 사람과의 관계의 99%는 대화를 통해 다 해결된다. 말을 하지 않고 서로 꽁해 있으면 절대 풀리지 않는다. 더욱이 아이일 경우 교사가 먼저 마음의 문을 열고 대화해 보자. 예의 없고 건방진 아이들도 관찰해보면 자기 또래 아이들과 어울릴 때는 천진난만한 아이가 된다. 먼저 그 아이가 좋아하는 분야나 취미를 물어보고 관심을 조금씩 보여야 한다. 그렇게 관심을 주면 쳐다보는 눈빛이 달라진다. 아이들은 자신에게 관심을 주는 사람을 좋아

한다. 설사 과목이 싫어도 교사가 좋으면 싫어하는 과목도 열심히 하려고 노력하는 경우가 많다. 아이들과의 관계가 힘들수록 교사가 먼저 아이에게 다가가 보자.

관계성의 문제는 의외로 간단하게 해결될 수 있다. 결국 교사가 아이들을 어떻게 대하는가에 달려있다. 오늘부터라도 입꼬리를 올리고 환한 미소로 아이에게 먼저 말을 걸어보자. 아이들은 교사가 어떻게 하느냐에 따라 달라질 수 있다. 항상 인상 쓰고, 소리 지르고, 화를 내는 것도 일종의 버릇이다. 버릇이 습관이 된다. 화내지 않고 큰소리 지르지 않기로 결심하고 꾸준하게 노력해야 바뀐다. 오늘, 바로, 지금부터 교사의 마음을 먼저 바꿔야 한다. 그래야 행동이 바뀌게 된다. 내가 바뀌기로 했으니 그 마음을 아이들에게 알려야 한다. "선생님이 앞으로 이렇게 달라지려고 하니 너희들이 함께 도와주길 바란다."고 해보자. 아이들은 교사의 모습을 보고 자란다. 아이들은 남의 말을 잘 안 듣는다. 왜냐하면 어리석고 경험이 없기 때문이다. 부모의 말도 안 듣는 아이들이 교사의 말이라고 잘 들을까? 말을 안 들으니 아이들이다.

내 편이 아니더라도 최소한 적을 만들지 않는 마음이 중요하다. 모든 아이가 내 편이 될 수 없다. 반대로 모든 아이가 내 편이 될 수 있다면 얼마나 좋을까? 그건 희망 사항이다. 모든 사람이 100% 나를 좋아하지는 않는다. 그래서 힘들게 하는 아이에게 관심을 가지고 진정성 있게 대해야 한다. 그렇게 아이를 따뜻한 시선으로 진정성 있게 대하면 최소한 수업의 방해꾼은 되지 않는다.

3.

아이들은
싸우면서 성장한다

수업을 끝내고 교무실로 들어왔는데 뭔지 모르지만 소란스러웠다. 두 학생이 수업 시간에 싸워 교무실로 불러왔다. 그 아이들은 서로의 잘잘못을 교사에게 항변하고 있다. 교사가 당황하며 어쩔 줄 몰라 했다. 어려워하는 교사에게 다가가서 "선생님, 제가 아이들하고 얘기 좀 해도 괜찮을까요?"라고 말했다. 교사는 "네, 그러세요."라고 했다. 일단 아이들을 분리했다. 두 아이 중 자기가 더 억울하다고 하는 규혁이와 먼저 이야기를 나눴다.

"규혁아, 많이 화가 났구나. 무슨 일이 있었는지 말해줄 수 있니?"

규혁이는 분이 아직도 안 풀렸는지 주먹을 쥐고 몸을 떨고 있었다.

"그래. 말하고 싶지 않구나. 말하고 싶지 않을 때는 나중에 이야기해도 괜찮아. 선생님이 기다려 줄게."

얼마의 시간이 흘렀다. 규혁이는 울먹이며
"선생님 억울해요."라고 말했다.

"아. 억울한 일이 있었구나. 뭐가 억울한지 선생님에게 말해 줄 수 있니?"

내용인즉 이랬다. 현진이가 먼저 장난을 걸어왔고, 수업 시간이라 장난치지 말라고 했는데도 계속 툭툭 건드리고 장난을 쳤다고 한다. 그래서 화가 나서 현진이를 밀치면서 하지 말라고 했는데 그때 선생님이 나만 혼냈다고 했다. "억울할 만도 하네. 듣는 나도 억울해서 화가 날 것 같구나."라고 일단 규혁이의 억울한 마음에 공감을 해줬다.

"너의 속상한 마음을 이야기해줘서 선생님이 이해가 되었
어."라고 하면서, 잠시 현진이를 만나고 오려고 하는데 여기서
잠시 기다려 달라고 했다.

현진이는 비교적 화가 덜 나 있는 것 같았다. 규혁이와 나눈
이야기를 토대로 현진이와 이야기를 나눴다. 현진이는 자기가
먼저 장난을 쳤고, 규혁이가 그렇게 화낼 줄 몰랐다고 했다.
"현진아, 지금 너의 마음은 어떠니?"
"규혁이한테 미안한 마음이 들어요."
"그럼 어떻게 했으면 좋겠니?"
"미안하다고 사과하고 싶어요."
"사과하고 싶구나. 사과하고 싶은 너의 마음을 말해줘서 고
마워."
"규혁이에게 너의 마음을 전해도 되겠니?"
"네, 좋아요."라고 한다.

다시 규혁이게 갔다. "현진이가 사과할 마음이 있다고 하는
데 너의 생각은 어떠니?"라고 물었다. 규혁이는 잠시 생각하더

니 "지금 사과받고 싶지 않아요."라고 말했다. 사과한다는 현진이의 마음을 아직 받아들이지 못하는 규혁이의 마음도 이해가 되었다.

이번에 현진이에게 갔다.

"규혁이가 지금 사과받고 싶지 않다고 하는데, 너는 어떻게 했으면 좋겠니?"
" ...... "

현진이가 말을 하지 않았다. 사과하겠다는 규혁이와 사과를 받고 싶지 않다는 현진이를 어떻게 하면 화해시킬까 고민하다가 사과 편지가 떠올랐다. 사과 편지를 써서 전달하는 방법을 쓰기로 했다.
"현진아, 사과는 꼭 말로 하지 않아도 마음을 전달할 수 있는 방법이 있어."라고 하니

"그게 뭔데요?"라고 현진이가 물었다.
"너의 마음을 글로 적어서 전달하는 거야."라고 말해주었다.
"그럼 편지를 써서 보낼까요?"라고 말한다.

"그거 좋은 생각이네."라고 말하고 종이와 볼펜을 주었다. 그리고 사과하고 싶은 마음을 진심을 다해 쓰면 된다고 했다. 다 쓴 편지를 들고 규혁이에게 갔다. 규혁이의 표정을 보니 아까보다 안정을 많이 찾은 듯 보였다. 현진이가 쓴 사과 편지를 전해 주었다. "지금 읽어봐도 돼요?" 했고 나는 읽어보라고 했다. 편지를 다 읽은 규혁이에게

"너는 어떻게 하고 싶니?"라고 물었다.

"아직 현진이의 사과를 받고 싶지 않아요."라고 말했다.

"그래 너의 그 마음도 이해한다."라고 말했다. 편지 한 장으로 규혁이의 억울하고 분한 마음이 봄눈 녹듯 사라지진 않을 것이다. "현진이의 사과를 받고 안 받고는 너의 마음에 달렸다."라고 말했다.

며칠 뒤에 규혁이가 찾아왔다. "선생님, 현진이의 사과를 받아줬어요."라고 말하면서 밝게 웃었다. "오! 그래? 잘했어. 현진이의 사과를 받아줘서 선생님도 기뻐."라고 하면서 '엄지척'을 해주었다. 규혁이의 입꼬리가 올라가면서 얼굴에 밝은 미소가 번졌다.

아이들은 싸우면서 성장한다. 예전에 나는 서로 싸운 아이들을 불러 그런 일로 싸우냐고 하면서 강제로 악수를 시켜서 화해시켰다. 서로 감정이 상할 대로 상한 아이들에게 강제로 화해시킨다고 화난 감정이 누그러질까? 입장을 바꿔 놓고 생각해보자. 교사들끼리 다툼이 발생했다. 그때 교장 선생님이 해당 교사 둘을 교장실로 불러 그런 일로 싸워서 되겠냐고 하면서 화해하라고 하면 금방 화해가 될까? 화해가 절대 안 된다. 각자의 입장이 있기 때문이다. 이렇게 교사들도 화해가 안 되는데 아이들을 바로 화해를 시킨다는 것은 웃기는 일이다. 아이들에게도 시간을 주고 서로 생각해보도록 해야 한다. 강제로 화해를 시키면 진정한 화해가 아니고 또 다른 잠재적 문제를 안게 된다. 언젠가 폭발하는 시한폭탄과 같은 것이다. 화해를 하는 것도 아이들의 몫이고 안 해도 아이들의 몫이다. 아이들은 다투고 사과하고 지지고 볶으면서 또 한 뼘씩 성장한다.

4.
아이들은
칭찬을 먹고 산다

내가 한 칭찬 한마디가 가슴에 씨앗이 되어 어떻게 크게
자랄지 아무도 모른다.

- 탈무드

재인이는 수업 시간에 유독 나를 힘들게 하는 아이다. 어떤
때는 그 정도가 지나칠 때도 있다. 그런데 재인이가 다른 교사
의 수업 시간에도 그렇게 힘들게 하는지 궁금증이 생겼다. 재
인이 반에 들어가는 후배 교사에게 나처럼 재인이 때문에 힘든
지 물어봤다. 후배 교사는 재인이가 수업 시간에 산만하긴 해

도 대답도 잘하고 열심히 수업에 참여하고 있다고 했다. 이상한 일이다. 내 시간에는 산만하고 집중하지 않고 나를 힘들게 하는 아이가 왜 다른 교사 시간에는 열심히 한다는 것일까? 고민을 했다. 그 무렵 어떤 책을 읽고 있었다. 그런데 그 책 내용 중에 '아이가 잘하는 것을 칭찬하라.'는 글이 눈에 들어왔다. '아하! 이거구나.' 하고 나는 재인이가 무엇을 잘하는지 관찰하기에 들어갔다.

그러다가 우연히 재인이를 칭찬할 수 있는 기회가 찾아왔다. 아니 신이 주신 기회라고 생각했다. 월요일 아침 출근길에 재인이를 만나게 되었다. 학교 주차장이 교문 밖에 있어서 차를 주차하고 교무실까지는 운동장을 지나 계단을 올라가야 한다. 한 손에 가방을 들고 다른 손으로는 수업자료가 들어있는 쇼핑백을 들고 가야 하는데 둘 다 제법 무거웠다. 그때 재인이와 나눴던 대화 내용이다.

"안녕하세요"하는 소리에 뒤를 돌아보니 재인이였다.

"재인아, 안녕." 하면서 가는데 "선생님, 짐 들어 드릴까요?" 하면서 가방을 들어준다. "재인아, 가방 들어줘서 고마워."라고 하자 "뭘요."라고 말했다.

"이렇게 남의 짐을 들어주기가 쉽지는 않아."

"선생님이 무거우실 것 같아서요."

"그래. 오늘 선생님은 재인이에게 감동했어."

재인이와 교무실까지 걸어가면서 주말에 무슨 일이 있었는지 이런저런 이야기를 하면서 왔다. 요즘 아이들은 교사나 남의 무거운 짐을 잘 들어주지 않는다. 점점 더 인정이 메말라가고 있다고 세상을 원망만 해야 할까? 아니다. 그렇게 생각할 필요는 없다고 생각한다. 그런 인정이 점점 메말라가는 세상에서 내가 먼저 칭찬해주고 교사가 먼저 달라져야 한다. 아이들을 긍정적으로 보고 아주 작은 일이라도 잘한 점은 칭찬을 해줘야 한다. 아이들은 선생님에게 잘하고 싶고, 인정받고 싶은 욕구가 있다. 그 마음을 알아주는 것 자체로도 아이와 소통하는 것이다. 아이들을 탓하고 환경을 탓하지 말아야 한다. 과거 좋았던 아이들과 절대 비교하지 말아야 한다. 오늘 현재 지금 만나는 아이들이 내 인생의 최고의 아이들이라고 생각하자.

미술실에서 수업이 끝나면 책상 위의 재료를 정리하고 의자를 집어넣는다. 모든 정리가 끝나고 나면 다 같이 인사를 하고 끝낸다. 이런 규칙을 만든 이유는 간단하다. 수업이 끝나면 서로 빨리 나가기 위해서 쓰던 재료를 치우지도 않고 가거나 대충 치우는 척하고 나간다. 한마디로 엉망진창을 만들어 놓고 나간 다. 뒷감당은 오로지 교사의 몫이 된다. 이건 아니다 싶어서 수 업 규칙을 함께 만들었다. 책상 위를 치우고 의자를 집어놓고 그다음 인사를 하고 끝내는 것이다. 그럼에도 불구하고 제대로 정리를 안 하고 가는 아이들이 있기 마련이다. 그날도 책상 위 에 재료를 치우고 모둠 형태의 책상을 칠판 쪽으로 돌리고 정 리하게 했다. 각자 의자를 집어넣고 인사를 해야 하는데 그날 은 너무 바쁘게 수업을 마무리하다 보니 의자를 집어넣지 않고 가는 아이들이 있었다. 그때 재인이가 교실 뒤편에 앉았다가 앞 으로 나오며 다른 아이가 앉았던 의자를 집어넣는 것이 보였다. 물론 의자를 정리하고 싶어서 그런 것은 아니었다. 아이가 빠르 게 나오려고 보니 앞에 의자가 통행에 방해가 된다고 생각해서 그런 행동이 나왔던 것이다. 결국 겉으로 보기에 의자를 정리한 모양새가 되었다. 나는 '옳거니, 드디어 또 칭찬거리를 찾았다.'고 속으로 쾌재를 불렀다. 그 순간을 놓치지 않고 재인이를 불렀더 니 왜 자기를 부르나 하고 의아해하면서 쳐다보고 있었다.

"재인아, 의자 정리해줘서 고마워."했더니 재인이는 "뭘요." 하면서 미소를 지었다. 나를 힘들게 하던 아이의 칭찬거리를 찾 아서 칭찬하니 그동안 재인이 때문에 불편했던 마음 한구석이

이제는 너무나 편안해졌다.

다음은 켄 블레 차드의 저서 '칭찬은 고래도 춤추게 한다'의 내용 중 미술실 벽에 붙여놨던 칭찬 십계명이다.

칭찬 십계명

1. 칭찬할 일이 생겼을 때는 즉시 칭찬하라.
2. 잘한 점을 구체적으로 칭찬하라.
3. 가능하면 공개적으로 칭찬하라.
4. 결과보다는 과정을 칭찬하라.
5. 사랑하는 사람을 대하듯 칭찬하라.
6. 거짓 없이 진실한 마음으로 칭찬하라.
7. 긍정적으로 관점을 전환하면 칭찬할 일이 보인다.
8. 일의 진척 사항이 여의찮을 때 더욱 격려하라.
9. 잘못된 일이 생기면 관심을 다른 방향으로 유도하라.
10. 가끔 자기 자신을 스스로 칭찬하라.

제자들을 졸업 후에 만나기는 좀처럼 쉽지 않다. 성인이 되어 각자의 생활이 있기 때문이다. 특히 결혼하고 어린아이들까지 있으면 더 만나기 쉽지 않다. 그럼에도 불구하고 가끔 제자들을 만날 때가 있다. 제자를 만나면 학창 시절 이야기로 이야기꽃을 피운다. 그런데 교사에 대한 이야기가 나올 때마다 나는 마음을 졸인다. 왜냐하면 내가 기억하지 못하는 제자들에게서 마음 아팠던 이야기가 나올까 봐 조마조마한다. 그런데 고맙게도 학창 시절 나에게 칭찬받은 이야기를 주로 한다. 정작 나는 제자에게 그런 칭찬을 한 기억이 잘 나지 않는데 말이다. 그러니 제자들을 만날 때 안 좋은 추억 말할까 봐 괜한 걱정을 하지 말자. 이미 지나간 일이다. 지금부터라도 사소한 것이어도 아이들에게 칭찬해주는 교사가 되자. 훗날 제자들이 교사를 찾아와 추억 이야기할 때 칭찬받았던 일로 이야기꽃을 피우게 될 것이다.

아이들은 각자의 관점에 따라 교사에 대한 호불호가 달라진다. 아이들이 나만 힘들게 한다고 생각하지 마라. 나를 힘들게 하는 아이의 장점과 잘하는 것을 찾아서 꾸준히 칭찬해보자. 칭찬하기 위해 관찰하다 보면 아이가 교사의 시선에 들어온다. 그러다 보면 아이는 어느 틈엔가 내가 먼저 아이를 좋아하게 된다. 사람들은 자기를 알아주고 칭찬해주는 사람 싫다는 경우가 없다. 아이가 문제가 아니다. 내가 아이를 볼 때 부정적이고 안 좋은 단점만 보이는 것이 문제다.

　교사의 고정관념과 편견으로 아이를 판단하지 말아야 한다. 아이에게 교사가 칭찬해주면 인성교육도 자연스럽게 된다. 과목이 싫어도 교사가 좋으면 아이는 수업 시간에 열심히 참여한다. 내 편이 아니어도 적을 만들지 말아야 하는 이유이기도 하다. 아이가 예의가 없다고 색안경을 끼고 보면 아이가 무엇을 해도 좋게 보이지 않는다. 어떤 행동을 하거나 말을 해도 예의 없는 아이로 판단하게 된다. 저 아이는 나랑 맞지 않는다고 생각하지 말아야 한다. 그것도 일종의 프레임이 된다. 저 아이는 예의 없는 아이라고 주홍글씨를 써놓고 보면 아이가 아무리 잘해도 칭찬할 것이 없는 아이가 되는 것이다. 아무리 예의 없어도 한 가지라도 잘하는 것이 있다. 그걸 찾아서 칭찬하는 것은 바로 교사의 몫이다.

칭찬 릴레이 카피

　(학교 홈페이지의 '칭찬 릴레이' 게시판을 이용해서 칭찬한 내용 일부이다.)

선생님 짐을 들어준 학생들을 칭찬합니다.

내용: 목요일 1교시 수업을 하러 출석부와 휴대전화 가방을 들고 교무실을 나서는데 복도에서 마주친 3학년 1반 장○○ 학생과 안○빈 학생이 휴대전화 가방과 출석부를 "들어 드릴게요." 하면서 미술실까지 들고 들어왔습니다. 요즘 학생들은 남의 어려움을 외면한다고만 생각했는데 그런 생각을 바꾸게 해주었습니다. 고맙게 생각하면서 두 학생을 칭찬합니다.

바닥에 떨어진 껌을 종이에 싸서 휴지통에 버린 학생을 칭찬합니다.

내용: 미술 시간에 1학년 1반 윤○○ 학생이 바닥에 떨어진 껌을 바로 종이에 싸서 휴지통에 버려주었습니다. 껌이 떨어진 것을 못 봤다면 누군가 밟았을 테고 미술실 바닥에 붙어 미관상 좋지 않았을 텐데 바로 휴지통에 버려주어 너무나 고맙게 생각되어 칭찬합니다.

미술실에서 필통을 습득해서 가져온 학생을 칭찬합니다.

내용: 미술 시간에 주인 없는 필통을 가져와서 주인을 찾아달라고 가져온 3학년 2반 이○○ 학생을 칭찬합니다. 학생들은 자기 물건도 잘 안 챙기는데 남의 필통을 가져와서 주인 찾아주도록 한 것이 기특합니다. 필통을 잃어버린 학생은 얼마나 마음이

아플는지요. 아마도 미술실에다가 놓고 간 줄 모르나 봅니다. 꼭 찾아주도록 하겠습니다.

책상과 의자를 날라준 학생을 칭찬합니다.

내용: 음악실 앞에서 책걸상을 3층에서 1층까지 날라 준 2학년 2반 김ㅇㅇ, 박ㅇㅇ, 봉ㅇㅇ 학생을 칭찬합니다. 덥고 무거웠을 텐데 도와준 마음이 정말 고맙습니다.

돈을 주워온 학생을 칭찬합니다.

내용: 2학년 1반 김ㅇㅇ, 이ㅇㅇ 학생이 1교시 끝나고 복도에 떨어진 천 원짜리 돈을 주워서 교무실에 가져왔습니다. 돈의 가치를 떠나서 남의 돈을 개인이 갖지 않고 주인을 찾아주도록 가져온 두 학생의 마음이 너무나 아름답네요. 그래서인지 봄 햇살이 더욱 따사롭네요.

선생님 물건을 들어준 학생을 칭찬합니다.

내용: 선생님 물건을 들어준 2학년 2반 김ㅇㅇ 학생을 칭찬합니다.

5.
아주 작은 것이라도
관계성 회복의 기회로 삼아라

　1학년 때부터 똘똘 뭉쳐 다닌 여학생 네 명이 있었다. 자칭 'K4'였다. K4라고 한 이유는 4명이 모두 김씨 성을 가지고 있었기 때문이다. 아이들은 K4에게 함부로 말을 걸거나 장난을 치지 않았다. K4는 나름의 세력을 형성하고 있었다. 말하는 능력도 뛰어나서 웬만한 말싸움으로는 도저히 이길 수 없었다. 수업 시간에 교사들에게도 말대꾸하면서 지지 않으려는 습성이 있었다. 그러다가 중학교 2학년 2학기에 K4의 멤버 중 한 여학생이 이사로 전학을 가게 되었다. 그래서 K3가 되었다. 그럼에도 불구하고 여전히 철옹성을 쌓고 다른 아이들에게 틈을 주지 않았다. K3가 중3이 되었고 5월 어느 날 전체 학생이 교육청 주최의 행사에 참여하게 되었다. 교육청에서 지원받은 버스를 이용하기로 했는데 문제는 몇 자리가 부족했다. 그래서 버스에 타지 못하는 아이들은 함께 참여하는 교사들 차량으로 이동하기로 했다. 나도 아이들을 내 차로 인솔하게 되었다. 수업을 마치고 교무실 칠판에 보니 내 차에 태우고 갈 학생 이름이 있었다. 칠판에 선명하게 'K3' 아이들 이름이 적혀있었다. 순간 '옳지. 잘 되었다.'고 생각했다. 드디어 K3 아이들과 행사장을 오가며 친해질 수 있는 기회라고 생각했다. 아마도 다른 교사들이 K3 아이들이 부담스러워서 내 차에 배치했을 것이라는 생각이 들었다. 이유야 어떻든 3명의 여학생이 내 차의 뒷자리 앉았다. 잠시 어색한 침묵이 흘렀다. 나는 차를 출발하면서 '비행기 기장 멘트'를 날렸다.

"안녕하십니까? 성실 항공에 탑승하신 승객 여러분 환영합니다. 저는 여러분을 목적지까지 안전하게 모실 기장 임성실입니다. 우리 비행기 곧 출발하겠습니다. 여러분의 안전을 위해 좌석벨트를 매셨는지 다시 한번 확인해주시기 바랍니다."라고 말했다. 그리고 입으로는 '붕~' 소리를 내며 차를 출발시켰다.

아이들은 "웃겨요!" 하며 재미있다고 까르르 웃었다. 마침 차에 개별 포장된 과자가 있어서 하나씩 주면서 먹어도 된다고 했다. 아이들은 바로 과자를 먹고 "쌤, 과자봉지 어떡해요?" 한다. "응, 쌤한테 주면 된단다."라고 하면서 과자봉지를 받았다. 한 아이가 과자봉지를 쪽지처럼 접어서 줬다. 순간 나는 칭찬거리를 찾았다고 생각했다. "경진이는 과자봉지 부피를 줄이기 위해 접어서 버리네."라고 말했더니 다른 아이들도 과자봉지를 쪽지처럼 접어서 준다. 우리는 이렇게 말문을 트면서 동생 이야기, 반려동물 이야기를 하는 사이에 행사장에 도착했다. 행사가 끝나고 다시 차를 타고 학교 가까이 오자 한 아이가

"쌤, 학교에 안 가면 안 돼요?" 한다.

"너희들 학교에 가기 싫은가 보구나."라며 가기 싫은 마음에 대해 공감해주었다.

"네."

"너희들 마음은 이해하지만, 오늘 학교에 안 가면 담임 선생님이 걱정하실 거야."

"괜찮아요. 쌤이랑 같이 있잖아요. 호호호."

"하하하, 쌤도 학교에 안 가고 싶은데 그럼 수업은 누가 하니?"

"쌤, 오늘 학교에 가지 말아요." 하면서 자기들끼리 까르르하

면서 웃음꽃을 피웠다.

아이들과 즐겁게 하하 호호하면서 대화를 나누면서 학교로 가고 있었다. 도로 가장자리에 핀 꽃들을 보면서 너무 예쁘다고 한다.

"쌤, 잠깐 꽃 좀 보고 가면 안 돼요?" 한다.

"꽃을 보고 싶구나. 그래. 잠깐 보고 가자." 하면서 갓길에 안전하게 정차했다. 아이들은 꽃밭 가장자리에서 꽃냄새도 맡으면서 자기들끼리 웃음꽃을 피운다. 그렇게 해서라도 학교에 가는 시간을 늦추고 싶었던 아이들의 마음을 수용해주었다. 꽃을 잠깐 보고 가면 안 되냐고 했을 때 단호하게 "안돼. 빨리 학교에 가야 해."라고 했다면 아이들은 그동안 열린 마음이 순식간에 닫혀버렸을 것이다. 아이들의 감정을 알아주고 잠깐의 시간이라도 유연하게 대처하면서 행동을 제어하면 되는 것이다. 학교에서 선생님들을 힘들게 하고 아이들에게 틈을 주지 않는 K3 아이들을 다시 보게 되었다. 이 아이들도 꽃을 보면 예쁘다고 하는 모습을 보면서 그동안 '고정관념으로 봐왔었구나.'라는 생각을 하게 되었다.

'보이는 것이 전부가 아니다.'라는 뜻의 사자성어가 있다. '견자비전'見者非全으로 '눈에 보이는 것을 전부 믿지 말고, 귀로 들

248

리는 것 진실이라고 생각하지 말아야 한다.' 즉 겉으로 드러난 것이 전부가 아니고 보이지 않는 곳에 또 다른 진실이 숨겨져 있다는 메시지다. 아이들은 수시로 변한다. 아이들은 아직 어리다. 어리다의 뜻 속에는 '어리석다'라는 의미를 지니고 있다. 세종대왕께서 어리석은 백성을 위해 훈민정음을 창제했듯이 아이들 또한 아직 세상 물정을 다 알지 못해 정확한 판단이나 표현이 어리석고 미숙하다. 그래서 세상 경험이 없는 어리석은 아이들을 위해서는 기다려줘야 한다. 그러면 아이들은 스스로 판단하고 느리지만 천천히 성장한다.

2학기 교내 체험 활동 중 '잔디 인형 만들기'를 하게 되었다. 집으로 가져가서 잔디 인형에게 물을 주면서 오감을 자극할 수 있는 활동으로 지적, 사회적, 신체적, 정신적 효과가 있는 활동이다. 그런데 K3 멤버 중 서현이가 나에게 잔디 인형을 선물해 주었다. 서현이는 초등학교 때 집에서 키워 봤다고 하면서 나에게 선물로 주었다.

"선생님이 저 대신 잘 키워주세요."

"서현아, 고마워. 잔디 인형 선물은 태어나서 처음 받아보는구나."

잔디 인형을 집으로 가져와서 매일 물을 주고 관찰하였다. 5일 정도 지나자 잔디가 올라오기 시작했다. 잔디의 생육 상태를 사진을 찍어 카톡으로 공유하니 서현이도 즐거워했다. 잔디 인형의 잔디가 자라면서 다양한 모습으로 변신했다. 그럴 때마다 카톡으로 생육 상태를 확인시켜주었다. 잔디 인형은 9월에 받아 다음 해 7월까지 무려 10개월을 키웠다. 수업 시간에 K3 아이들의 공격적인 말투로 마음이 많이 불편했다. 아이들과 관계를 회복하기 위해 기울였던 노력 덕분이었을까? 서현이와 나머지 아이들의 말과 행동이 많이 순화되었다. 무엇보다도 수업에 열심히 참여하게 되었고, 교사와 다른 아이들에게 상처가 되는 말이 줄어들게 되었다.

아이들과의 관계성은 하루아침에 이루어지지 않는다. 평소 관찰하고 기록하면서 아이들이 무엇을 좋아하고 관심 있어 하는지 아는 것이 중요하다. 아이들과 친해지기 위해서는 관심이 우선되어야 한다. 아주 작은 것이라도 단서가 될 수 있다. 놓치지 말고 기억해두었다가 상담할 때 이야기하면 아이들은 깜짝 놀랐다. 자기에게 평소 그렇게 관심이 있었다는 사실을 아는 순간 아이들의 마음은 서서히 열린다. 누구나 관심 받고 싶어 한다. 아이들은 더욱 그런 나이이기도 하다. 그래서 관심과 사랑으로 기다려 주면 아이들은 변한다. 아이들의 마음은 고무줄이 되기도 한다. 한도 끝도 없이 늘어질 것처럼 늘어지다가 어느 순간 놔버리면 원래대로 돌아온다. 늘어질 대로 늘어졌다고 고무줄을 끊어버리면 관계는 영원히 단절된다.

아이들은 때로는 파도처럼 찰랑거린다. 굳이 파도가 찰랑거리는 이유를 묻거나 따질 필요가 없다. 파도는 바람이 불지 않으면 찰랑거리지 않는다. 때론 큰 파도를 일으키기도 하고 잔잔한 파도를 일으키기도 한다. 때가 되면 밀물처럼 왔다가 때가 되면 썰물처럼 빠져나간다. 기다리면 가까이 왔다가 때론 멀어지기도 하는 것이 아이들이다. 그러면서 아이들은 한 뼘씩 자라고 성장한다. 그렇게 바라봐주면서 잘 자랄 수 있도록 환경을 조성해 줘야 한다. 아주 작은 것이라도 관심을 가지고 사랑스럽게 봐주고 관계 회복을 위해 기다려줘야 하는 이유이다. 나태주 시인의 '풀꽃 1'을 보면 아이들을 어떻게 봐야 하는지 잘 설명해주고 있다.

자세히 보아야
예쁘다

오래 보아야

사랑스럽다

너도 그렇다

꽃도 아이들도 그렇다. 자세히 보아야 한다. 그래야 예쁘게
보인다. 그리고 오랫동안 보아야 한다. 아이가 말하고 행동하는
것이 전부가 아닌, 보이지 않는 무언의 신호가 있다. 괜히 그러
는 것이 아니기에 아이들을 자세히 보고 오래 보아야 한다. 교
사도 그렇다.

6.
아이들을 함부로 험담하지 마라

물고기는 항상 입으로 낚인다. 인간도 역시 입으로 걸린다.

– 탈무드

교무실 공간은 교사들이 수업 연구와 업무처리를 위한 공간이다. 때때로 교직원들을 위한 연수 장소로 쓰이기도 하고 회의 공간으로 변신하기도 한다. 그뿐이랴? 학생들이나 학부모와의 상담 장소로 변하기도 한다. 교무실은 교사 혼자 쓰는 공간이 아니다. 그래서 더욱 입조심하고 말조심해야 한다. 교사가 수업을 하고 교무실에 들어와서는 "경석가명이는 오늘 또 늦게 왔어." 하면서 화를 낸다. 옆자리 교사가 "경석이가 오늘 또 늦었어요? 걔는 왜 맨 날 지각을 하고 그런데……?"라고 말을 받아준다. "그 녀석은 학교에 급식 먹으러 오는 것 같아."라고 하면서 "걔는 급식충이야! 급식충!"이라고 큰 소리로 말했다. 그때 마침 교무실에 있던 학생이 그 이야기를 듣고 경석에게 전했다. 말은 전해 들은 경석이는 화가 나서 급식충이라고 말한 교사에게 "선생님, 내가 학교에 급식만 먹으러 오는 급식충인가요?" 하고 따졌다. 급식충이라고 말한 교사가 경석에게 미안하다고 사과해서 마무리가 되었다.

'낮말은 새가 듣고 밤말은 쥐가 듣는다.'는 속담이 괜히 있는 것이 아니다. 아무리 화가 나도 함부로 남의 단점이나 약점을 들춰내서는 안 된다. 세상에 없는 것 중 하나가 '비밀'이 없다는 것을 알아야 한다. 일단 나의 입에서 나간 이상 그 말은 언제 어디로 퍼져나갈지 모른다. 모로코 속담에 '말이 입힌 상처는 칼이 입힌 상처보다 깊다.'라는 말이 있다. 상처가 되는 말을 들은 아이는 건강한 자아를 가지고 세상을 살아갈 수 있을까? 교사는 아이들에게 비참함과 좌절감을 주는 말을 해서는 안 된다. 아이들이 밝고 건강하게 자랄 수 있도록 해야 한다.

당장은 문제가 안 된다고 해도 아이들의 마음 한구석에 상처가 되어 평생 아파할 수도 있다. 가수 노사연은 학창 시절 덩치가 크다는 이유로 짝사랑했던 체육 선생님에게 "투포환 선수를 해보는 것이 어떠냐?"는 말을 들었다고 한다. 그 말을 듣고 평생의 상처가 되었다고 방송에서 말한 바 있다.

남을 험담 하려는 뒷담러에게 세 가지를 물어보자
첫째, 당신이 하려는 이야기가 모두 진실인가?
둘째, 모두에게 도움이 되는 이야기인가?
셋째, 정말로 꼭 필요한 이야기인가?

남의 이야기를 할 때 진실하지 않거나 도움이 되지 않거나 꼭 필요한 내용이 아니라면 듣지도 말고 하지도 말자. 남을 험담하게 되면 세 사람에게 상처를 주게 된다는 것이다. 첫 번째 사람은 험담을 당하는 사람이고, 두 번째 사람은 험담을 듣는 사람이다. 그리고 세 번째는 험담하는 사람이 가장 심하게 상처를 입는다. 여기서 잊지 말아야 하는 것이 있다. 남의 이야기를 하려거든 험담하는 그 사람이 바로 옆에 있다고 생각하고 말해야 한다.

이제부터라도 아이들의 단점이나 실수를 말할 때는 신중해져야 한다. 아이가 조금 잘못했어도, 조금은 버릇없이 행동해도 바로 혼내거나 화를 내지 말자. 왜 그랬는지 물어봐야 한다. 그리고 다음부터 그러면 안 된다고 행동에 대해 단호하게 말해줘야 한다. 교사가 주의할 점이 있다. 절대로 화를 내고 힘으로 억누르려고 하지 말아야 한다. 이 세상에서 마주치는 모든 것들을 단점으로 보고 지적하는 사람이 되어서는 곤란하다. 특히 교사로서 아이들의 장점을 덮어두고 쉽게 눈에 띄는 단점만을 이야기하는 것은 옳지 않은 태도이다. 아이들을 한 가지 색안경을 쓰고 바라보지 말아야 한다. 다양한 무지개색 안경으로 바라봐야 한다. 무지개색 속의 아이 한 명 한 명이 소중하고 귀하게 다가올 것이다. 아이들은 각자에게 맞는 색깔을 가지고 있다. 만일 아이들이 좋아하는 색깔이 마음에 안 들어도 내색하지 말자. 아이들도 교사의 뒷담화를 한다. 아이들도 자기랑 맞지 않는 교사를 좋게 말하지 않는다. 아이들은 알고 있지만 정작 교사 본인만 모르고 있을 뿐이다.

7.

실수는
성장의 시작이다

한번도 실수를 해보지 않은 사람은 한번도 새로운 것을
시도한 것이 없는 사람이다.

– 알버트 아인쉬타인

실수를 계속 한다고 해서 상황을 부정적으로만 받아들일
필요는 없다. 실수를 통해 내가 모르고 있었던 새로운 성장이
일어날 수 있다. 그래서 실수는 성장의 기회가 된다. 익숙하지
않은 일을 하다 보면 실수할 때가 있다. 누구나 처음은 낯설고
어렵게 느껴진다. 특히 교직은 더욱 그렇다. 한 시간의 수업을

교사 혼자 진행해야 하기 때문이다. 처음에는 한 시간이 10시간처럼 길게 느껴질 수도 있다. 신규 교사들은 어떻게 하면 수업을 잘 할 수 있을지에 대한 것이 가장 큰 고민 중 하나일 것이다. 여기에는 많은 것들이 내포되어 있다. 교사가 교실 문을 열고 들어가면 저절로 수업이 물 흐르듯 자연스럽게 진행될 것이라고 생각하는 것은 착각이다. 교실 현장에서는 다양한 돌발 상황이 항상 존재한다. 그리고 돌발 상황은 일방적이지 않다. 그래서 교사는 수업 시간 돌발 상황에 대해 경직되지 않고 유연하게 잘 대처하면서 아이들을 배움의 세계로 잘 이끌어야 한다.

수업 준비를 잘했다고 생각하고 노트북을 켰는데 부팅이 안 되거나 USB 등 보조 자료가 안 읽히는 경우가 있다. 뭔가 출발부터 삐걱거리면 잘해봐야겠다는 마음은 어느새 사라지고 열이 살살 올라온다. 수업 준비를 나름대로 열심히 한다고 활동지를 준비했는데 잘못 가져왔다거나 내용이 바뀌는 경우도 있다. 그럼 다시 출력하거나 출력한 것을 다시 가지러 가야 하는 경우가 있다. 그 순간 아이들은 우왕좌왕하게 된다. 교무실에 가서 활동지를 갖고 다시 교실로 돌아왔을 때는 이미 수업 분위기는 엉망이 된다. 그때 심하게 장난을 치는 아이가 있으면 그 순간 교사의 감정은 벌써 저 멀리 안드로메다로 날아간다. 심한 경우 그 감정이 그 순간 터져 화산이 폭발하듯 되돌릴 수 없는 사태를 맞이하기도 한다.

교사도 실수를 통해 성장한다. 수업 중에 일어나는 실수는 교사로서 성장의 기회로 삼아야 한다. 때로는 의도하지 않은 교사의 실수가 오히려 수업이 더 잘 되게 도와주는 경우도 있다. 실수했다고 주눅 들지 말아야 한다. 교사로서 교직을 수행하면서 어렵고 힘든 일들은 겪어냄으로써 성장을 하게 된다. 그러니 실수해도 된다. 그래도 괜찮다. 자기 자신에게 스스로 너그러운 마음을 가져야 한다. 교사는 아이들을 가르치는 과정을 겪으면서 수업 성장의 기회를 얻는다. 아이들에게 수업의 조력자로서 기회를 주고, 할 수 있도록 활동 과제와 수행 활동에 대한 도전 정신을 북돋아 주어야 한다. 이런 일련의 과정은 연속성이 있어 가르치면서 배우고 성장하는 구조가 된다. 그래서 수업에는 왕도가 없다고 하는 거다.

세상에 완벽한 수업은 존재하지 않는다. 보는 사람에 따라 완벽하다고 생각하게 할 뿐이다. 수업의 성공 여부는 아이들이 교사가 설계한 수업 목표에 잘 도달했는지에 달려있다. 수업 내용을 짝과 모둠원과 활동해봄으로써 내 것으로 만드는 것이 수업의 본질이다. 교사는 자신의 교과를 통해 아이들에게 세상을 보는 안목을 키워주어야 한다. 이런 일련의 과정들이 기계적으로 즉각 산출되어 나오지 않는다. 거기에는 생각하지 못한 다양한 변수가 작용한다. 그럼에도 불구하고 수업은 수업 목표대로 진행되어야 한다.

실수했다고 자책하지 말아야 한다. 누구나 실수한다. 이미 벌어진 일에 집착하기보다는 이미 벌어진 일을 어떻게 하면 잘 해결할 것인지에 초점을 맞춰야 한다. 그래서 실수했을 때 그것을 해결하기 위한 과정을 더 큰 성장의 기회로 삼아야 하는 것이다. 그래야 같은 실수가 되풀이되지 않게 된다. 실수했으면 실수를 바로 알아차리면 된다. 실수를 하고도 실수하지 않았다고 하는 경우가 문제가 된다. 실수에 대해 학교나 교육청의 매뉴얼대로 절차를 밟아서 행정적인 처리를 하면 된다. 실수를 바로 인정하는 것은 바람직한 태도다. 실수를 알고 다시는 같은 실수를 하지 않도록 하면 된다. 세상에 실수하지 않는 사람은 없다. 실수를 바로 인정하고 성장의 기회로 삼자.

아이들도 실수를 통해 성장한다. 그래서 교사는 아이들이 실수했을 때 다시는 같은 실수를 하지 않도록 도와줘야 한다. 교직 생활이 오래된 고경력 교사들도 그동안 많은 실수를 통해 성장했고 지금도 실수와 성장을 반복하고 있다. 그러한 경험을 통해 모든 일에 유연하게 대처할 수 있는 융통성과 유연함이 생기는 것이다.

등산할 때 정상까지 올라가는 것을 목표로 했을 때 정상적인 등산길로 갈 수도 있고 옆길로 돌아갈 수도 있다. 또한 계곡을 따라 올라갈 수도 있다. 아니면 능선을 타고 올라가기도 한다. 이렇게 산의 정상에 오르기 위해서는 다양한 방법과 길이 있을 수 있다. 케이블카를 타고 올라갈 수도 있다. 그러나 산의 정상에 오르고 나서 생각해보면 자신이 어떤 길을 선택했고 어떤 방법으로 정상에 올라왔든지 과정이 그리 중요하지 않을 수도 있다. 중요한 것은 정상에 올라갔다는 것이다.

산을 멀리서 보면 우뚝 솟아있는 모습만 보게 된다. 실제로 등산을 위해 산속으로 들어가면 나무와 울창한 풀과 돌, 흙밖엔 안 보인다. 그런 경우처럼 산속에서 보면 나무만 보일 때가 있고 바위가 너무나 크게 보일 때도 있다. 때론 꽃과 이름 모를 풀이 보이다가도 다람쥐 같은 산짐승을 만나기도 한다. 그런데 정상에 올라와서 보면 그 과정이 아무것도 아닌 것처럼 느껴진다. 아니 잊어버린다. 그 과정은 힘들었지만, 정상에 올라와 보면 어렵고 힘들었던 것이 보람과 성취감으로 바뀌게 된다. 정상으로 올라가면서 길을 헤맸다면 당시에는 길을 잘못 선택했다는 후회를 한다. 그러나 나중에 생각해보면 정상에 올라가기 위해 이런저런 실수를 하면서 어렵게 정상에 올랐다는 사실에 더욱 성취감이 느껴지게 된다. 그렇게 모든 사람은 실수를 통해 성장한다. 그러니 실수를 안 하면 좋지만, 실수했더라도 성장의 기회라는 긍정적인 마음으로 생각하자. 그래서 세상을 살면서 가장 큰 실수는 실수할까봐 계속 걱정만 하는 어리석은 짓은 하지 말아야 하는 이유이기도 하다.

제5장

하브루타로
행복한 교사

1.
교사도
행복할 권리가 있다

　교사가 행복해야 아이들도 행복하다. 우선 내가 근무하고 있는 학교의 아이들과 학부모와 교직원들과도 별문제 없이 잘 지내야 한다. 교사는 행복하고자 하는데 현실은 그렇지 못한 경우도 있다. 교육 현장은 교사의 바람대로 움직이지 않는다. 어느 날 점심시간에 교무부장이 잠깐 보자고 했다. 오전에 교장 선생님이 교무실을 다녀갔다고 한다. 내용인즉 "수업 없는 선생님들은 교무실을 지키라."고 했다고 한다. 특히, "교감 선생님이 출장으로 부재중일 때 수석교사도 함께 교무실을 지켰으면 좋겠다"고 말했다고 한다. 나는 1, 2교시에 수업이 있었다.

그리고 3교시는 음악과 교육실습생 수업 참관과 4교시는 사후 협의회를 했다. 수업 참관 및 사후 협의회 한다고 이미 내부 결재를 했었다. 그럼 3, 4교시 교육실습생 수업 참관과 사후 협의회가 있다는 것을 알았을 텐데도 그런 말을 했다니 마음이 불편해졌다. 물론 나를 염두에 두고 말한 것은 아닐 것이라고 생각하고 싶다.

5교시 수업이 시작되었다. 수업 시간에 모둠별 지도를 하고 있는데 한 학생이 묻는다.

"선생님, 어디 아프세요?"

"왜?"

"힘이 없어 보여요."

"왜 힘이 없게 보인다고 생각했는데?"

"평소에는 표정이 밝으신데 기운이 없어 보여요. 그리고 오늘따라 웃지도 않으시네요."

"선생님이 그렇게 보였니?"

"네."

오전 시간 나는 나름대로 수업과 교생의 연구수업과 사후 협의회로 학사 일정을 알차게 보냈다고 생각했다. 그런데 관리자의 말 한마디가 나의 기분을 망쳐 났다. 그런 나의 불편한 마음이 고스란히 수업 시간에 표정으로 드러났나 보다. 말을 하지 않아도 아이들은 교사의 심정을 금방 알아차린다. 교사의 기분이 어떤지 말이다. 보이는 것이 전부가 아니지만 안 그런 척해도 아이들은 용케도 알아차린다.

그래서 교사가 먼저 행복해야 한다. 왜냐하면 수업과 생활지도 전반에 걸쳐 아이들에게 영향을 끼치기 때문이다. 그런데 교사가 학교 안에서 행복하지 못한 경우가 있다. 교사는 행복해지려고 해도 주변 여건이나 현실은 그렇지 않다. 그럼에도 불구하고 교사는 행복하다고 생각해야 한다.

연수에서 만났던 모 초등학교 박지희가명 선생님도 관리자의 말에 상처받았던 일화를 이야기했다. 아버지가 병원에서 노환과 지병으로 임종이 가까이 있었다. 여러 번 위기를 넘기고 있었다. 그런데 어느 날 3교시 수업 중에 병원에서 연락이 왔다. 부친께서 곧 임종하실 것 같다고 병원으로 빨리 와달라고 했다. 박지희 선생님은 3교시 수업을 마치고 교감 선생님에게 갔다.

"아버지께서 곧 임종하실 것 같다고 병원에서 연락이 와서 오늘 조퇴할게요."

"그럼 수업은 누가 하나요?"

교감 선생님의 말을 들은 박지희 선생님은 그날 수업을 다 하고 병원으로 갔다.

그날 나머지 수업을 했던 선생님은 어떤 마음이었을까? 박 선생님은 수업이 제대로 되었을까? 박 선생님의 수업을 들은 아이들의 심정은 어땠을까? 만약 내가 박 선생님이었다면 교감 선생님에게 어떤 말을 해주었을까?"

교사의 에너지 파동은 알게 모르게 아이들에게 많은 영향을 끼친다. 교사의 행복은 관리자가 좌지우지하는 것이 아니다. 교사는 관리자의 말에 일희일비하지 않아야 한다. 관리자도 나름의 여러 가지 사정이 있을 것이다. 관리자가 내 말을 안 들어준다고 화내지 말자. 결국 그 스트레스는 나에게 다시 돌아온다. 나에게 온 스트레스는 아이들에게도 영향을 끼친다. 그러니 스트레스 받지 말자.

우선 나를 먼저 생각해야 한다. 그리고 나서 아이들을 생각하면 된다. 내 마음이 어떤 마음이냐에 따라 아이들은 다르게 다가온다. 아이들과의 좋은 관계만으로도 교사는 행복할 수 있다. 교사들 중에는 관리자의 승진보다 평교사로서 아이들과 교실에서 끝까지 정년을 마치는 교사도 더 많다. 그렇다면 교사로서 행복하기 위해서는 어떻게 해야 할까? 다음 세 가지를 참고해서 나만의 행복한 교사 노하우를 만들어 보자.

첫째, 학교에 조금 일찍 가자.

'일찍 일어나는 새가 벌레를 잡는다.'라는 말이 있다. 교사는 일찍 출근해서 컴퓨터도 켜고 책상 정리도 하고 차도 한 잔 마시면서 일과를 준비하자. 학교에 일찍 가면 여유가 있다. 수업 시간 임박해서 허겁지겁 가다 보면 당일 학교 행사에 따른 시간표 변동사항 확인과 수업 진도 상황, 수업자료, 활동지 등도 미리 준비되었는지 확인할 여유가 없이 마음만 바쁘다. 마음이 바쁘다 보면 아주 작은 일도 민감하게 받아들이게 된다. 그러니 학교는 미리 여유 있게 출근하는 것이 좋다.

둘째, 아이들에게 먼저 인사하자.

내 편이 되어주는 아이들과의 관계도 중요하다. 담임교사라면 특히 더욱 아이들과의 관계가 중요하다. 1년 동안 희로애락을 함께 나눠야 하는 아이들이다. 아이들에게 1년의 추억을 고스란히 함께하고 동고동락해야 하기 때문이다. 아침에 아이들을 만나면 교사가 먼저 반갑게 인사하자. 특히, 담임교사가 아침부터 화를 내고 지적하면 아이들도 힘들다. 오전 수업 시작을 하기도 전에 잔소리부터 듣는다면 좋아할 아이들이 있을까? 당연히 싫다. 담임교사라고 함부로 아이들을 대하지 말자. 아이들도 담임교사로부터 보고 배운다. 내가 좋게 대하면 아이들도 좋게 대한다. 마음속에 여유라는 연료를 가득 넣고 하루를 출발해보자.

셋째, 업무목록 리스트를 만들자.

학교는 수업 외에 다양한 일들이 존재한다. 자기가 맡은 업무를 미루지 말고 바로바로 처리할 수 있도록 업무목록 리스트를 만들자. 물론 여러 가지 일로 한꺼번에 밀리는 경우가 있다. 그럼에도 불구하고 맡은 업무는 학교 일정에 차질 없이 처리하는 것이 중요하다. 업무는 수시로 체크하고 관리자에게 중간보고를 잘해야 한다. 괜찮겠지 하는 안이한 마음으로 자의적으로 해석하다가는 일이 잘못될 수 있다. 업무에 관련된 것은 관리자, 행정실, 업무와 관련된 동료 교사와 계속 묻고 확인해야 한다. 그래야 업무의 실수가 줄어든다. 모든 일에 완벽한 일도 없고 절대적인 일도 없다. 일을 하다 보면 다양한 변수로 수정되거나 변경되기도 한다. 그러니 업무목록 리스트를 만들어서 수시로 점검하면서 실수를 최소한으로 줄이는 것이 중요하다.

이렇게 3가지를 실천하는 것만으로도 행복한 교직 생활을 무리 없이 할 수 있다. 이런 것들이 제대로 이루어지지 않으면 스트레스로 온다. 스트레스는 교사의 건강에 악영향을 끼치고 그 악영향은 고스란히 아이들에게 전달된다. 그래서 학교에서는 일의 순서를 정할 필요가 있다. 그날 해야 할 수업과 아이들 또는 부모와의 상담, 처리해야 할 업무, 활동지 제작, 수행 평가 점검 등 '투두리스트To do List'에 적고 하나씩 지워나가야 한다. 교무 수첩을 이용해도 되고, 데일리 리포트를 이용해도 좋다. 그러면 하나둘씩 목록을 지워나가면 업무의 스트레스를 덜 받는다.

교사는 학교 밖에서도 행복해야 한다. 교문 밖을 나가면 학교에서 있었던 일을 잠시 잊어버려야 한다. 좋아하는 취미 활동을 하는 것이 좋다. 내가 좋아하는 취미 활동을 찾아보자. 운동이나 자기 계발도 좋다. 영화나 연극, 또는 춤과 요가 등 취미 활동을 최소 하나 이상 꼭 가져야 한다. 운동을 하면 딴생각을 하지 않게 되어 몰입을 할 수 있게 된다. 몸이 건강해지고 정신 건강에도 도움을 준다.

퇴근 후 아무것도 안 하고 잠시 쉬는 것도 좋은 방법이다. 뭘 해야겠다는 생각을 버리고 무작정 쉬는 것도 좋다. 아무것도 안 할 권리도 있다. 일부 워커홀릭 교사들이 착각하는 것이 있다. 내가 없으면 학교 업무에 차질을 줄 수 있다는 착각이다. 당신이 없어도 학교는 잘 돌아간다. 당신이 퇴직하거나 전근을 간다고 하더라도 학교는 문제없이 잘 돌아간다. 착각하지 말자. 그러니 아무 일도 하지 말고 쉬는 것도 좋다.

교사에게 행복이란 무엇인가? 수업도 잘하고, 업무도 잘하고, 아이들과도 잘 지내고, 관리자와 동료 교직원들과도 잘 지내고, 학부모와 마찰이 없다고 행복한 교사일까? 교사의 행복은 각자의 마음속에 있다. 그것을 발견하지 못하고 행복을 방치하고 있어서 못 찾고 있는 것이다. 아니, 찾으려고 시도조차 못 하는 교사도 있을 수 있다. 이것이 좋다 저것이 좋다는 남의 이야기만 듣지 마라. 나는 교사로서 최선을 다하고 있고, 건강하고 행복한 선생님이라고 외쳐보자. 그럼 행복한 교사가 된다.

행복은 누가 대신 가져다주지 않는다. 누구도 교사의 행복을 보장해주지 않는다. 수업하려고 교실 문을 열고 들어가는 순간 아이들이 떠들고 정리 정돈되어 있지 않으면 순간 욱하고 올라온다. 어떤 교사는 큰 소리로 "시끄러워. 조용히 해. 떠들지 마."라고 소리치면서 출석부로 교탁을 내려치는 경우가 있다. 제발 이런 행동은 하지 말아야 한다. 그런 말과 행동을 하면 누가 손해일까? 바로 화내는 교사가 제일 큰 손해를 입는다. 그다음은 아이들이다. 아이들이 무슨 죄가 있나? 일부 학생이 떠들고 수업 준비 안 되어 있다고 모든 아이를 혼내는 것은 문제가 있다. 이럴 땐 웃으면서 아이들에게 이렇게 물어보자.

"여러분, 수업 준비가 되었나요?" 수업 준비가 안 되어 있다면 아이들에게 잠시 수업 준비할 시간을 주자. 그러면서 아이들을 잠시 바라보자. 그리고 아이들에게 물어보자. "수업 시작해도 될까요?"라고 물어보자. 아이들도 수업 시작종이 울린 것을 알고 있다. 그러나 어떤 사정이 있어서 수업 시간이 되었는데도 우왕좌왕할 때가 있다. 그럴 때는 반드시 수업 준비가 안된 이유를 물어보자. 무슨 이유가 반드시 있다. 예를 들어 3교시가 과학인데 과학실에서 실험 수업이 있어서 끝나고 실험 도구 정리하느라 늦게 끝났을 수도 있다. 과학실이 있는 다른 건물에 있어서 수업 끝나고 이동 시간이 더 걸렸을 수도 있고, 어떤 사정에 의해 늦게 끝났을 수도 있다. 거기에다 아이들이 화장실까지 갔다 오면 모든 순서가 자동으로 늦어지게 된다. 한참 먹을 나이에 학교 근처 편의점에 가서 허겁지겁 간식을 먹느라 늦었을 수도 있다. 한마디로 정리하면, 쉬는 시간 10분이 아이들 입장에서는 넉넉하지 않고 부족할 수 있다. 그렇게 이해하고 수업을 진행하면 내가 굳이 화를 낼 필요도 없고 마음이 편해진다. 그러나 일부러 늦었을 때는 단호하게 대처하는 것은 물론이다.

교사가 교실에 들어갔는데 수업 준비가 안 되어 있다면 기분이 나쁘고 순간 짜증이 확 하고 올라온다. 그렇다고 치밀어 오르는 화를 아이들에게 퍼붓지 말자. 이왕 이렇게 늦어졌으니 아이들에게 잠시 수업 준비할 시간을 주자. 몇 분의 시간을 주고 그 시간 안에 최대한 빨리 수업 준비가 되도록 하게 해야 한다. 아이들도 교사가 제시한 시간 안에 수업 준비를 하려고 노력할 것이다. 그러면 된 것이다. 그 반의 진도를 걱정하지 말자. 대신 핵심적인 내용에 집중하면서 아이들의 긴장감을 끌어내서 수업의 밀도를 높이면 된다.

나로 인해 발생한 일이 아닌 다른 변수로 일어난 일에 대해서도 분노하고 화내지 말자. 교사가 힘들어할 때 꼭 교사를 자극하는 아이들도 있다. "앞 시간이 늦게 끝나서 교실에 늦게 온 우리한테 뭐라고 하냐"고 말대답하는 아이가 꼭 있다. 그럴 때 일수록 잠시 호흡하고 평정심을 유지하면 끝날 일이다. "앞 시간이 늦게 끝나서 쉬는 시간도 없이 허겁지겁 교실로 와서 수업 준비가 늦어졌구나."라고 오히려 이해하면 된다.

화가 난다는 것은 마음속에서 욱하고 분노가 올라오는 것인데, 잠시 시간을 갖자. 욱하는 것은 격한 마음이 앞뒤 헤아림 없이 갑자기 올라오는 것이다. '욱'은 보자기와 같아서 그 보자기 속에는 다양한 분노들이 있다. 어떤 분노가 올라오는지 보자기를 풀고 잠시 살펴보는 시간을 갖자. 그럼 그 분노가 무엇인지 알게 된다. 그리고 그 분노가 왜 생겼는지 생각해보면 분노는 차츰 수그러든다. 순간 분노가 올라올 때 잠시 호흡을 하자. 욱하고 화가 난 것을 알아차리는 것만으로도 마음의 평정심을 찾을 수 있다.

'욱하고' 분노가 치밀어 오른다고 '아무 말 대잔치'를 하지 말아야 한다. 그런 분노를 표출해봐야 스스로 스트레스의 굴레에 갇히게 된다. 내 행복은 내가 챙겨야 한다. 분노심을 가득 안고 수업을 한들 수업이 제대로 진행될 리가 없다. 아이들도 불만이고 교사도 힘들어진다. 목소리 톤이 올라가고 교사가 화난 표정으로 수업하는 모습을 보는 아이들도 힘들다. 교사의 행복할 권리를 외부에서 찾지 말자. 누군가 내 행복을 챙겨줄 것이라고 생각하지 말자. 내 행복은 내가 챙겨야 한다. 그러니 조금 불편하고 욱하고 분노가 올라오고 짜증 나더라도 내 행복과 바꾸지 말아야 한다.

일부 교사는 행복한 수업을 외부에서 찾으려고 하고 현명한 교사는 행복한 수업을 자신이 만들어 간다. 행복한 수업은 멀리 있지 않다. 행복한 수업은 교사와 아이들이 질문하고 대화를 통해 성장하면서 함께 만들어가는 것이다. 나의 행복은 지금 여기에 있다.

2.

교사의
건강이 먼저다

약으로 고치는 것(藥補)보다는

음식으로 고치는 것(食補)이 낫고,

음식으로 고치는 것보다는

걸어서 고치는 것(行補)이 낫다.

– 허준(동의보감)

　내 몸 건강은 내가 챙겨야 한다. 교직에서 제일 중요한 것은
건강이다. 내가 건강해야 출근도 하고 아이들도 가르칠 수 있
다. 내 몸이 아프면 아무도 대신 아파해주지 않는다. 특히 교사

의 건강은 중요하다. 건강해야 수업을 원활하게 진행할 수 있다. 내 몸이 건강하지 않은 상태에서는 아주 작은 일에도 짜증을 내기 쉽다. 몸이 건강하지 못하면 마음도 건강하지 못하다. 몸이 아픈 것은 몸이 나에게 보내는 신호이다. 어디가 아프다는 신호를 무시하고 방치하게 되면 그 후유증은 고스란히 내 몫이 된다. 아픈데 '괜찮아지겠지.' 하고 방치하다가 크게 병을 키워서 큰 수술을 하거나 몸이 아파서 퇴직하는 경우가 생긴다. 건강은 건강할 때 지켜야 한다는 것을 알면서도 때로는 무리하게 몸을 혹사한다. 나는 괜찮다고, 내 몸은 내가 잘 안다고 하는 안일한 마음을 버려야 한다.

"다 아프면서 사는 거야."

"세상에 안 아픈 사람이 어디 있어?"

"유병장수라고 했어."

예를 들어 회식 자리에서 "장이 안 좋아 약 먹고 있다."라고 하면 "그건 알코올로 씻어 내면 돼!"라고 말하면서 술을 강제로 권하는 경우가 있다. 특히 경력 교사가 신규 교사에게 젊은 사람이 아픈 척 꾀병 부린다고 하면서 술을 강제로 마시게 하는 사례가 있다. 이런 사람들은 가까이하지 않는 것이 좋다. 술을 마시지 못할 경우 눈치 보지 말고 과감하게 거절해야 한다. 평소 술을 지나치게 좋아하고 자기 몸 관리를 제대로 하지 않는 교사가 있다. 결국 몸 상태가 안 좋아 명예퇴직하거나 후유증으로 잘못되는 경우가 있다. 그때는 후회해도 늦는다.

그럼 교사로서 건강하게 살려면 어떻게 해야 될까?

첫째, 감사한 마음을 갖고 살자.
- 잘 볼 수 있는 눈이 있어서 감사하자.
- 두 팔을 움직일 수 있어서 감사하자.
- 두 다리로 걸어 다닐 수 있어서 감사하자.
- 식사를 맛있게 할 수 있어서 감사하자.
- 씹을 수 있는 치아가 있어서 감사하자.

이렇게 일상에서 감사한 마음을 갖고 살면 마음이 건강해지고 몸도 건강해진다.

둘째, 재미있게 살자.

하루를 살면서 재미도 있고 유익하게 살아야 한다. 나는 괴롭지 않다고 생각하는 것도 좋은 습관이다. 매 순간이 재미있다고 생각하면 행복하다. '군자는 마음이 평안하고 차분하나, 소인은 항상 근심하고 걱정한다.'고 공자가 말했다. 걱정한다고 걱정이 없어지면 걱정이 없을 것이다. 그래서 근심 걱정 대신 괴롭지 않은 마음을 갖는 것이 곧 행복이다.

셋째, 긍정적으로 생각하자.

주변에 '염려증'이 심한 사람들을 보면 늘 인상을 쓰고 있는 것을 보게 된다. 사소한 일에도 짜증을 내고 걱정을 달고 사는 사람도 있다. 이러면 정신 건강을 해칠 수 있다. 미래에 일어나지 않을 일을 미리 걱정하는 사람도 있다. 현재를 매 순간 긍정적인 마음으로 지내는 것이 좋다. 몸이 아픈 것에 집착해서 신경 쓰면 오히려 몸에 부정적으로 작용한다. 그래서 몸이 더 아프게 된다.

혹시 몸이 아파서 치료를 받게 되면 이만하길 다행이라고 생각하자. 이렇게 아픈 곳을 치료받게 돼서 다행이라는 긍정적인 생각을 해야 한다. 예를 들어 암에 걸렸더라도 "지금이라도 발견하게 돼서 다행이다."라고 생각해야 된다. 그다음에 병원에서 의사에게 치료받거나 회복하는 방법이 최선의 길인 것이다. 암에 걸렸다고 왜 내가 암에 걸렸냐고 화를 내고 원망을 해봐야 나만 손해이다. 정신 똑바로 차리고 최선의 방법을 생각해보고 최선이 안 되면 차선의 방법을 찾아봐야 한다. 사람이 건강해야 한다고 생각하지만 늘 건강할 수는 없다. 사람은 언제 어디서 어떻게 아플지 아무도 모른다. 그러나 아프다고 당장 어떻게 될 것처럼 근심 걱정하지 말고 항상 긍정적인 마음으로 사는 자세가 중요하다.

넷째, 이 순간을 즐기자.

'까르페 디엠'이라는 말이 있다. 영화 '죽은 시인의 사회'에서 존 키팅 선생이 학생들에게 했던 말로 유명하다. '오늘을 즐기라'고 흔히 사용하는 카르페Carpe는 라틴어로 '즐기다, 잡다, 사용하다'라는 의미와 디엠diem은 '날'을 의미한다. 미래에 대해 걱정하지 말고 '오늘을, 이 순간을 즐기라'는 말이다. 브라이언 다이슨은 "어제는 역사이고, 내일은 수수께끼이며, 오늘은 선물이다. 그렇기에 우리는 present현재를 present선물이라 부른다."라고 말했다. 과거를 후회하고 아직 오지 않을 미래를 걱정하는 것은 쓸데없는 짓이다. 이미 지나간 것은 어쩔 수 없다. 아무리 후회해도 되돌릴 수 없다. 말이든 행동이든 그 어떤 것이든 이미 저질러졌기 때문에 나를 원망해봐야 소용이 없다. 날아간 화살은 되돌아올 수 없기 때문이다. 그래서 후회도 하지 말고 걱정도 하지 말고 현재에 충실하고 만족하면서 즐기면 된다.

다섯째, 아프면 바로 병원에 가자.

아프면 바로 병원에 가서 치료를 받고 빨리 회복해야 한다. 몸이 안 좋은데도 방치하면 어느 순간 걷잡을 수 없는 결과를 초래한다. 조금씩 누적되어 자신의 몸을 방치할 수도 있다. 수업 때문에 또는 관리자 눈치 보여서 못 간다는 이야기를 들었다. 수업을 바꿔서라도 다녀와야 한다. 관리자들 눈치 보지 말고 떳떳하게 병가 내고 조퇴하고 당당하게 진료 받아야 한다. 내 몸은 내가 지켜야 한다. 내 몸이 아프면 누구도 대신해주지 않는다. 학교에서도 내가 아프지 않고 건강할 때 동료 교사이지 아프면 남이 된다. 그래서 먼저 병원 가서 진료 받고 필요한 조치를 빨리 받아야 한다. 진료를 받으면 일단 걱정이 사라진다. 왜냐하면 아무 이상이 없다면 아프지 않아서 좋고, 어디가 안 좋다는 진단이 나오면 아픈 원인을 알아서 좋다. 그래서 아픈 상태로 신경 썼던 스트레스가 사라진다. 병원 진료 안 받고 막연한 불안감에 걱정만 하지 말자. 이 세상에서 제일 우선순위는 내 몸이다. 새로 부임해온 교사가 학교에서 밤늦도록 새로운 업무에 매달리다가 영영 돌아오지 못할 강을 건너는 경우도 있다. 자신의 몸을 돌보지 않고 무리한 탓이다. 피곤할 때는 다 내려놓고 쉬어야 한다. 내 몸은 내가 잘 안다고 곧 괜찮아진다고 하면서 무리하면 반드시 어떤 식으로든 탈이 나게 된다.

여섯째, 의사의 말을 잘 듣자.

나는 무릎과 허리가 안 좋아서 물리치료를 자주 받는다. 그러던 어느 날 아프면 물리치료 받으면 된다는 생각이 들었다. 물론 보험으로 실비처리가 된다. 그렇게 안이하게 생각하고 또 무리하면서 반복적으로 병원을 자주 가게 되었다. 어느 날 물리치료 받으면서 생각을 했다.

'왜 자꾸 병원에 오는 걸까?'

'병원에 오지 않는 방법은 무엇인가?'라고 스스로 질문을 하게 되었다. 의사 선생님이 해준 말을 기억해 봤다.

"무거운 물건을 들지 마라."

"머리 감을 때 몸을 구부리지 말고 서서 샤워기를 사용해서 샴푸를 해라."

"양치하면서 허리를 숙일 때 다리를 같이 구부려라."

"무거운 물건을 들 때 허리를 앞으로 숙이지 말고 수직으로 들어라."

평소 치료받을 때마다 의사 선생님이 생활 속에서 조심해야 할 점에 대해 해준 말이다. 이렇게 조심해야 할 것들을 기억하고 실천만 잘해도 병원에 안 갈 수 있다. 그런데 주의사항을 스스로 무시하면서 허리와 관절을 마구 사용하고 병원에서 치료받는 악순환을 되풀이하고 있었다. 아프면 빨리 병원에 가서 치료받고 의사 선생님의 말을 잘 듣고 실천하는 것이 하루라도 빨리 회복하는 것이 최선의 선택의 길이다. 세상 어떤 소중한 것도 내 몸과 바꿀 수 없다. 내 몸이 아프지 않도록 평소에 자신의 상태에 따른 건강관리를 잘해야 한다.

일곱째, 운동을 꾸준히 하자.

거창한 운동이 아니어도 좋다. 비싼 운동기구나 메이커 운동복이 없어도 괜찮다. 내가 할 수 있고 내 몸에 무리가 되지 않는 범위 내에서 할 수 있는 운동을 찾아서 꾸준히 하면 된다. TV홈쇼핑에서 헬스 트레이너들이 파는 운동기구들이 많다. 그걸 보고 저 사람들처럼 내 몸이 멋지고 건강할 것 같아서 실내 자전거를 샀다. 두 달 정도 지나자 실내 자전거는 옷걸이가 되었다. 그렇게 방치된다.

비용을 최소화하면서 누구나 할 수 있는 운동이 바로 걷는 운동이다. 의학의 아버지라 불리는 히포크라테스는 "걷기가 최고의 명약이다."라고 했다. 왜 걷기가 최고의 명약이라고 했을까? 사람은 원래 걷는 것에 최적화되어있다. 그런데 차를 타고 다니기 시작하면서 걷지 않으니 질병에 걸리기 시작했다. 건강하게 장수하는 노인들의 비결은 바로 걷기이다. 하루에 일만 보를 걷는 것이 좋은 줄 아는데 6천 보에서 7천 보를 걸어도 충분하다는 연구 결과가 있다. 자신의 몸이 허락되는 범위 내에서 걷기를 실천해야 한다. 결국 건강은 건강할 때 지켜야 한다.

교사의 학벌보다
중요한 것

　학교 식당에서 점심을 먹고 최수길가명 선생님과 학교 정원을 산책하게 되었다. 그는 한숨을 푹 쉬면서 4교시 수업 시간에 아이들과 있었던 이야기를 들려주었다. 이야기의 핵심은 이랬다. 최 교사에게 한 아이가 선생님은 어느 대학을 나왔냐고 물어봤다는 것이다. 그 아이의 담임교사가 'ㅇㅇ대학교' 출신인데 담임교사는 "ㅇㅇ대학교는 아무나 못 들어간다."고 했다고 한다. 그러면서 최수길 선생님에게 어느 대학을 나왔냐고 물어봤다고 한다. 교사는 대학 졸업장보다 아이들과 관계가 우선이고 그 다음이 수업이라고 생각한다. 출신 대학 순으로 수업을 잘하고 아이들과의 관계가 좋은 것은 아니라고 생각한다.

평소 아이들 성적 관리를 지나칠 정도로 엄격하게 하는 교사가 있었다. 학년말에 다음 새 학기 담임 배정을 발표한다. 전체 조회를 하면서 담임교사와 교과교사를 발표하는데 강당 안이 탄성과 웅성거림으로 가득 찼다. 왜냐하면 그 성적 관리에 엄격한 교사의 반으로 배정된 아이들이 담임교사가 싫다고 바꿔 달라고 내뱉는 탄식 소리였다. 아이들은 성적 지상주의를 강조하는 엄격한 교사보다 아이들과의 관계성이 좋은 선생님을 좋아한다. 아이들의 눈높이에 맞춰주는 교사, 힘들어할 때 위로가 되어 주는 교사를 더 좋아한다.

영화 '행복은 성적순이 아니잖아요'가 있다. 전교 1등 하던 여학생이 1986년 한 줄 유서를 남기고 떠났다. 그 한 줄 유서가 책이 되었고, 영화가 되어 사회의 큰 반향을 일으켰다. 공부만 잘한다고 행복한 것일까? 학교는 공부만 하는 곳이 아니다. 공부 말고 배우는 것들이 너무 많다. 교육의 목적은 가르치고 배우는 것이다. 상호작용하면서 함께 성장하는 곳이다. 개인을 위한 곳이 아니고 모두를 위한 곳이어야 한다. 친구들과 사귀고 놀면서 인간관계를 배운다. 친구들과 부대끼며 의견 충돌로 다툼을 벌이기도 하고, 화해하면서 성장한다. 공동체의 일원으로서 살아가는 방법을 자연스럽게 배우고 익히게 된다.

학교에서는 교사와 학생의 관계가 중요하다. 교사에게 교과의 지식뿐만 아니라 그동안 살아온 인생 전체를 보고 듣고 배우게 된다. 교사와의 상담을 통해 전해오는 따뜻한 말 한마디에 위로와 감동한다. 때론 따끔한 말로 잘못된 습관과 행동을 바로 잡아주기도 한다.

성악가로 잘 알려진 임웅균 교수는 음악 점수가 양 또는 미였다고 한다. 초등학교 5학년 때 합창을 하면서 선생님이 크레셴도crescendo를 설명하면서 점점 세게 하라고 해서 힘을 줘서 큰 목소리로 노래를 했다고 한다. 담임교사는 "노래도 못 하는 게 목소리만 크다"고 화를 내며 혼냈다고 했다. 임웅균 교수의 목소리가 워낙 커서 교실이 쩌렁쩌렁 울릴 정도였다고 한다. 그 후 본인은 음악에는 소질이 없다고 생각하여 별 관심을 두지 않았는데 중학교 2학년이 되어 새로운 음악 선생님을 만나 수업 시간에 노래를 부르게 되었다. 큰 목소리로 노래를 부르자 아이들은 웃기 시작했다. 그러나 음악 선생님은 노래가 끝나고 다음과 같이 말했다. "너는 기가 막히게 좋은 목소리를 지녔기 때문에 성악을 해야 한다." 이 말에 큰 용기를 얻어 열심히 노래 연습을 해서 세계적인 성악가가 되었다. 중2 때 음악 선생님의 격려와 응원이 없었다면 성악가로서의 임웅균 교수는 없었을 것이다.

고등학교에서 재직 시 담임교사를 할 때였다. 첫 담임 반을 맡아 나름대로 열심히 하려고 노력했다. 아이들과 상담하는 시간도 틈나는 대로 자주 가지려 했다. 그러나 3월은 학기를 시작하는 때라 계획서와 할 일이 많아 상담을 거의 하지 못하고 있었는데 진희가명가 상담을 요청해왔다. 중학교 때 집안 형편이 어려워서 공부를 많이 못 했다고 한다. 고등학교에 진학하니 수학이 너무 어렵다고 했다. 진희와 상담을 해 보니 중학교 2학기 때부터 집안일을 돕느라 공부할 시간이 부족했다고 한다.

"진희야. 고등학교 수학이 힘들면 중1 수학책을 풀어보면 어떨까?

"중1 수학책을요?"

"그래. 중1 수학을 지금부터 풀면 어떻겠니?"

"네. 중1 수학은 어렵지 않을 것 같아요."

"그래, 좋아. 선택은 네가 해야 되는데 너의 생각은 어떠니?"

"네, 해볼게요."

진희는 나의 제안을 받아들였고 3, 4월 두 달 동안 중1 수학책을 끝냈다. 중2 수학책은 7월 말까지 모두 끝냈다. 중3 수학책은 혼자 풀기 어려워서 동료 수학 선생님에게 부탁해서 야간 자율 학습 시간을 이용해서 도움을 받았다. 가끔 진희와 상담을 통해 진행 과정에 대해 점검도 해주고 용기를 다독여주었다. 수학을 직접 가르쳐 줄 수 없는 담임교사로서 해줄 수 있는 것은 응원과 격려밖에 없었다. 드디어 본인의 노력과 수학 선생님의 도움을 받아 중학교 1, 2, 3학년 수학책을 1년 안에 끝낼 수 있다. 1학년 말미에 문과와 이과를 정하는 상담을 했다. 진희는 수학에 자신은 없지만 수학 공부를 더 하고 싶다며 이과를 선택하겠다고 했다. 나는 아이의 선택을 존중해줬다. 진희의 진로 희망은 교사가 되어 아이들을 가르치고 싶다고 했다. 수학 때문에 힘들어했던 진희는 희망했던 대로 교육대학에 진학했고 교사가 되었다. 지금도 멋진 선생님으로서 아이들에게 최선을 다하고 있다.

성적순으로 줄 세우기는 쉽다. 누구나 할 수 있다. 그러나 성적으로 줄 세우기 전에 아이가 무엇에 관심이 있고 무엇을 잘하는지 관심을 가져야 한다. 교사는 아이의 성적만을 강조할 것이 아니라 아이의 내면을 먼저 보듬어 주자. 학교에서 공부 이외에도 잠재 능력을 찾아주고 잘할 수 있도록 격려와 응원을 해줘야 한다. 교사가 어떤 대학을 나왔느냐가 중요한 것이 아니다. 교사는 아이들을 좋은 세상에서 자신의 힘으로 하나의 인격체로 살아갈 수 있도록 조력자로서 안내해주는 것이 더 중요하다고 생각한다.

4.

교사가
힘들다고 느낄 때

언론 보도에 따르면 최근 교사들의 명예퇴직이 다시 증가세로 돌아섰다고 한다. 명예퇴직의 가장 큰 사유로는 1위가 교사의 고령화에 따른 건강 문제이고 2위가 학생 지도가 어렵다는 것이다. 무엇보다도 줄어들지 않고 있는 교권 침해도 한 가지 원인으로 작용했다.

'노인이 죽으면 도서관 하나를 잃는 것과 같다.'는 말이 있다. 노인은 오랜 경험과 지혜를 가지고 있기 때문이다. 경험은 이론적인 교육만으로는 전달이 안 된다. 그동안 살아온 다양한 경험에서 얻은 지혜를 단순히 말로만 전달하는 것은 쉽지 않다. 누구를 가르치는 교육은 아무나 할 수 있는 일이 아니다. 안다고 다 잘 가르칠 수는 없기 때문이다. 그래서 가르침이 주는 가치는 돈으로 환산할 수 없는 만큼 소중하다. 그런데 아이들을 가르치는 일에 경력 교사들이 건강상의 이유로, 생활 지도의 어려움으로 교단을 떠나고 있는 실정이다.

지금도 교단에서 열심히 최선을 다해 아이들을 위해 노력하고 있는 교사들이 많다. 교사들의 사명감과 열정이 있기 때문에 한국 교육이 유지되고 있다. 단순히 안정적인 직업을 위해 교직을 선호한다고 생각하지 않는다. 안정적인 직업이라는 생각만으로 교직을 시작해서는 안 된다. 수업 이외에 다양한 업무와 아이들의 생활 지도를 맡아야 한다. 이것이 별것 아닌 것 같아 보이지만 실제로 교육 현장에서 부딪혀보면 많은 어려움이 있다. 그렇기 때문에 교직은 반드시 사명감이 동반되어야 한다. 어렵게 교직을 택하고 교사가 되었는데도 교직이 적성에 맞지 않다는 이유로 다른 일을 찾아 이직을 선택하기도 한다. 주변에서 어렵게 들어간 교직을 왜 그만 두냐고 한다. 그것은 오로지 본인의 선택과 의지에 달려있다. 자기 직업을 그만두는 것은 자신의 인생관과 관계가 있기 때문이다. 아이들이 사고 쳐서 학부모 민원 때문에 힘들고 어려워서 그만두는 교사도 있다. 어떤 일이든 내가 어떻게 대하느냐, 어떤 마음으로 일하느냐에 따라 달라진다.

일반 회사에 입사해도 회사 동료나, 거래처 사람들과 부딪히게 된다. 어떻게 한 사람도 안 부딪치면서 회사 생활을 할 수 있을까? 어디서나 어려운 일은 항상 발생한다. 공무원도 좋을 것 같지만 공무원들도 애로 사항이 많다. 민원인에 시달리고 각종 행사에도 의무적으로 동원되어 나가야 한다. 홍수나 재난 발생 시 가장 먼저 나가서 시민들의 피해복구를 도와야 한다. 그 역시 어렵고 힘든 것은 마찬가지이다. 이 세상에 힘들지 않고 어렵지 않은 일은 없다. 교직이 그렇게 힘들고 어려운데 왜 그만두지 못하는 것일까? 만약 돈과 관련된 것이라면 참고 다녀야 한다. 학생을 지도하다가 오해의 소지가 있어 학부모가 민원을 넣어도 참고 견뎌 내야 한다. 내키지 않는 교직보다는 즐겁고 행복한 교직을 내가 먼저 주도적으로 선택하길 바란다.

세상에는 없는 것중 하나가 정답이 없다는 것이다. 그러나 정답은 없지만 선택은 있다. 인생을 살다 보면 반드시 선택을 해야 한다. 세상에 어렵지 않고 내 마음이 편한 일은 없다. 그런 직업은 존재하지 않는다. 우선 마음을 편안하게 가질 필요가 있다. 마음을 다스리는 공부는 생활 속에서 자연스럽게 해보자. 먼저 나 자신을 사랑하자. 그리고 나를 있는 그대로 바라보라. 나를 사랑하지 않고 이해하지 못하면서 어떻게 남을 이해할 수 있을까? 중요한 것은 세상 누구도 나를 대신해주지 않는다. 나를 먼저 사랑하고 남도 사랑하자. 우선 마음의 행복이 중요하다.

내 마음을 다스려보면서 들여다봐야 한다. 교사를 그만두고 싶은 사람은 교직이 정말 나하고 잘 맞는지, 맞지 않는지 3년만 해보길 권한다. 3년만 하고 퇴직하겠다고 생각하면 우선 내 마음이 유연해진다. 내가 교직 아니어도 할 일이 있다고 생각하면 마음이 상당히 차분해진다. 3년 동안 수업하고, 생활 지도를 놀이하듯 즐기면서 교직을 해보자. 그러고 나서 그만둘지 계속할지 나중에 결정해도 늦지 않다. 3년 동안 월급을 절약하면서 모아두자. 그 돈은 다른 일을 찾을 때 든든한 지원군 역할을 한다. 그동안에 내 마음을 먼저 보고 내 생각을 존중해 주자. 만일 아이들이 힘들게 한다면 그것은 외부요인이다. 아이들이 나를 힘들게 한다고 거기에 초점을 맞춘다면 스트레스가 되어 나를 더 힘들게 한다. 아이 문제로 힘들다면 아이의 부모님과 상의해보는 것도 좋다. 그리고 상담교사나 상담 센터와 연계하여 지도하는 것도 좋다. 절대로 혼자 무거운 짐을 지지 말아야 한다. 교사이기 때문에 무한 책임을 진다는 부담감은 절대 느끼지 않기를 바란다. 문제적 아이를 내가 어떻게든 고치려고 하는 마음을 내려놓자. 아이를 미워하는 마음을 내려놓고 이해하는 마음으로 바꿔보자. 외부의 다양한 문제에 중심을 두지 말고 나의 마음에 더 집중하면 된다.

교사는 안정된 직업이다. 아직까지는 사회적으로 존중받는 직업이라고 생각한다. 물론 무 자르듯 직업을 평가할 수 없지만 세상 사람들이 안정적인 직업으로 평가하는 것은 틀림없다. 교직이 힘들다고 느낄 때 내 마음을 좀 더 넓게 가질 필요가 있다. 작은 상처에 흔들리지 않는 단단한 마음을 가져야 한다. 하루에도 사건 사고가 끊이지 않는 교육 현장에서 그런 것이 말처럼 쉽지는 않다. 이왕 교직에 와서 교사가 되었으니 나 스스로를 힘들게 하지 말아야 한다. 내 직업을 사랑해야 한다. '나는 대한민국 교사다.'라는 자부심을 갖고 당당하게 외쳐보자. 무조건 참고 살라는 말이 아니다. 참고 사는 시대는 아니다. 내가 나를 먼저 소중하게 생각하라는 것이다.

아이, 학부모, 동료 교직원들이 힘들게 한다고 욱하거나 화내지 말아야 한다. 분노를 표출하지 않는 것만으로도 훌륭한 교사가 될 수 있다. 화가 올라오는 것을 알아차리면서 나를 다스리자. 화를 어떻게 다스리고 대처하느냐가 중요하다. 화내지 않는 방법에는 여러 가지가 있다.

종교를 통해 마음을 다스리는 것도 좋은 방법이 될 수 있다. 성당에 가서 신부님의 말씀을 듣고, 교회에 가서 목사님의 말씀을 듣고, 절에 가서 스님의 말씀을 듣는 것도 좋다. 좋은 말씀을 듣고 마음을 정화시켜 보는 것도 좋다. 또 요가나 명상을 통해서 몸과 마음을 다스리는 것도 좋다.

무엇보다도 세상에서 내가 제일 소중한 존재라는 것을 인식해야 한다. 내가 나를 먼저 챙겨야 한다. 세상이 급변하고 있다. 교직이 천직이라고 생각한다면 우선 교직에 나를 맞춰야 한다. 어떻게 맞춰야 할까? 먼저 나를 조금 낮추고 겸손해지자. 그럼 아이들과 동료 교직원들이 다르게 보일 것이다.

남들이 나를 어떻게 생각하느냐는 중요하지 않다. 세상에 어느 누구도 나를 대신해줄 수 있는 사람은 없다. 대체 불가이기 때문이다. 세상에서 내가 제일 존귀하다는 것을 깨달아야 한다.

나하고 제일 잘 맞는 한 사람이 있다면 내가 가장 힘들어하는 문제를 가지고 그 사람과 허심탄회하게 이야기해보는 것도 좋은 방법이다. '문제의 원인은 무엇인가?', '나는 그 문제를 어떻게 생각하는가?', '왜 그렇게 생각하는가?', '어떻게 해결하는 것이 좋을까?', '문제를 반대로 생각해보면 어떻게 보일까?' 1:7:2라는 숫자가 있다. 세상에는 나와 마음 맞는 단 한 사람은 있다. 그리고 나를 그저 그렇게 생각하는 7명이 있다. 내가 무엇을 해도 싫어하는 2명이 있다. 그럼 나를 싫어하는 2명을 빼면 나를 좋아하거나 보통인 사람을 합치면 8명이 된다. 이 사람들 중에서 나를 가장 존중해 주고 지지해주는 1명과 대화를 나눠보길 바란다. 그 사람과의 대화를 통해 문제가 의외로 잘 해결될 수 있다. 그리고 나를 좋아하지 않는 사람과는 애써 품으려 하지 말고, 나와 결이 다른 사람으로 인정해주자. 그래야 내 마음이 먼저 편해진다.

교사로서 매너리즘에 빠질 때가 있었다. 그래서 새롭게 변하고 싶었다. 그때 우연히 찾아온 것이 하브루타였다. 하브루타로 수업을 하면서 아이들의 이야기가 들리기 시작했다. 상대방 입장에서 생각해보는 역지사지를 체감했다. 대화를 잘하기 위해서는 잘 들어야 한다. 즉, 경청을 잘해야 잘 듣고 대답을 잘할 수 있다. 경청은 잘 듣는 정도가 아니라, 온 마음을 다해 듣는 것이다. 경청은 첫 번째, 귀로 듣고, 두 번째, 눈으로 듣고, 세 번째, 마음으로 듣는 것이다. 그러면서 나를 돌아봐야 한다. 내가 경청이 잘 안될 때 역지사지 하는 마음으로 주변을 살펴보자. 어떤 사람은 아무 문제가 안 될 것 같은 문제로 힘들어할 수 있다. 만약 힘들어하는 사람이 있다면 함께 하브루타로 질문하고 대화해 보길 권한다. 나도 성장하고 상대방도 성장하는 좋은 경험이 될 것이다.

학교는 늘 예측 불허의 다양한 일들이 발생한다. 동료 교사에게 자문을 구해도 뾰족한 해결책을 찾을 수 없고, 관리자들도 익숙하지 않은 상황에 대해서 뚜렷하고 속 시원한 답변을 못 할 때가 있다. 그런 경우 시군구 교육지원청이나 시도교육청에 문의해야 한다. 교육청 담당자에게 묻고 또 묻다 보면 해결책이 나온다. 상급 기관인 시도교육청은 교육 현장의 문제를 해결해주기 위해 존재하는 기관이다. 교육청 장학사에게 문의하고 해결 방법을 알려달라고 하는 순간 일이 의외로 쉽게 해결되는 경우도 있다. 그러고 나서 교육청에서 알려준 대로 관련 공문에 의거 처리하면 된다. 교사 혼자 모든 일을 떠안거나 책임지려고 하지 마라. 그렇다고 책임을 회피하면서 안이하게 대처하라는 말이 아니다. 인간이 사는 세상에 해결 안 되는 일은 없다. 안 된다고 하는 부정적인 마음이 있을 뿐이다.

성찰을 통해 반성적 실천가가 되어보는 것도 좋다. 나를 돌아보면서 하나씩 생각해보면 마음이 유연해진다. 동료 교사, 관리자, 아이들과 질문하고 대화하면서 다름을 인정하는 것은 좋은 방법이다. 다름을 알게 되면서부터 상대방이 달리 보이기 시작한다. 나를 깨닫는 순간 전체를 보기 시작하면서 통찰력이 생긴다. 논어 학이 편에 불환인지불기지不患人之不己知요, 환부지인야患不知人也라. '남이 나를 알아주지 못함을 걱정하지 말고, 내가 남을 알지 못하는 것을 걱정해야 한다.'는 말이 있다. 상대방이 나를 알아주지 않아서 서운한 마음이 들었다면 그런 생각을 바꿔볼 필요가 있다. 상대방의 장점과 좋은 점을 보고 칭찬해줘야 한다. 상대를 높이면 나도 덩달아 높아지는 것과 같다. 그래서 나를 되돌아보면서 성찰하는 시간을 가져야 한다.

심리적으로 불안한 마음을 버려라. 교사가 직업으로 잘 안 맞는다고 생각된다면, 정신과 의사의 치료를 받아 심리적 안정 감이 생기면 교사가 좋은 직업임을 알게 된다. 교사도 어떤 관점을 갖느냐에 따라 보람도 있고 성취감을 느끼기에 좋은 직업이다. 우선 교직에 자부심을 가져야 한다. 교사가 죽을 만큼 힘들다고 생각되면, 죽을 만큼 최선을 다해보자. 그래도 힘들다면 시간을 가지고 다른 길을 찾아보자. 그렇게 해도 늦지 않다. 세상에 나한테 딱 맞는 직업도 없고 내 마음에 딱 맞는 직장도 존재하지 않는다.

사람들은 연봉이 많은 직장을 신의 직장이라고 한다. 신의 직장은 없다. 그렇게 생각하는 것이고 사막의 신기루처럼 보일 뿐이다. 막상 가보면 별것 아니다. 똑같이 힘들고 인간관계로 괴로워한다. 이제부터라도 주변을 탓하지 말고, 남을 탓하지 말자. 그럴 시간이 있다면 나를 먼저 챙기고 내가 하고 있는 일을 사랑하자. 남이 나를 어떻게 평가하는지 신경 쓰지 말자. 결코 남이 나를 대신해주지 않는다. 남의 시선이나 뒷담화에 신경 쓰지 말고 그럴수록 나를 먼저 사랑하고 자부심을 갖고 당당하게 살자.

교사로서 좋은 점을 적어보자. 잘 모르겠으면 주변 사람들에게 물어보자. 내가 생각하는 것보다 훨씬 장점들이 많이 있다. 그러니 지금부터 교사로서 당당해지자. 나는 완벽한 교사라는 마음을 내려놓고 있는 그대로 나를 바라봐야 한다. 아이들에게도, 동료 교사들에게도 내 의사 표현을 당당하게 하자. 잘 안되면 연습하면 된다. 상대방에게 당당해지면 내 자존감이 올라간다. 자존감이 올라가면 무엇이든 긍정적으로 바라보게 된다.

5.

교사로서
해서는 안 될 일

　수업 중에 재미있게 한다고 특정 아이들의 이름을 빗대서 거론하는 경우가 있는데 이런 것은 조심해야 한다. 자신의 이름이 수업 시간에 나오면 아이들은 상처가 될 수 있다. 상처의 유무를 떠나 수업에 집중이 안 될 수 있다. 그 아이는 수업이 끝나고, 또는 계속 아이들 입에 오르내릴 수 있음을 알아야 한다. 그것이 뭐 중요한 일이냐고 반문할 수 있지만 단 한 번으로도 아이에게는 평생 상처가 될 수 있다. 사람의 이름을 예로 든다면 홍길동, 철수, 영희로 누구나 다 아는 이름으로 예시를 들어야 한다. 아무리 좋은 의미로 예를 들어도 받아들이는 아이의 입장을 생각한다면 조심해야 한다.

시험문제 낼 때도 지문이나 문항에 현재 재학 중인 특정 아이의 이름을 쓰지 않아야 한다. 누가 봐도 누구인지 알 수 있는 이름을 사용해서도 안 된다. 시험 볼 때 딴생각이 날 수도 있다. 특정 아이의 이름을 거론하면 다른 아이들이 왜곡해서 받아들여 특정 아이의 명예가 훼손될 수도 있다. 아무리 특정 아이와 친하더라도 절대 하지 말아야 한다. 자칫 오해를 불러일으킬 수 있다. 입장을 반대로 생각해봤으면 좋겠다. 교사가 특정 학생이라고 생각하고 수업 중 특정 학생이 교사가 되어 자기 이름을 자꾸 거론하면 기분이 좋을 것인가를 생각해보면 된다. 내가 싫고 불편하면 아이도 싫고 불편하다.

칭찬받을 만한 일을 했을 때는 칭찬만 해야 한다. 그 이상도 그 이하도 하면 안 된다. 어떤 아이를 대상으로 과중한 칭찬을 하면 다른 아이들의 시기심과 질투심을 불러일으킬 수 있다. 아이들은 아직 정신적으로 성숙하지 않은 시기라 교사의 의도를 정확하게 받아들이지 않을 수 있다. 어른들도 확증편향인데, 질풍노도의 사춘기 시절 아이들에게 더욱 조심해서 말을 해야 한다.

아이들과 상담할 때 불필요한 말을 삼가야 한다. 상담할 때도 아이에게 부모님, 형제자매, 친구 관계, 이성 친구와 연결해서 확대해석하지 말자. 아이가 상담을 요청해오면 경찰서에서 피의자 조사받는 식의 상담은 지양해야 한다. 아이에게 이런저런 말을 자꾸 해 줘야만 할 것 같아 불필요하게 상담내용과 관계없는 많은 말을 하게 되는 경우가 있다. 그보다는 먼저 아이의 이야기를 충분히 들어줘라. 그래야 아이의 마음이 편해지고 라포 형성이 자연스럽게 이루어진다. 상담하러 온 아이에게 교사의 개인적 경험담을 이야기해주는 것은 옳은 상담이 아니다. 상담을 빙자한 훈계가 될 수 있다. 아이와 상담할 때는 오롯이 아이가 중심이 되도록 해주어야 한다. 아이 스스로 생각하고 말할 시간을 주는 것이 좋다. 아이의 생각이 어떤지를 물어보고 어떻게 하면 좋을지를 물어보자. 아이의 생각을 끄집어내서 대화를 나누다 보면 고민이 조금씩 풀린다. 모든 문제의 답은 자기 내면에 있기 때문이다.

아이가 잘못했을 때 부모님과 연결 지어 말하는 경우가 있다. 아이를 혼낼 때

"너의 부모님이 그렇게 하라고 가르쳤냐?"

"부모님을 봐서라도 그렇게 하면 안 되지!"

"너의 누나(형)는 안 그런데 너는 왜 그 모양이냐?"

"선생님이 네 아빠(엄마)의 담임이었어. 똑바로 잘해라."

아이를 훈계할 때는 잘못한 것만 이야기해야 한다. 아이와 이야기할 때는 부모와 가족을 끌어들이지 말아야 한다. 시대착오적인 잘못된 사고방식이다. 과거 선배 교사들이 했던 방식을 그대로 답습하지 말자.

수업 중에 학교 관련 사람들 이야기는 하지 말자. 수업 시간에 맥락도 없이 불쑥 학교에 관련된 사람들 관리자, 행정실, 동료 교사 등에 관해 말하기 좋아하는 교사가 있다. 교사의 말 한마디로 아이들은 학교와 관계된 사람들에 대해 자칫 잘못된 판단을 불러일으킬 수 있다. 받아들이는 아이들 입장에서는 왜곡해서 받아들일 수 있기 때문이다. 아무리 좋은 내용이라도 아이들은 선택적으로 들을 수 있다. 그리고 선택적으로 받아들인 이야기를 부모, 관리자, 행정실, 다른 교사에게 전달했을 때 문제가 될 수 있다. 수업 중에는 학교에 관련된 사람들 이야기는 특별히 조심해야 한다.

내 생각과 다르다고 불평하듯이 말하면 아이들은 혼란에 빠진다. 아이들과 함께하는 수업 시간은 학교 관계자에 대해 이런저런 이야기를 할 만큼 한가하지 않다. 시험 앞두고 시험 범위까지 진도를 못 나가서 언제 다 하냐며 무척 바쁘다고 말하는 교사가 있다. 평소에 맥락도 없이 수업 시간에 딴 이야기로 수업 시간 다 까먹고 정작 시험이 다가오면 시간이 없다고 푸념한다. 그렇게 엉뚱한 이야기로 수업 시간을 소진하고 진도를 못 빼서 바쁘다고 말하는 교사는 반성해야 한다. 그렇게 수업 시간에 딴 이야기로 에너지를 낭비하니까 시험 앞두고 진도 맞추느라 힘들게 되는 것이다. 수업 시간에는 엉뚱한 소리하지 말고 수업에 집중하자.

연예인 이야기도 될 수 있으면 하지 않는 것이 좋다. 아이들에게 연예인 이야기를 꺼내는 순간 호불호가 갈리기 때문에 조심해야 한다. 자칫 잘못하면 연예인 이야기로 수업의 본질이 흐려질 수 있고 수업에 방해가 될 수 있다. 연예인 이야기를 교사의 감정을 연결해서 하면 절대 안 된다. 청소년기 아이들은 연예인에 대한 동경이 있고, 인생의 전부인 것처럼 생각하는 아이들이 있다. 반면에 전혀 관심을 두지 않는 아이들도 있다는 사실을 알아야 한다. 아이들이 좋아하는 연예인의 일거수일투족 모든 스케줄을 꿰고 있는 아이들에게 어설프게 접근하면 오히려 망신을 당하거나 관계가 나빠질 수 있다.

정치인 이야기도 조심해야 한다. 왜냐하면 아이들은 미성숙한 청소년기를 보내고 있기 때문이다. 오죽하면 세상에서 가장 쓸데없는 걱정이 정치인 걱정이라는 말이 있을 정도이다. 정치인도 사람이기 때문에 존중받아야 마땅하다. 그런데 어떤 관점으로 바라보느냐에 따라 시각차는 180도 달라진다. 무엇보다도 교사는 교과 지식을 통해 다양한 관점 속에서 아이들이 통찰력을 기를 수 있도록 가르치는 것이 더 중요하다.

아이에게 절대로 욕을 하거나 때리지 말아야 한다. 아이가 잘못해서 욱하고 올라오더라도 참아야 한다. 냉정을 되찾고 매뉴얼 대로 대응해야 한다. 자칫 감정적으로 대했다가는 주객이 전도될 수 있기 때문이다. 그래서 화가 올라오면 심호흡을 하면서 마음을 조금씩 차분하게 해야 한다. 잠깐 교실 창문 밖을 바라봐도 좋다.

아이를 교실 밖으로 내보내지 말아야 한다. 아무리 화가 난다고 해도 아이를 교실 밖으로 혼자 내보면 안 된다. 과거 아이를 반성하라고 복도에 나가 있으라는 교사가 있었다. 아이가 복도에서 "다음부터는 선생님 말씀 잘 들을 거야."라고 반성할까? 이런 방법은 절대 하지 말아야 한다. 아이들은 항상 교사의 가

시거리 안에 두어야 한다. 만일 교사의 눈 밖을 벗어나 사고라도 난다면 돌이킬 수 없는 상황이 된다.

다른 학년이나 다른 반과도 비교하지 말아야 한다. 비교하는 순간 아이들은 비교당해서 기분이 나빠진다. 비교하면 아이들이 더욱 분발할 것이라고 착각하는 교사들이 있다. 비교는 가장 나쁜 교육적 태도이다. 아이들은 비교당하는 순간 좌절감에 빠지거나 교만해진다. 반대로 생각해보면 된다. 교장 선생님이 교사들끼리 비교해서 말하면 기분 나쁘거나 자존심이 상한다. 아이들도 마찬가지다. 그래서 비교는 절대로 해서는 안 된다. 탈무드에 이런 말이 있다 '형제의 머리를 비교하면 둘 다 죽이지만, 개성을 비교하면 둘 다 살릴 수 있다.'

수업 중에 절대로 교실을 벗어나지 않아야 한다. 왜냐하면 수업 중 교사가 교실을 벗어나는 순간 공백 현상이 나타난다. 학교는 정해진 시간에 수업하고 정해진 시간에 휴식을 갖는다. 교사가 수업 중 교실을 벗어나서 사고가 발생하면 고스란히 교사가 책임을 져야 할 경우가 생길 수 있다. 또한 교실에 너무 늦게 들어갔거나 너무 일찍 나와서 공백시간에 사고가 날 수가 있다. 교사가 없는 교실에서 어떤 일이 일어날지 모르는 예측 불허의 상황이 될 수 있다. 교사가 관리하고 있을 때도 돌발사고가 일어나는데 수업 중 교사가 자리를 이탈해서 사고가 났다면 교사는 책임을 면할 길이 없다. 위급한 상황이 오더라도 절대로 교실을 떠나지 말아야 한다. 휴대전화가 없어 위급상황을 알릴 수 없다면 교무실로 학생을 보내 위급상황을 알려야 한다. 이것은 배가 항해 중 사고가 나면 선장이 배를 끝까지 지키는 것과 같다. 그래서 교사가 맡은 수업 시간에는 특별한 일이 아니면 어떠한 일이 있어도 교실을 나가지 말아야 한다.

6.
나 하나쯤이야
괜찮겠지

　학교에서 각종 체험 활동이나 수학여행을 갈 때도 항상 안전사고에 유의해야 한다. 아이들은 언제 어디서나 교사의 관리가 가능한 거리에 있어야 한다. 집과 학교를 떠나 잠시의 자유를 만끽하고 싶은 혈기 왕성한 10대이기 때문에 늘 긴장감을 늦춰서는 안 된다. 인솔 교사가 안전 수칙을 아무리 강조해도 아이들은 금방 잊어버린다.

　예를 들어 버스를 타고 단체로 이동할 때 안전벨트를 착용하라고 하면 꼭 하지 않는 아이들이 있다. 이럴 때는 교사가 직접 눈으로 확인해야 한다. 처음 출발할 때부터 꼭 확인해야 한다. 그래야 아이들은 안전벨트를 착용한다. 아이들의 안전에 관계된 것은 처음부터 느슨하게 하면 안 된다. 안전벨트처럼 철두철미하게 해야 한다. 목적지까지 가는 도중에 휴게소에 들리면 반드시 버스 기사에게 휴식 시간을 확인해서 전달해야 한다. 휴식 시간에 맞게 화장실도 다녀오고 간식도 먹을 수 있는 시간을 스스로 조절하게 해야 한다. 버스 출발하기 전에 인원 파악을 하면 꼭 늦게 오는 아이들이 있다. 조금 늦어도 기다려 주겠지 하는 안이한 마음으로 모두를 긴장시키곤 한다. 처음 출발할 때부터 늦게 오면 교사는 아이에게 냉정하게 훈계를 해서 두 번 다시 버스에 늦게 타지 않도록 해야 한다. 처음부터 느슨하게 하면 악순환의 연속이 된다. 이런 분위기를 방지하려면 출발 전부터 안전교육을 철저히 시켜야 한다. 형식적인 안전교육 말고 실질적인 안전교육을 해야 한다. 교과별로 안전과 관련해서 짝 활동, 모둠활동을 하면 좋다. 한번 해보면 안다. 형식적인 안전교육은 금방 잊어버린다. 그래서 아이들이다. 버스 이동 중에도 계속 똑같은 내용을 머릿속에 세뇌시켜야 한다. 교사 입장에 아이들이 '잘하겠지.' 또는 '별일 없겠지.'라는 안이한 생각을 하면 안 된다. 잠시 잠깐의 방심이 예상치 못한 화를 불러일으킬 수 있다.

아이들은 집을 떠나왔다는 해방감에 들떠서 일탈을 상상한다. 물론 아이들이 한 번쯤 일탈할 수 있다고 생각할 수 있다. 어른들도 청소년기에 그러면서 자랐다고 이야기할 수 있다. 과거에 괜찮았으니 지금도 괜찮을 거라는 생각이 안전 불감증을 만들어낸다. 10번 중 9번을 잘했어도 1번의 실수가 돌이킬 수 없는 상처로 남는다. 지금까지 경험해온 많은 사건 사고들이 그런 경우이다. '괜찮겠지', '나는 괜찮을 거야', '별일 없을 거야', '그동안도 별일 없었으니까' 이런 안전 불감증이 평생의 트라우마로 남을 상처가 된다.

현장 체험 시 행사 기획 담당 교사를 중심으로 일사불란하게 연락을 주고받아야 한다. 보통은 행사를 주관한 교사가 진두지휘를 하고 나머지 교사는 거기에 따라 움직이는 것이 관례였다. 그러나 이제는 바뀌어야 한다. 인솔하는 전체교사의 네트워크 단체 대화방를 만들어야 한다. 수시로 반별 상황이나 버스 이동 시 아픈 아이가 있거나 특별한 상황은 없는지 이상 유무를 점검하고 공유해야 한다. 담임교사는 반 아이들을 수시로 점검하고 이상 발생 시 단체 대화방에 기록으로 남겨야 한다. 그래야 인솔책임자와 주관 교사와 인솔하는 모든 교사가 함께 공유하게 된다. 공유를 통해 다른 반에서 유사한 사례가 발생하지 않도록 해야 한다. 그때그때 발생하는 일들을 글, 사진, 영상으로 찍어 기록해두자. 적자생존이 생존을 위한 가장 기본이 된다.

우리 반 아이들만 괜찮으면 된다는 식의 안이한 생각도 안전 불감증이다. 함께 움직이면 끝날 때까지 한배에 타고 움직인다는 마음 자세를 가져야 한다. 함께 참여한 비담임 교사 중 어떤 교사는 손 하나 까딱 안 하는 경우가 있다. 이래서는 곤란하다. 비담임 교사가 학교 행사에 놀러 간다는 마음으로 참여하면 안 된다. 담임교사들을 적극적으로 도와야 한다. 문제가 될 만한 행동을 할 수 있는 아이들을 좀 더 관찰한다든지 휴게소에서 늦는 아이들에게 서둘러 버스에 탑승하도록 안내하자. 버스에 승차해야 하는데 배가 아파서 화장실에 남아 있는 아이가 있는지 확인도 필요하다. 이런 보이지 않는 비담임 교사들의 활동이 총괄 진행하는 담당 교사와 담임교사들의 수고로움을 조금씩 덜어줄 수 있다. 이런 협조가 있어야 안전하고 건강한 체험활동이 될 수 있다.

당일로 다녀오는 체험 활동이나 행사 참여도 똑같은 마음으로 해야 한다. 비담임 교사는 자신과 아무 관계도 없다는 생각을 해선 안 된다. 있으나 마나 한 방관자처럼 행동해서는 안 된다. 버스 안이 교실이라고 생각해야 한다. 탐방하는 장소가 학교라는 마음으로 아이들 지도에 적극적으로 함께 행동해야 한다.

다음은 중학교 재직 당시 설악산으로 수학여행을 갔었을 때의 안전사고 상황이다. 버스에서 내리기 전에 아이들에게 안전한 산행이 되도록 당부했다. 특히 산에 올라가거나 내려올 때 무리하게 뛰거나 계곡으로 내려가서는 안 된다고 강조했다. 정해진 탐방로를 따라가고 계곡으로 내려가는 등의 개별행동은 하지 말라고 이야기했다. 아침 식사를 하고 비선대를 다녀왔다. 산행 후 숙소로 돌아와 점심을 먹고 신흥사와 흔들바위, 그리고 울산바위 코스를 탐방했다. 아이들과 함께 흔들바위를 밀어보고, 사진도 찍고, 추억을 남기면서 즐거운 시간을 보냈다. 드디어 하산 시간이 되어 아이들에게 미끄러지지 않도록 주의시키고 출발했다.

한참을 내려가고 있는데, 한 아이가 빠른 걸음으로 내려가기 시작했다. 천천히 가라고 하면서 큰소리로 주의를 주었다. 그럼에도 불구하고 계속 빠른 걸음으로 내려갔다. 잠시 후 저

아래에서 아이들이 모여서 웅성거리는 것이 보였다. 가서 확인해보니 빠르게 내려가던 아이가 주저앉아 있었다. 일어날 수 있냐고 했더니 도저히 안 되겠다고 했다. 한쪽 다리가 삐끗한 것 같았다. 육안으로 보기에 뼈에는 이상 없어 보였다. 삐끗한 다리로는 걸어서 내려갈 수 없었다. 왜냐하면 내리막길이고 옆에서 부축하다 보면 같이 내려가는 사람도 위험할 수 있었다. 인솔 책임자인 교감 선생님에게 전화로 사실을 알렸다. 교감 선생님은 걷기가 어려울 것 같으니 119안전센터에 전화를 해서 도움을 요청하라고 했다. 바로 119안전센터에 전화를 했고 위치와 상황을 알려주었다. 그리고 같이 있던 교사와 상의했다. 도저히 걷는 것은 불가능하니 아이를 업고 내려가자고 합의를 봤다. 다행히 아이는 체격이 그리 크지 않았다. 그래서 내가 먼저 아이를 업었다. 그렇게 천천히 아이를 업고 하산을 시작했다. 그런데 보통 힘든 일이 아니었다. 도구나 장비 없이 맨손으로 아이를 업고 최대한 안전하게 내려오려니 온몸에 땀이 범벅이고 다리가 후들거렸다. 다른 교사와 번갈아 가며 아이를 업고 내려왔다. 중간중간에 119안전센터와 연락을 취했다. 드디어 119안전센터 대원들과 만나 삐끗한 다리에 안전조치를 취하고 들것에 실어서 119구급차로 옮겼다. 담임교사가 아이와 함께 병원에 동행했다. 병원에 가서 엑스레이를 찍었는데 다행히 크게 다치지 않고 삐끗한 정도였다. 안전을 아무리 강조해도 아이들은 잊어버리고 개별행동을 한다. 그렇게 방심하는 순간 사고는 찾아온다.

고등학교에서 설악산 수학여행을 갔을 때 교통사고가 난 적이 있었다. 산행을 마치고 숙소로 돌아가기 위해 버스 승강장에서 버스를 기다리고 있었다. 봄철이고 저녁 시간이라 차들이 많이 밀렸다. 거의 같은 시간대에 다른 학교 수학여행단과 일반인 관광객들이 뒤섞여 많은 인파가 몰렸다. 우리 아이들뿐만 아니라 타 학교, 다른 등산객들을 태우기 위해 다른 업체 관광버스들도 줄지어 서 있었다. 교사들은 아이들을 반별로 태우기 위해 인원 파악을 하고 약속된 장소에 관광버스가 도착하기를 기다리고 있었다. 그런데 시간이 계속 지체되자 반대편 승강장에서 아이들을 승차시키기로 했다. 교사들이 반대편에서 오는 차량을 확인하면서 아이들을 안전하게 도로를 건너 반대편 승강장으로 이동시키고 있었다. 그런데 한 아이가 버스와 버스 사이를 지나 순식간에 도로를 가로질러 내달렸다. 중앙선을 지나려는 순간 반대편에서 달려오던 승용차에 부딪혔다. 아이는 충격으로 차량의 보닛 위로 올라갔다가 아스팔트로 떨어졌다. 아이는 도로 위에 떨어지자마자 아무 일 없다는 듯이 벌떡 일어났다. 다행히 아이는 외관상으로 크게 다친 데는 없어 보였다. 그러나 교통사고는 육안으로 봐서는 모르는 것이다. 사고 차량 운전자와 함께 아이를 태우고 병원으로 향했다. 봄철 관광 시즌이라 차가 밀려 119안전센터에 신고를 하고 구급차를 기다릴 수 없는 상황이었다.

가까운 시내 병원에서 엑스레이를 찍고 진단을 받았다. 다행히 뼈는 이상이 없고 타박상 정도라 2주 진단이 나왔다. 아이에게 당시 상황을 물어보니 뛰어가다가 달려오는 차량과 부딪힐 것 같아서 순간 몸을 반대로 돌려 점프를 했고, 점프하면서 등이 차량의 보닛 위에 떨어지도록 했다고 한다. 그 후 보닛 위에서 아스팔트 위로 떨어질 때 낙법을 이용해서 굴렀다고 했다. 정말 다행인 것은 사고 차량은 도로가 혼잡해서 저속 운전을 하고 있었다는 것이다. 아이는 체격이 좋고 평소 체육관에서 운동을 꾸준히 하고 있었던 터라 천운이라고 생각한다. 지금도 그 순간을 생각하면 아찔해진다.

사고가 나게 되면 인솔하는 교사와 담임교사는 천당과 지옥을 오간다. 사고 없이 안전한 체험활동이 되면 좋겠지만 돌발 상황은 언제 어디서나 존재한다. 이런 돌발 상황을 방지하려면 첫째도 안전, 둘째도 안전이다. 안전은 아무리 강조해도 지나치지 않다. 수업 시간에 하는 실험 실습이나 동아리 시간, 체육 활동 시간에도 마찬가지이다. 교실, 운동장, 복도, 계단, 과학실 등 사고는 언제 어디서 일어날지 모른다. '나 하나쯤이야 괜찮겠지.'라는 안이한 생각을 버려야 한다.

7.

어떤 교사가
되고 싶은가?

'빨리 가려면 혼자 가고 멀리 가려면 함께 가라'

– 아프리카 속담

　　겨울이 다가오면 기러기들은 남쪽으로 이동하기 위해 장거리 여행을 시작한다. 날아갈 때 기러기 떼는 V자 대형을 유지하며 간다. 연구를 통해 왜 그렇게 날아가는지 그 이유가 밝혀졌다. 앞서가는 기러기들이 날개를 퍼덕이면 그 뒤에 있는 기러기들에게 양력이 작용하게 되어 바람의 저항을 막아 뒤에 따라오는 기러기가 쉽게 날 수 있도록 돕는다고 한다. 그래서 기러기 떼가 V자형으로 날아가면 기러기 떼가 혼자 날아가는 것보다 70%를 더 멀리 날아간다고 한다.

또한 기러기 떼는 날아가면서 울음소리를 낸다. 앞에서 거센 바람을 가르면 힘겹게 날아가는 기러기에게 힘내라고 응원하는 소리라고 한다. 앞서가는 기러기가 지치면 뒤에 있던 기러기가 앞으로 나와 교대하면서 끝까지 날아간다. 기러기 떼가 이동하는 거리가 수천km에 이르며 히루에도 수백km를 이동해야 한다. 지치지 않고 모진 비바람을 뚫고 날아갈 수 있는 힘의 원천은 바로 함께 날아간다는 것이다.

교사와 아이도 이와 다르지 않다. 짧게는 1년에서 길게는 3년을 아이들과 동고동락해야 한다.

"나는 어떤 교사가 되어야 할까?"

– 아이들에게 힘이 되어주는 교사

– 사랑을 주는 교사

– 감동을 주는 교사

– 격려해주는 교사

– 응원해주는 교사

– 칭찬을 아끼지 않는 교사

나는 어떤 것을 잘하는 교사인가 생각해보자. 아이들에게 사랑, 감동, 격려, 응원, 칭찬, 배려, 존중을 많이 해주는 교사가 되어주자.

얼마 전에 32년 만에 고등학교 재직 시절 제자들을 만날 기회가 있었다. 꽃다운 학창 시절을 보내고 이젠 각자의 영역에서 열심히 살고 있다. 그런 제자들을 볼 때마다 뿌듯하고 대견한 마음이 든다. 식사하면서 이런저런 이야기가 오갔다. 한 제자가 미술 시간에 그렇게 잘하지 못했는데도 나한테 칭찬받은 이야기를 했다. 선과 색이 조화 있게 잘 표현됐다고 칭찬받은 일화를 이야기하면서 그때 너무 기분이 좋았다고 했다. 그리고 그 칭찬을 가끔 생각한다고 했다. 최선을 다해 잘 표현했기 때문에 칭찬을 해주었을 뿐이다. 그런데도 제자는 32년이 지난 지금도 그것을 기억하고 있었다. 그걸 기억하고 있는 것만으로도 제자에게 너무나 감사한 마음뿐이다.

지금 생각해보면 교직 생활 중 상당 부분을 교사 중심의 수업을 했다. 교육과정 속에 맞춰 평가라는 틀 속에서 벗어나지 못했던 시기가 있었다. 무조건 평가의 틀 안에서만 수업을 진행했다. 그 틀에서 조금이라도 벗어나면 안 된다고 생각했다. 개인의 특성을 전혀 고려하지 않고 획일적인 평가와 수업을 했다.

학생들의 다양성은 수업 진도와 평가에 묻혀버렸다. 잘 짜인 진도표와 평가의 틀을 조금이라도 벗어나는 것을 절대 허용하지 않았다. 또한 모의고사 성적이 다른 반보다 잘 나오기 위해 시험 범위를 무조건 암기하도록 했다. 시험을 앞두고 한 명씩 개별적으로 테스트를 하고, 모르면 반복해서 억지로 외우게 했다. 내가 중고등학교 시절에 겪었던 암기식 방법을 그대로 학생들에게 적용했다. 예를 들어 작품 감상 시간조차도 교과서나 해설서에 나온 내용을 그대로 가르쳤다. 다른 각도로 볼 수 있었는데도 철저히 무시했다. 이유는 간단했다. 그것이 올바른 지도법이고 평가를 위한 길이라고 생각했다.

하브루타를 만나고 수업하면서 나를 반성하기 시작했다. 그동안 획일적으로, 시험성적을 위해 무조건 외우라고 강요했던 아이들에게 미안한 마음이 든다. 체육 대회에서도 우리 반이 학년에서 우승하도록 강요 아닌 강요를 했다. 피구를 예를 들면 공격할 때는 아무나 던지지 말고 반드시 공을 잘 던지는 아이에게 무조건 패스하라고 시켰다. 경기 중간에 좋은 기회가 왔는데도 불구하고 아이들은 상대방에게 공을 던지지 않았다. 왜냐하면 공을 잡는 순간 무조건 공을 던지는 '전담 아이'에게 패스하라고 시켰기 때문이다. 그러니 좋은 상황에서 공을 잡고도 공격하지 않았다. 아이들은 미리 연습한 대로 '전담 아이'에게 패스했다. 상대편 아이들은 재빨리 수비 대형을 갖추고 대비했다. 우리 반은 획일화된 작전 즉, 잘 던지는 '전담 아이'에게 하는 '패스작전'으로 기계처럼 움직였다. 상대 반 아이들은 우리의 '패스작전'을 간파했고, 우리 반은 보기 좋게 예선 탈락했다. 이때 아이들에게 상황에 맞춰서 바로 던져서 맞추거나 패스하도록 했다면 지더라도 아이들은 신나게 즐기면서 했을 것이다. 아이들에게 수업도, 체육 대회도 안 좋은 추억이 되었을 것 같아 정말 미안한 마음이다. 교직에 있는 동안 고정관념의 틀에 갇혀 융통성 있게 담임교사와 교과 지도를 제대로 하지 못했던 부분들이 있었다면 지면을 빌어 제자님들에게 사과의 마음을 전하고 싶다. 나로 인해 상처를 받았거나 속상한 일이 있었다면 "진심으로 미안합니다."

만능 엔터테이너가 되라

과거 인기 TV 프로그램 중 '맥가이버'라는 미국 드라마가 있었다. 주인공인 맥가이버는 위기 상황에서도 끊임없이 생각하고 자신에게 있는 '아미 나이프Army Knife'와 주변의 물건들을 결합하여 수많은 난관을 시원하게 해결하는 드라마였다. 이때 맥가이버가 쓰던 아미나이프가 '맥가이버 칼'로 유명세를 떨치며 지금까지 회자되고 있다. 이 드라마에서 의미하는 것은 자신이 가지고 있는 잠재 능력을 다른 것과 결합하여 최대한의 능력을 발휘하는 것이 포인트다. 그런 면에서 미래 사회는 한 가지만 가지고는 살아갈 수 없다. 그래서 내 교과와 타 교과의 융

합적인 요소를 가져와 수업을 해야 한다. 그래야 창의적 사고능력이 향상되고 메타인지가 작동된다.

　최근 각종 오디션프로그램이 등장하고 있다. 출연자들은 하나같이 노래 외의 다양한 특기와 재능을 가지고 있다. 가수가 예능프로그램에서 개그맨을 능가하는 웃음 코드를 주고 있으며, 반대로 개그맨이 가수 못지않은 가창력을 뽐내기도 한다. 배우가 가수로 변신하기도 하고 가수가 연기자로 변신하여 큰 인기를 끌기도 한다. 방송인들도 한 가지 영역 이외의 다양한 영역을 넘나들고 있다.

　교사도 자신의 전공 분야 외의 다양한 분야를 넘나들어야 한다. 즉 다양한 경험과 이론을 바탕으로 내 교과와 삶과 연계하여 넘나들어야 한다. 그래야 아이들에게 교과 지식만이 아닌 삶과 연계된 진정한 배움을 줄 수 있다. 교사는 한마디로 종합예술인이 되어야 한다. 가르침은 단순하게 지식만을 전수하는 것이 아니다. 다양한 방법을 이용해서 가르쳐야 한다. 교사는 웅변가로, 때론 지휘자나 연극배우처럼 온몸과 마음을 다해 가르쳐야 한다. 한마디로 수업 시간에 아이들을 들었다 놨다 해야 한다는 것이다. 이것은 하루아침에 이루기란 쉽지 않다. 자꾸 시도하다 보면 경험이 축적된다.

예를 들어 1교시 수업 시간에 기분 좋게 시작하려고 했다. 그런데 첫 시간부터 아이들과 부딪혀서 욱하고 화가 올라와 온종일 기분이 안 좋을 수도 있다. 반대로 컨디션이 안 좋았는데 아이들과 즐겁게 수업을 하면서 마음의 에너지가 상승하는 경우도 있다. 그래서 교사는 어떠한 돌발변수에도 흔들리지 말아야 한다. 설사 흔들린다고 해도 신속히 평정심을 찾도록 하자. 그러기 위해서는 다양한 교수방법과 함께 마음을 적절하게 컨트롤하는 능력이 필요하다.

"나는 소심해서 못 해!"

"나는 체질적으로 이런 교수 방법이 어울리지 않아!"라고 말하는 경우가 있다. 그런 고정관념은 교사 자신을 변화시키고 성장하는 데 걸림돌이 된다. 원래 그런 사람은 없다. 교사는 변화하려고 시도하도록 노력해야 한다. 그런 과정을 통해 만능 엔터테이너 교사가 된다.

교사가 쏟아놓는 교과 지식을 아이들은 선택적으로 수용한다. 아이들은 교사의 설명이 이해가 잘 안 되는 교과 내용은 거름망에 걸러 받아들이거나 흘려버린다. 온전히 아이들에게 수용될 수 있기 위해서는 교사가 온전히 수업 시간을 100% 다 쓰면 안 된다. 아이들도 수업 시간에 참여시켜야 한다. 개념을 알려주고 개인 활동, 짝 활동, 모둠 활동을 통해 교과 내용이 자신의 것이 되도록 시간을 줘야 하는 것이다. 이렇게 자기 주도적인 학습이 되도록 시간 안내를 잘해야 하는 것이다.

교사가 지휘자의 역할이라면 각기 개성 있는 악기들이 화음을 이루도록 지도해야 한다. 예를 들어 오케스트라에서 각 악기의 소리가 하나로 화음을 내게 하려면 개인별 연습과 파트별 연습이 필요하다. 그래야 개별 악기와 전체 악기가 부드러운 소리로 화음을 조화롭게 연주될 수 있다. 그처럼 개별 활동, 짝 활동, 모둠활동을 통해 아이들의 목소리가 나오도록 말문을 트게 해야 한다.

교직도 연습이 필요하다. 운동선수의 경우 자신이 잘 안되는 동작이 있다면 수없이 반복을 통해 기술을 연마한다. 대표적인 경우가 김연아 선수의 '트리플 악셀'이다. 공중에서 3번 회전하고 반 바퀴 더 도는 고난도의 점프이다. 김연아 선수는 '트리플 악셀'을 완전하게 하기 위해 넘어지고 또 넘어지면서 수만 번 연습을 통해 세계적인 피겨여왕으로 등극을 할 수 있었다.

그처럼 교사들도 자신이 잘 안되는 분야가 있다면 계속 반복해서 배우고 익혀야 한다. 수업 컨설팅을 하다 보면 자신의 성격이 소심해서 잘 웃지 않고 표정이 차갑다고 말하는 교사를 만난 적이 있다. 그러면서 유머가 있는 교사가 되었으면 좋겠다고 했다. 그건 교사 스스로 연습해야 한다. 유머도 배우고 익히면 어느 정도 극복이 된다. 본인이 혼자 하기 어려우면 전문기관을 찾아서 배우면 된다. 또 관련 연수를 통해 배우면 된다. 즉, 스스로 부족한 것을 알고 채우려는 노력이 우선 필요하다.

충남교육연구정보원에서 방학 동안에 하는 ICT 활용 연수에 참여한 적이 있다. 일주일 정도의 연수였는데 연수 과목 중에 포토샵 기능을 활용한 수업자료 만들기 강좌가 있었다. 처음 듣는 생소한 용어와 기능이 있어서 따라 하기 힘들었다. 그래서 내가 할 수 있는 한 가지를 선정해서 계속 반복해서 기능을 익혔다. 안되면 다시 처음부터 했다. 일주일 내내 계속 연습했다. 왜냐하면 연수 중이라 하다 안 되면 강사나 다른 교사에게 물어볼 수 있기 때문이다. 연수 기간에 이거 한 가지라도 제대로 익히자는 마음에 연수 중에도 계속 연습하고 또 연습했다. 한 가지를 배우고 익히니 자연스럽게 다른 기능들을 알게 되었다.

당시 카풀로 연수를 같이 다녔던 동료 교사는 어렵다고 배우는 것을 포기했다. 나 대신 잘 배워서 나중에 알려달라고 했다. 연수가 끝나고 동료 교사는 그때 기본적인 것이라도 배웠어야 했다고 후회했다. 배움에 있어서 나중은 없다. 배움이란 때가 있다. 만약에 나도 어렵다고 그냥 참관한다는 마음으로 연수를 끝냈다면 시간만 죽이고 죽도 밥도 안 된 연수가 되었을 것이다. 교육 현장은 과거보다 빨리 변화되고 있다. 특히 코로나 팬데믹을 겪으면서 변화와 성장 속도가 더욱 빨라지고 커지고 있다.

현재 10대 청소년들은 가상현실 세계인 '메타버스'에서 친구를 만들고 코딩, 3D 관련 프로그램을 배운다. 어른들에게는 생소한 로블록스, 제페토, 젭 등을 SNS 기능으로 활용하고 있다. 가상 공간 세계에서 방 탈출 게임 등으로 함께 어울려 논다. 특히 게임을 직접 만들어 수익을 내는 어린 10대 청소년들도 있다. 가상 공간인 디지털 공간에서 즐기며 아바타로 살아가는 아이들을 가르치기 위해서는 교사들도 디지털 플랫폼 생태계를 알고 활용할 줄 알아야 한다.

교사는 아이들에게 학습 내용을 삶과 연결하여 가르쳐야

한다. 온전히 교과 지식이 내 몸에 체화되도록 시간을 주고 잠시 기다려 주어야 한다. 교과 내용 따로, 삶 따로 가르쳐서는 연결성이 떨어진다. 무엇을 가르치는 것보다 내 교과의 내용을 어떻게 삶과 연계하여 가르칠 것인가에 중점을 두어야 한다. 그래서 아이들의 생각을 이끌어 내고 직간접적으로 경험하게 하면서 가르치는 방법을 고민해야 한다. 삶 속에서의 사례를 찾아 교사가 적극적으로 교과 내용을 구현해 내야 한다. 교실이든 교실 이외의 장소이든 어디에서도 마찬가지다. 즉 융통성과 유연성을 가지고 아이들이 삶 속에서 체화될 수 있게 수업을 해야 한다.

수업 컨설팅이나 수업사례 강의 중에 수업의 극적인 효과를 위해 적극적인 제스처나 액션을 하라고 권할 때가 있다. 그러면 '소심한 성격이라서', '쑥스러워서' 못한다는 교사가 있다. 나긋나긋한 말투로 변화 없는 수업만 한다면 아이들은 꾸벅꾸벅 졸 수밖에 없다. 연극이나 드라마처럼 변화를 주어야 한다. 거기에 아이들까지 참여시킨다면 수업은 살아 움직이게 된다. 아이들이 듣기만 하는 수업에서 짝과 함께 질문으로 말문을 열 수 있도록 수업에 변화를 주어야 한다. 구경꾼으로만 참여시켜서는 곤란하게 된다. 처음부터 수업 잘하는 교사는 없다. 명배우도 처음에는 지나가는 '행인'부터 시작했다. 처음부터 잘하려는 생각은 지나친 욕심이다. 어떤 교사는 수업 시간에 '마술사'로 변신해서 수업을 한다. 때론 '산타할아버지'가 되어 아이들과 함께하는 관리자도 있다. 공부만 죽어라 하고 가르치던 시대가 있었다. 지금 이 시대에도 공부만을 죽어라 강조하는 교사가 있어 안타깝다. 더욱 안타까운 것은 아직도 칠판과 교과서와 분필만을 고집하는 교사가 있다는 것이다. 아이들은 미래를 준비하고 거기에 맞는 방식에 맞춰 살아가도록 안내하고 가르쳐야 한다.

1997년생부터 시작되는 Z세대가 사회에 첫발을 내딛고 목소리를 내기 시작했다. 지금 초등학생들인 알파 세대는 현재 우리가 전혀 경험해본 적이 없는 다양한 직업군에서 일하게 될 것이다. 과거에 익숙해 있던 방식이 옳지 않을 수도 있다는 것을 인정해야 한다. 코로나로 국경이 폐쇄되고 도시가 봉쇄되고 사람들이 격리되어 생필품도 마음 놓고 살 수 없었던 시절이 있었다. 학교에 가지 않는 온라인 학습이 대세가 되었으며, 직장인들도 출근하지 않는 재택근무를 하게 되었다. 그뿐만 아니라 그 나라에서 근무만이 아니고 다른 나라에서도 재택근무가 가능한 세상이 되었다. 즉 대면 학습이나 대면 업무가 아닌 시대를 경험했다.

인류가 2020년에 코로나 팬데믹을 처음 겪었듯 향후 10년, 20년 후의 일은 어떻게 전개될지 아무도 모른다. 그런데도 마치 과거 농업이 대세였던 때처럼 농업적 근면성을 강요하면서 잠을 줄여가며 무조건 암기식의 공부만 강요하던 시대는 지났다. 짝과 함께 자기 생각을 자유롭게 질문하고 대화하고 토론하게 해야 한다. 단순히 지식 전달만 하는 교사가 되지는 말자. 교사는 디지털 리터러시, 영상매체 제작, 콘텐츠 개발, 가상현실 공간, 인공지능, 로봇, 독서토론 지도, 논쟁 등 온라인과 오프라인을 넘나드는 문해력, 지역 환경과 도시재생, 마을 학교와 가정 학교 등 학교 안과 밖, 공동체 등 다양한 분야의 만능 엔터테이너가 되어야 한다. 교사의 변신은 무죄다.

9.

퇴직 후
N잡러가 되라

N잡러란 사전적 의미로 2개 이상 복수를 뜻하는 'N'과 직업을 뜻하는 '잡job', 사람을 뜻하는 '~러-er'가 합쳐진 신조어로 '여러 직업을 가진 사람'이란 뜻이다. 자신의 본업 외에도 여러 가지 부업과 취미 활동을 즐기면서 시대 변화에 발 빠르게 대응할 수 있도록 전업轉業이나 겸업兼業을 하는 사람들을 뜻한다.

교사의 정년은 정해져 있다. 정년 이후의 삶을 미리 생각해야 한다. 젊은 교사들은 아직도 먼 이야기라고 생각할 수 있다. 그러나 10년, 20년은 금방 지나간다. 주변의 선배 교사에게 물어봐도 세월이 무척 빠르다고 한다. 100세 시대를 넘어 120세 시대를 말하고 있는 시대가 되었다. 교사가 62세에 정년 퇴임을 한다면 앞으로 살아온 만큼 더 살아야 한다. 퇴직 이후의 삶은 어떻게 할 것인지 끊임없이 탐구해야 한다. 인생 이모작을 위해 퇴직 전에 다양한 안전장치를 마련해두어야 한다. 내가 할 수 있는 일과 하고 싶은 일이 무엇인지를 생각해봐야 한다. 취미가 경제활동이 되고 봉사활동까지 할 수 있다면 금상첨화일 것이다.

2019년 봄에 유튜브를 본격적으로 해야겠다고 마음먹었다. 당시 교육부 전수조사 통계를 보면 유튜버를 하는 교사^{쌤튜버}는 1천 명이 채 안 되었다. 내 생각과 경험을 영상으로 남기고 싶었다. 물론 하브루타에 관한 내용도 포함된다. 주변에 유튜브를 하는 사람이 없어서 독학으로 유튜브 채널을 만들고 무작정 시작했다. 첫 영상을 만들 때 편집을 제대로 할 줄 몰랐다. 그래서 NG 없이 촬영을 해야 했다. 3번 만에 촬영을 성공했다. 촬영 시작부터 유튜브에 업로드까지 10시간이 걸렸다. 그렇게 첫 영상을 올리고 유튜브에서 내 영상이 나오는데 감개무량했다. 마치 내가 유명 인사가 된 것 같은 착각이 들었다. 그다음에 휴대전화로 영상을 촬영하고 편집하는 것을 배우면서 하나씩 활용하기 시작했다. 그리고 본격적으로 유튜브 라이브 방송을 시작했다. 누가 가르쳐 줘서 시작한 것이 아니다. 무작정 시작했다. 실수를 거듭하면서도 한 가지씩 배우고 익혀서 드디어 라이브 방송을 시작했다. 라이브 방송은 매주 화, 목요일 저녁 시간으로 정해놓고 했다. 지방 출장 중에도 장비를 챙겨가서 할 정도로 호응이 있었다. 라이브 방송은 영상을 촬영하고 편집해서 업로드 하는 영상물과는 차원이 달랐다. 실시간 참여한 사람들과 쌍방향 소통을 하며 진행하는 것이라 신선하고 재미있었다. 가끔 외국 사람들도 참여해서 짧은 영어로 소통하기도 했다. 유튜브 라이브 방송을 하면서 다양한 사람들과의 소통으로 나의 관심 분야 이외에 많은 직간접적인 경험을 하게 했다.

2020년 2월 말에 명예퇴직하면서 코로나 팬데믹이 본격화되었다. 예정된 강의가 연기되거나 취소되었다. 계속 연기되던 연수원 대면 강의는 더 이상 미룰 수 없어 온라인으로 진행하게 되었다. 연수원에서 온라인으로 강의를 할 수 있냐고 문의가 들어왔다. 물론 할 수 있다고 했다. 유튜브로 라이브 방송도 했는데 무엇을 못 하겠는가 하고 내심 자신 있었다. 하루에 강의를 마쳐야 했기에 오전에 3시간 강의를 하고, 점심 식사 후 오후에 3시간 강의를 했다. 퇴직 후 첫 온라인 강의를 성공적으로 잘 마쳤다. 만약 내가 유튜브를 시작하지 않았다면 온라인 강의에 대한 불안한 마음이 있었을 것이다. 그러나 유튜브로 라이브 방송을 매주 정기적으로 진행했던 경험으로 전혀 떨리거나 부담감이 없이 잘 마칠 수 있었다.

세계적인 투자자 워런 버핏은 '스노우 볼'snow ball effect 효과에 대해 언급했다. 작은 투자금을 눈 덩어리처럼 계속 굴리면 굴릴수록 점점 커진다는 뜻이다. 온라인 강의를 하루 6시간을 떨지 않고 할 수 있었던 이유는 그동안 유튜브 라이브 방송을 정기적으로 진행했던 경험 때문이었다. 매일 조금씩 배워 나갔던 경험과 쌍방향 소통으로 라이브 방송을 했던 것이 주효했다.

무엇이든 한 번에 되지 않는다. '내가 할 수 있을까?'라는 의구심을 갖지 말아야 한다. 완벽하게 준비해서 하려는 마음을 버리자. 가볍게 시작해서 안 되면 그만둔다는 마음으로 시작하는 것이 좋다. 유튜브를 시작하면서 엄청난 고가의 촬영 장비를 구입하는 사람이 있다. 촬영 장비의 가격이 문제가 아니고 방송 소재 즉 콘텐츠가 중요하다. 물론 촬영 장비가 좋으면 더 좋겠지만 휴대전화 하나로 해결하는 사람들도 많다. 유명한 유튜버 중에는 담당 PD를 고용해서 촬영과 편집을 맡기는 사람도 있지만 그런 사람들과 비교하면 안 된다. 가벼운 마음으로 처음에 이런저런 영상을 올려 반응을 봐가면서 콘텐츠를 정해도 괜찮다. 내가 무엇에 특화되어 있고 사람들이 무엇을 좋아하는지 천천히 결정해도 늦지 않다. 많은 사람이 실패하는 이유는 과도한 욕심을 부리기 때문이다. 그래서 오래 지속하지 못하고 중도에 포기하게 된다. 다양한 변신은 유튜브가 되었든 무엇이 되었든 가벼운 마음으로 시작하는 것을 권한다.

유튜브 영상을 이것저것 다양하게 업로드하다가 파크골프 관련 영상이 많지 않음을 알게 되었다. 그때가 파크골프를 막 시작한 시점이었다. 가벼운 마음으로 파크골프를 촬영하고 유튜브에 업로드했다. 그런데 며칠 지나면서 다른 영상보다 파크골프 영상의 조회 수가 많이 올라가는 것을 알게 되었다. 그때까지도 일시적인 현상이라고 생각했다. 유튜버들이 하는 일상의 영상을 올리는 '브이로그'도 제작해서 올렸다. 그리고 틈틈이 파크골프를 촬영해서 업로드했다. 몇 달이 지나자 파크골프 관련 영상의 조회수가 올라가는 것이 확연하게 차이가 나기 시작했다. 다른 영상보다 압도적으로 파크골프 영상의 조회수가 많이 올라갔다. 파크골프는 '3대'가 할 수 있는 운동이다. 그만큼 접근성도 좋고 가성비가 뛰어나다. 채 하나로 티샷과 어프로치, 퍼팅을 할 수 있다. 골프처럼 많은 돈이 들지 않는 장점이 있다.

나는 퇴직하고 나서 본격적으로 파크골프 영상을 촬영하고 업로드했다. 채널 명칭도 '임성실TV'에서 '임성실TV파크골프'로 변경했다. 반응은 뜨거웠다. 그 당시 파크골프 채널을 운영하는 사람들이 많지 않았고 정기적으로 업로드하는 사람이 없었다. 파크골프를 하는 사람들이 파크골프 관련 영상에 목말라 있었다는 사실을 알았다. 2022년 11월 현재 구독자가 1만 2천 명을 넘었다. 2019년 봄에 본격적으로 유튜브 방송을 시작했고, 2019년 겨울 애드센스Adsence 승인을 받고, 퇴직하던 2020년부터 구글에서 광고 수익을 받을 수 있게 되었다. 중요한 것은 파이프라인이 하나 더 추가되었다는 사실이다. 구글에서 광고비를 매달 외환 통장에 달러로 입금해주고 있다. 물론 많지 않은 금액이지만 외환 통장에 달러가 쌓여가는 것이 신기하고 재미가 있다. 같은 영상을 네이버TV에 업로드하고 있다. 마찬가지로 네이버에서도 매달 통장에 광고 수익금을 입금해주고 있다. 물론 유튜브에 비하면 얼마 되지 않는 금액이지만 너무 감사한 마음이다. 네이버TV로 파이프라인 하나가 또 추가되었다. 유튜버는 나의 마지막 직업으로 내가 움직일 수 있을 때까지 영상을 올릴 계획이다.

SNS 활동도 꾸준히 하고 있다. 구글 지역 커뮤니티, 인스타

그램, 페이스북, 카카오스토리, 유튜브 커뮤니티를 통해 나의 활동을 알리고 있다. 나의 역사를 기록하고 추억한다는 마음으로 기록을 계속하고 있다. 감사하게도 블로그나 SNS를 보고 강의 의뢰가 온다. SNS 파이프라인이 하나 더 추가되었다. 그래서 온라인 활동도 지속성을 가지고 활동하려고 한다.

퇴직 후 가장 큰 활동은 강의 활동이다. 교직에 있을 때 하브루타를 실천하고 수업에 적용하면서 쌓았던 노하우를 강의로 풀어내고 있다. 코로나 시기에는 온라인으로 강의를 했고 코로나 잠잠해지면서 최근에는 오프라인 강의를 주로 하고 있다. 강의를 위해서 지금도 하브루타와 메타인지에 대해 공부와 연구를 계속하고 있다. 하브루타로 교육 기부도 하고 있고, 교육 봉사활동도 하고 있어서 의미와 보람을 함께 나누고 있다. 강의 역시 내가 움직일 수 있을 때까지 온라인과 오프라인을 통해 계속할 것이다.

퇴직 이후의 삶은 의외로 길다. 많은 퇴직 교사들이 퇴직 후에 심심하다고 한다. 퇴직 전에 미리 준비하지 않았기 때문에 심심한 것이다. 물론 퇴직 이후 이것저것 배우고 즐기는 분들도 많이 있다. 그러나 배우면서 돈을 쓰는 즐거움보다 내가 즐기면서 경제 활동을 하는 구조이면 더 좋을 것이다. 그렇게 돈 벌어서 뭐 하냐고 하는 사람도 있을 것이다. 돈은 노후에 생명줄과 같다. 돈이 없어서 제때 치료를 받을 수 없다면 재앙이 된다. 연금 이외의 파이프라인으로 취미가 되면서 경제활동이 된다면 더욱 좋다. 놀이처럼 할 수 있고 봉사활동과도 연결될 수 있는 일을 하면 더욱 보람될 것이다.

퇴직 후 우쿨렐레를 배워 동호인들과 활동을 하고 있는 분이 있다. 지역행사에 섭외 의뢰가 오니 출연료를 받고 연주 활동을 할 수 있어서 너무 좋다고 한다. 또한 지역의 다양한 시설에 연주 봉사를 다니면서 보람을 느낀다고 한다. 나 역시 바이올린을 배워 강의나 수업에서 또는 유튜브 라이브 방송할 때 연주를 했다. 잘하고 못하고는 나중의 문제이다. 시도한다는 것이 중요하다. 나의 노후는 어느 누구도 대신해주지 않는다. 내가 할 수 있는 일은 분명히 있다. 지금부터라도 즐기면서 할 수 있는 일을 찾아보기 바란다.

영어 교사로 퇴직 전에 관광 안내 통역사 자격증을 딴 분도 있다. 퇴직 후 프리랜서가 되어 전공인 영어도 계속할 수 있고, 한국을 방문하는 여러 나라 사람들과 영어로 소통할 수 있어서 퇴직 이후의 삶도 기대된다고 한다. 또한 다문화 시대를 대비해 사이버대학교에서 한국어교원자격증을 취득해 퇴직 후 이주외국인들에게 한국어와 우리 문화를 알리고 싶다는 포부를 가지고 있는 교사도 있다. 그리고 문화해설사로 역사 유적지나 우리의 문화에 대해 안내하면서 다양한 사람들을 만나는 퇴직 교사도 있다.

4차 산업혁명 시대가 본격화되면서 한 가지 직업만으로 살 수는 없다. 내가 전에 이런 일을 했던 사람이었다는 생각을 내려놔야 한다. 과거에 직책이 어떻고 무엇을 했는지 중요하지 않다. 퇴직 후를 생각하면 현직에 있을 때 미리 다양한 경험을 해야 한다. 그리고 내가 즐기면서 할 수 있는 생산적인 일이 무엇인지 선택을 고민하자. 퇴직 후 푹 쉬면서 여행이나 다닌다고 하는 사람이 있다. 물론 그것도 좋은 여가 활동이 될 수 있다. 그러나 길어진 수명과 함께 4차 산업혁명 시대로 접어들고 있는 시점에서 N잡러는 더욱 중요한 의미가 있다. 내가 무엇을 잘하고 좋아하는지 고민해 보고 찾아보는 것이 첫 번째 해야 할 일이다.

10.

수업 친구(멘토 멘티)를 만들어라

　수업 친구를 만들어야 하는 이유는 간단하다. 혼자 고민하는 것보다 수업친구에게 고민을 털어놓고 나의 고민에 대해 다양한 이야기를 나눌 수 있기 때문이다. 그래서 수업 친구를 만들어야 된다. 수업 친구와 대화를 나누다 보면 나와 같을 수도 있고 다를 수 있는 생각들을 나누게 된다. 그래서 생각의 근육이 튼튼해지고 폭도 넓힐 수 있다. 세상을 살아가는데 나 말고 다른 사람에게 나의 수업 고민을 툭 터놓고 말할 수 있다는 것은 크나큰 위로가 되면서 고마운 일이다.

신규 교사로 발령 나고 석 달 만에 수업 컨설팅을 요청한 신규 교사 조애란(가명) 선생님이 있었다. 수업 공개가 있는 날 학교를 방문해보니 작은 규모의 학교였지만 내실 있게 교육과정을 운영하고 있었다. 교장 선생님께서 현관에 나와 반갑게 맞아주셔서 감동했다. 보통은 학교를 방문하면 담당 교사와 함께 교장실로 가서 인사를 나누는 경우가 대부분이다. 그런데 내 도착시간에 맞춰 현관에서 기다리고 있었다.

조 선생님과 사전 협의회를 마치고 미술실에서 수업을 참관하게 되었다. 수업을 시작하기도 전에 아이들과 교사의 라포 형성이 잘되어 있다는 것을 느낄 정도로 미술실은 활기로 넘쳤다. 신규 교사라고 믿기지 않을 정도로 수업이 물 흐르듯이 잘 진행되었다. 아이들과 수시로 소통하면서 수업을 진행한다. 한 시간이 순식간에 지나갔고 아이들은 수업이 끝나고 모두 함께 뒷정리를 하고 퇴실했다. 그 후로도 계속 조 선생님은 매년 나에게 수업 컨설팅을 요청했다. 나도 내 공개 수업에 빠짐없이 초대했다. 그 당시 신규교사였던 조애란 선생님과는 상호 간 공개수업을 마치고 피드백을 주고받으면서 친한 동료 교사가 되었다. 그런 인연은 어느덧 10년째 이어지고 있다. 나이와 경력을 떠나 수업 친구로 인연을 맺고 있다는 것에 대해 너무나 감사하게 생각하고 있다. 서로의 장점을 배울 수 있는 소중한 인연이기 때문이다. 나는 조애란 선생님의 열정과 톡톡 튀는 아이디어를 배우면서 꾸준히 소통한다. 만약 조애란 선생님이 수업에 초청하지 않고 수업에 대한 이야기를 나누지 않았다면 지금처럼 함께 성장할 수 있는 기회는 없었을 것이다. 조애란 선생님과는 내가 퇴직한 이후에도 계속 소통하면서 함께 배우고 성장하고 있다.

학교 안에서 수업 친구를 만들고 수업 고민을 함께 나누는 것도 좋은 방법이 된다. 같은 학교라서 정보 공유가 쉽고 같은 아이들이라서 아이들에 대한 생활지도에도 도움이 된다. 꼭 같은 교과가 아니어도 좋다. 나이와 경력을 떠나 상호 간 피드백을 주고받으면서 성장하면 된다. 국공립학교는 다른 학교로 발령이 나더라도 꾸준히 만남과 소통을 이어가는 교사들이 점점 늘어가고 있다. 각자의 시야가 넓어지고 밀도가 높아져 더욱 심층적인 정보 교류와 수업 성장을 이끌어 낼 수 있기 때문이다.

학교 밖 교사학습공동체에 참여하면서 교사들끼리 수업 친구를 만들 수도 있다. 학교 안에서 배울 수 없는 다양한 사례를 접하면서 내 것으로 만드는 노력을 한다면 더욱 차별화된 나만의 수업 노하우를 갖게 된다. 거점학교를 정해서 활동해도 된다. 각자의 소속 학교에서 순번을 정해 돌아가면서 활동해도 좋다. 다른 학교를 살펴볼 수도 있고 그 학교만의 독특한 학교 문화도 배울 수 있다. 주제는 한 가지를 정해도 좋고 다양한 주제를 정해서 활동해도 된다. 꼭 수업이 주제가 아니어도 된다. 삶 속에서 경험하는 모든 것들이 주제가 될 수 있다. 그런 내용을 공유하면서 내 교과에 어떻게 적용할 것인지 고민하게 된다. 중요한 것은 다양한 활동 그 자체를 통해 많은 것들을 배우고 익힐 수 있다는 것이다. 이런 것이 정말 살아있는 지식이 되고 내 교과에 녹여내면서 더욱 의미 있는 수업이 된다. 학교 밖 교사학습공동체에서 만나 이야기를 나누다가 또 다른 모임이 만들어지기도 한다. 수업과 삶이 연계되어 상호 간 실질적인 피드백이 이루어진다. 각자가 틀린 것이 아니고 다른 것이라고 생각하면 교과를 넘어 교사로서의 성장에 많은 도움이 된다.

학교 밖 공동체인 초, 중, 고등학교에 소속된 수석교사 모임인 수수친수석교사 수업 친구을 매월 온라인과 오프라인으로 함께 하고 있다. 수수친은 퇴직을 하더라고 계속 연결되어 활동하고 있다. 퇴직 이후의 삶에 대해 정보를 공유한다. 그래서 퇴직을 앞둔 분들과 함께 도움을 주고받고 있다. 2017년 결성된 모임이 자발적으로 이루어져서 현재까지 이어지고 있다. 이제는 교사로서 단순히 교과 지식만을 알려주지 말고 교과 지식과 삶을 연결 지어 주자. 그런 의미에서 다양한 교과와 교사들이 만나 질문하고 대화하는 것 자체가 큰 의미가 있다. 모임에서 세미나, 워크숍을 통해 다양한 배움에 대한 갈증을 해소할 수 있다.

학교 밖 교사공동체의 장점은 더욱 폭넓게 이야기를 나누면서 성장의 발판이 된다는 것이다. 같은 학교의 동료 교사와 공동체 활동에 어려움이 있을 수 있다. 그렇다면 학교 밖 교사 학습 공동체나 타교의 동 교과 모임을 통해 또 다른 성장의 기회를 만들 수 있다. 세상에 나와 딱 맞는 사람은 없다. 내가 맞추고 상대가 나에게 맞추는 것도 필요하다. 그래서 학교 밖 교사 학습공동체 활동에서 마음에 맞는 수업 친구를 만들자. 그들에게 배움을 나누고 공유하는 것이 소중한 활동이 된다. 특히, 초등학교, 중학교, 고등학교의 연계인 수수친 모임은 나를 성장시키고 다양한 학교 급별 수업 친구로 인적 네트워크의 폭이 넓다. 무엇보다도 수업을 바라보는 눈이 넓어졌고 다양한 관점과 교과의 지도 방법의 연계성이 확장되었다. 퇴직 후 강의를 진행하는 데 큰 도움이 되고 있다.

11.

하브루타 강의
후기

하브루타 수업이 추상적으로 다가왔는데 구체적 사례와 실제 활동을 통해 좀 더 이해하기가 좋았습니다. 또한 실제 수업 상황에서 나타날 수 있는 오류와 문제 상황에 대해서도 나름의 팁을 배워갈 수 있어 유익했습니다. 감사합니다. 늘 건강하세요.

수업에 관해 많이 알아가는 느낌입니다. 학생들과 소통하고 재미있는 수업을 만들어 나가는 데 많은 도움이 될 것 같습니다.

♥ ♥ ♥

하브루타에 대한 이해가 많이 부족했는데 활동을 통해 학생 입장이 되어 보면서 많은 것을 느꼈습니다. 벌써 머릿속에 수업 계획에 대한 발상이 하나씩 떠오르고 있습니다.

♥♥♥

교과 특성상 하브루타를 활용하기 용이한 단원들이 많아서 꼭 시도해보고 싶었는데 배울 기회가 없었습니다. 책으로만 막연히 공부했던 걸 직접 학생 입장에서 수업을 받아 보고 실제로 활용하고 계신 유능한 수석 선생님의 코칭을 받으니 내년 수업이 벌써 기대됩니다.

♥♥♥

신규 선생님들과 고민을 나누고 응원 받으면서 정말 힘이 되고 좋았습니다. 오늘 배운 하브루타 질문 만들기 활동은 꼭 문학 시간에 독서토론으로 활용해 보겠습니다. 유익한 시간 감사합니다.

♥♥♥

국어 시간에 다양한 질문하기 활동을 통해 수업했지만 제대로 진행되지 않아 좌절하고 있었습니다. 무슨 방법을 써야 하나 고민 중이었는데 참 좋은 시간이 된 것 같네요. 감사합니다.

♥♥♥

설명이 아니라 학생 중심 수업에 관한 실제 사례, 방법, 자료를 접할 수 있어서 지루하지 않았고 재미있습니다. 활동형 수업에 대한 부담감이 있었는데 진정한 의지의 학생 중심 수업이 무엇인지 알게 되었고 용기가 생겼습니다.

♥♥♥

하브루타 수업의 개념도 자세히 몰랐습니다. 하지만 이번 세 시간의 활동을 통해서 하브루타 수업에 대해 쉽고 재미있게 배운 것 같아서 유익한 시간이었습니다. 무엇보다 내가 참여해서 지루하지 않았고 시간 가는 줄 모르는 즐거운 경험이었습니다.

♥♥♥

다양한 수업 방법에 대해 알게 되어 좋았습니다. 수석선생님께서 주시는 많은 팁과 수업 방법들을 직접 제 수업에 적용해보고 싶습니다. 선생님처럼 열정 가득한 수석교사가 되고 싶네요. 3시간 동안 너무 많은 것들을 배워갑니다. 너무 감사합니다. 언제나 지금처럼 건강하시고 행복하세요. 바이올린 연주도 너무 좋았어요.

♥♥♥

국어과라 소설 TEXT 읽기를 위한 질문 만들기 활동을 계획하고 있었는데 오늘 학생들이 쉽고 간단하게 질문 만들기에 접근할 수 있게 도와주는 방법을 알아가서 좋습니다. 제가 지금까지 들은 연수 중 가장 재미있었어요.

♥♥♥

실제 수업 현장에서 활용 가능한 교수 방법들을 배울 수 있어서 유익하다고 생각했습니다. 이론 수업뿐만 아니라 다양한 활동 중심의 수업, 배움 중심 수업, 학생 중심 수업을 이끌어 나가는 방법들을 배우고 갑니다. 감사합니다.

♥♥♥

여러 선생님들과 다양한 이야기를 나누고, 특히 몰랐던 수업 방법들에 대해 배울 수 있어서 너무 좋았습니다. 강사님 말씀도 도움이 많이 되었고 배운 내용들 꼭 적용해보겠습니다.

♥♥♥

수업의 재미를 찾았습니다. 학생들과 수업 안에서 어울릴 수 있는 방법을 배운 것 같습니다.

♥♥♥

세 시간이 후딱 지나갔어요. 저도 수석선생님처럼 학생들이 시계를 안 보고 '몰입'하는 수업을 하고 싶어요. 오늘 배운 것을 당장 다음 주부터 활용해 보겠습니다. 너무나 감사드려요.

♥♥♥

직접 활동을 해보면서 구체적인 절차와 원리를 빠르게 습득할 수 있어서 참 좋았습니다. 활동이 그저 활동만으로 끝나는 게 아니라 학습 효과가 분명히 있어서 좋았습니다.

♥♥♥

학생과 소통하는 다양한 수업 방법을 알게 돼서 좋았습니다.

♥♥♥

학생 중심 수업의 새로운 수업 방법을 알아서 좋았습니다. 제 교과 시간에 응용하여 활용하면 좋을 것 같아요. 하브루타 수업 방법을 자세히 재미있게 알려주신 수석선생님께 감사드립니다. 다른 연수에서도 함께 하고 싶습니다. 오늘 고생하셨습니다.

♥♥♥

시간 가는 줄 모르고 듣게 된 연수입니다. 담임 시간에 적절히 활용하면 학생들끼리 좋은 라포르를 형성할 수 있을 것 같네요. 감사합니다.

♥♥♥

실제로 수업에 적용해 볼 수 있어서 좋았습니다. 역사 과목은 개념 설명이 어려운데 빙고 게임을 활용해서 시작하면 정말 도움이 될 것 같아요. 감사합니다.

♥♥♥

수석선생님의 열정적인 연수와 수업 방법에 대한 좋은 아이디어를 얻고 갑니다.

♥♥♥

학생 중심 수업의 실제적 사례를 실습해본 것이 좋았습니다. 교실 현장에서 적절하게 사용해볼 수 있을 것 같아 감사한 선물을 받은 기분이 듭니다. 자세하게 재미있게 수업 모형을 가르쳐주신 수석선생님께 감사합니다.

♥♥♥

실제로 학생 중심의 수업이 무엇인지 경험해보았습니다. 대단한 것이 있는 것이 아니라 학생들이 실제로 생각하고 쓰고 말하게 하면서 학생들이 주체가 되는 수업이 바로 학생 중심 수업의 시작이 아닐까 하는 생각이 들었습니다. 감사합니다.

♥♥♥

학교 현장에서 일어나는 현상을 영상을 보듯 표현해 주셔서 확실하게 알 수 있었습니다. 교사가 내려놓음으로써 학생이 변화되는 모습을 보고 놀랐습니다. 아울러 경청의 중요성을 느낄 수 있었습니다.

♥♥♥

수석선생님의 긍정적 마인드를 배우고 싶다는 생각이 들었습니다. 시간을 효율적으로 쓰고자 노력하시는 선생님을 보고 저를 반성하게 되었습니다.

♥♥♥

수석선생님이 겪으신 시행착오를 들을 수 있어서 하브루타를 적용해 볼 용기를 얻었습니다.

수석선생님의 열정적인 모습에 도전받고 나 자신을 돌아보았습니다. 저도 아이들을 존경하며 즐겁게 수업하도록 노력해보겠습니다. 수석선생님, 존경합니다. 고맙습니다.

항상 인생을 성실하게 사시는 모습에 존경하는 마음이 생겼습니다. 또한 학생들에게 배운다는 넓은 사고방식을 배우고 싶습니다.

학생들과 소통하시려고 노력하는 모습에 감동했고 배울 점이 많아서 도움이 많이 되었습니다. 아이들의 마음을 여는 하브루타 활동을 꼭 하고 싶습니다.

학생과 공감하며 소통하는 하브루타 수업을 제시해 주셔서 감사합니다. 교직 생활 중 어려웠던 부분을 현명하게 대처할 수 있을 것 같습니다. 오늘 정말 뜻깊고 감동적인 연수였습니다.

행복 감성 가득한 시간, 수석선생님, 존경합니다. 학생들도 정말 행복할 것 같습니다. 건강하시고 행복하세요.

수석선생님의 넘치는 긍정 에너지에 전염되었습니다. 아이들과 할 수 있는 하브루타 수업과 마음의 힐링이 되는 바이올린 연주에 활기 넘쳤습니다. 감사합니다.

♥♥♥

아이들과 인격적으로 소통해야 한다는 것을 다시 한번 알게 되었습니다. 아이들의 이야기를 듣고 공감하는 연습과 노력을 더 기울이겠습니다.

♥♥♥

하브루타 수업 방법을 배울 수 있어서 감사합니다. 저를 반성하게 하는 연수였습니다. 오늘 행복을 주셔서 감사합니다.

♥♥♥

나를 돌아보고 주변을 돌아보는 시간이 되었습니다. 좀 더 따뜻한 시선으로 아이들을 바라보고 사랑해 줘야겠다는 생각이 들게 되었습니다. 하브루타 수업 활동 알려주셔서 감사합니다.

♥♥♥

남학교에 근무 중이어서 주짓수를 배워서 제압해야 했는데 하브루타 수업으로 방법을 바꿔야겠습니다.

♥♥♥

학교생활로 힘들었던 시간의 연속이었는데 오랜만에 다른 생각 없이 즐겁게 웃을 수 있었던 시간이었습니다. 기발하고 좋은 하브루타 교수 학습 방법도 얻어가고 삶의 지혜도 얻어갑니다. 말씀하신 대로 행복한 교사가 되겠습니다. 행복하세요.

실제 수업에 적용할 수 있는 하브루타 수업 방법을 배울 수 있었습니다. 아이들이 창의적이고 참신한 대답을 잘 할 수 있는 능력이 있다는 깨달음을 얻었습니다. 감사합니다.

하브루타 수업으로 모든 순간 집중하며 다른 사람의 질문과 대답에 감탄하며 소리 내어 웃을 수 있었습니다. 재미있는 하브루타 수업, 저도 더 재미있게 수업에 적용하겠습니다.

교사는 가르치는 것이 아니라 판을 깔아주는 사람이라는 것을 짝 활동을 통해 알게 되었습니다. 질문하고 대답하면서 사고 확장이 되는 하브루타 수업 국어 과목에 접목해서 하겠습니다.

연수 시작할 때 마음이 다른 곳에 있어서 참여하고 싶은 마음이 없었는데 저절로 듣게 되었습니다. 지루하지 않은 하브루타 수업과 수석선생님의 아이들을 대하는 마음가짐, 태도를 배울 수 있었고 저를 되돌아보게 하는 소중한 시간이었습니다.

♥♥♥

아이들과 즐겁게 수업할 수 있는 하브루타 방법을 배웠습니다. 유익하고 긍정적인 강의를 해주셔서 감사합니다. 세상에 나쁜 학생은 없고 나부터 아이들과 먼저 눈을 맞추겠습니다.

♥♥♥

지금까지의 강의가 별로 재미없었는데 하브루타 강의는 정말 재미있었습니다. '보이는 것이 전부가 아니다.' 감명 깊었습니다. 아이들을 대할 때 그 이면을 보도록 노력하겠습니다.

♥♥♥

하브루타 수업으로 학생들이 정말 행복하겠다는 느낌과 존중받는 느낌이 들었습니다. 수석선생님의 미소와 말투 모든 것들이 학생들의 마음을 움직이기에 충분하다는 생각이 듭니다.

♥♥♥

수석선생님의 인상이 너무 좋으셔서 배려받는 느낌을 강의가 끝날 때까지 계속 느낄 수 있었습니다. 하브루타 수업은 국어 시간에 유용하게 적용하겠습니다. 열정이 느껴져서 좋았습니다.

♥♥♥

피곤한데도 짝 활동과 모둠 활동을 통해 지치지 않고 즐겁게 연수에 참여할 수 있었습니다. 교사의 마음가짐을 바꾸는 것에서 행복한 수업이 된다는 것을 알려주셔서 감사합니다.

가장 좋았던 것은 수석선생님의 밝고 긍정적인 에너지 때문에 저도 모르게 기분이 좋아졌습니다. 하브루타 수업 사례와 아이들에 대한 사랑이 중요하다고 생각하게 되었습니다. 무뎌지고 무기력해진 마음을 깨우고 자신을 돌아 볼 수 있는 소중한 연수였습니다. 감사합니다.

다양한 하브루타 수업 활동을 제시해 주셔서 꼭 적용해보겠습니다. 아이들과의 관계가 중요하듯 교사들과 함께 소통하겠습니다. 짝 활동을 하면서 평소 부족했던 점과 개선할 점에 대해 알 수 있었습니다.

학생의 입장에서 경험해보고 만끽할 수 있는 뜻깊은 시간이었습니다. 황진이의 시처럼 시간의 한 허리를 베어 내어 이 순간을 위해 쓰고 싶다고 생각했습니다. 짧은 연수 시간이 너무 아쉽습니다.

학교 내에서 동료 교사들과 얼굴 마주 보며 이렇게 생각을 나눌 기회가 없었는데 짝 활동으로 각자의 생각을 알 수 있어서 기분이 좋았습니다. 수석선생님께서 편안하게 강의를 해주셔서 너무 좋았고 감사드립니다.

♥♥♥

다양한 하브루타 수업 사례를 배울 수 있어서 좋았습니다. 편안한 분위기 속에서 자발성을 끌어내시는 모습 좋았습니다. 몰입하게 하는 하브루타 수업 아이들에게 적용해보겠습니다.

♥♥♥

아이들과 함께 마음껏 웃으면서 할 수 있는 유익한 활동들을 많이 알게 되어서 행복한 시간이었습니다. 저 역시도 하브루타 수업으로 계속해서 질문을 만들어내고 대답하면서 다양한 측면에서의 사고를 경험할 수 있었던 것 같아 기분이 좋습니다.

♥♥♥

하브루타 수업을 학생 입장에서 직접 체험할 수 있어서 좋았고 질문에 대해서 생각해보는 시간이 되었습니다. 교사인 제가 아이들에게 설명하는 것, 말하는 것에 대해 성찰하는 시간이었습니다.

♥♥♥

아이들이 수업 시간에 잠자지 않고 딴짓하지 않는 하브루타 수업을 체험해보는 소중한 시간이었습니다. 아이들을 좀 더 많이 기다려줘야겠다고 생각했습니다. 아이들 입장에서 강의를 체험해보니 정말 하브루타 수업을 적용해봐야겠다고 생각했습니다.

이번 강의를 듣고 잠자고 있던 나의 마음이 깨어나고 있습니다. 질문하고 대화하면서 행복한 선생님에게 배우는 학생들은 너무 행복할 것 같다고 생각했습니다. 짝 활동은 정말 중요하다고 생각하게 되었습니다. 새로운 수업 방법에 대한 두려움이 있는데, 아이들을 믿고 나를 믿고 배운 것을 수업에 잘 적용해봐야겠다고 생각했습니다.

♥♥♥

내 인생을 바꾼 하브루타

초판인쇄	2022년 12월 22일
초판발행	2022년 12월 27일

지은이	임성실
발행인	조현수
펴낸곳	도서출판 프로방스
기획	조용재
마케팅	최관호, 최문섭
교열 · 교정	이승득

주소	경기도 고양시 일산동구 백석2동 1301-2
	넥스빌오피스텔 704호
전화	031-925-5366~7
팩스	031-925-5368
이메일	provence70@naver.com
등록번호	제2016-000126호
등록	2016년 06월 23일

정가 17,000원

ISBN 979-11-6480-283-8 (13370)